STRUMENTI BOMPIANI
Collana diretta da Umberto Eco

Mauro Wolf

TEORIE DELLE COMUNICAZIONI DI MASSA

STRUMENTI
BOMPIANI

Mauro Wolf è stato professore associato di Tecnica del linguaggio radiotelevisivo, presso il DAMS di Bologna. Si è occupato di comunicazioni di massa e di sociologia con libri e saggi, tra cui *Gli apparati delle comunicazioni di massa* (1977), *Sociologia della vita quotidiana* (1979), *Tra informazione ed evasione: i programmi televisivi di intrattenimento* (1981), *La ripresa diretta. Spettatori e testi nella contemporaneità televisiva* (1984), *Teorie delle comunicazioni di massa* (Bompiani, 1985), *Gli effetti sociali dei media* (Bompiani, 1992).

ai miei genitori

Via Mecenate, 91 – Milano
I edizione Strumenti Bompiani maggio 1985
XXII edizione Strumenti Bompiani maggio 2006

ISBN 88-452-4841-0

INDICE

INTRODUZIONE

Come ogni consumatore di media sa bene, le comunicazioni di massa sono una realtà fatta di molti aspetti diversi: regolamentazioni legislative sempre latitanti, per quanto riguarda l'ordinamento giuridico del sistema televisivo; intricate operazioni finanziarie intorno alla proprietà di alcuni mezzi; episodi eclatanti circa la mancata realizzazione di un programma ritenuto "scomodo"; crisi, tonfi e trionfi delle varie strutture produttive cinematografiche; ricorrenti polemiche stagionali sugli effetti deprecabili che i media avrebbero sui bambini; entusiasmi e allarmi per le nuove tecnologie e gli scenari da esse prefigurati. La lista potrebbe continuare ancora a lungo e servirebbe a ribadire che i mass media costituiscono nello stesso tempo un rilevantissimo settore industriale, un universo simbolico oggetto di consumo massiccio, un investimento tecnologico in continua espansione, un'esperienza individuale quotidiana, un terreno di scontro politico, un sistema di mediazione culturale e di aggregazione sociale, una maniera di passare il tempo ecc.

Tutto ciò, ovviamente, si riflette sul modo di studiare un oggetto così proteiforme: la lunga tradizione di analisi (sinteticamente indicata con il termine *communication research*) ha seguito i diversi problemi che di volta in volta affioravano, attraversando prospettive e discipline, moltiplicando ipotesi e approcci. Ne è risultato un insieme di conoscenze, metodi e punti di vista, così eterogeneo e difforme, da rendere non solo difficile ma forse insensato qualunque tentativo di giungere a una sintesi soddisfacente ed esaustiva. Se però si rinuncia a seguire ogni filone di ricerca, per rendere conto "soltanto" delle tendenze più diffuse e consolidate, di ciò che in questo campo intricato è divenuto o sta diventando una "tradizione" di studio, il tentativo allora appare possibile.

Questo libro rappresenta appunto uno sforzo di procedere in tale direzione, analizzando i principali modelli teorici e ambiti di ricerca che hanno caratterizzato gli studi mediologici. Il lavoro non segue una divisione basata sui singoli mezzi (stampa, radio, televisione ecc.) ma sulle teorie che maggiormente hanno inciso nel lavoro di ricerca. Le assenze, gli aspetti sottovalutati o trascurati potranno apparire numerosi, anche se nell'interpretare storia, evoluzione e situazione attuale della *communication research*, ho cercato insieme di fornire una rassegna esaustiva di questo settore di ricerca.

Prima di illustrare le diverse teorie dei media, conviene descrivere sommariamente lo stato della disciplina verso la fine degli anni settanta, periodo che ha rappresentato un vero e proprio punto di svolta. Il primo capitolo ricostruisce il percorso con il quale vi si è giunti, mentre i capitoli successivi analizzano ragioni e motivi che hanno consentito alla ricerca comunicativa di avviarsi lungo "nuove" direzioni. Nella seconda metà degli anni settanta, alla constatazione circa la complessità dell'oggetto di indagine, faceva riscontro tra gli studiosi un accordo unanime sullo stato di profonda crisi in cui versava il settore. Tutti concordavano nel rilevare insoddisfazioni, frustrazioni e limiti di un lavoro di ricerca che appariva sempre più carente. L'intero campo disciplinare appariva scisso da tendenze contrastanti: da un lato il problema immediato era quello di ripensare le coordinate principali entro cui la ricerca si era sviluppata, per poter modificare profondamente tutto il settore. Dall'altro lato, invece, la ricerca continuava a essere fatta, in modo più o meno tradizionale, indipendentemente dal dibattito teorico-ideologico in corso.

La critica più diffusa in esso era l'impossibilità di giungere a una sintesi significativa delle conoscenze accumulate, a una loro sistemazione organica in un insieme coerente. Una crescita quantitativamente rilevante ma disordinata di analisi e ricerche non riusciva a trasformarsi in un corpo omogeneo di ipotesi verificate e di risultati congruenti. La frammentazione - risoltasi talvolta, a livello soggettivo, in disaffezione verso questo tipo di studi — costituiva un ostacolo difficile da superare, soprattutto per due aspetti. In primo luogo riguardo al problema di definire quale fosse l'area tematica di principale pertinenza degli studi mediologici; in secondo luogo, rispetto alla scelta di quale dovesse essere la base disciplinare capace di unificare la *communication research*. In altre parole, cosa studiare e come studiarlo.

Si trattava di individuare un livello privilegiato di analisi, una pertinenza più significativa di altre, che permettesse di omogeneizzare il campo. Parallelamente inoltre, era necessario elaborare un approccio teorico, un insieme di ipotesi e metodologie, che consentisse di superare la frammentazione e dispersione di conoscenze.

Su queste due direttrici si è giocata la capacità della *communication research* di individuarsi e svilupparsi se non proprio come ambito disciplinare autonomo, almeno come area tematica specifica.

Alcuni aspetti di fondo della ricerca sono stati in particolar modo individuati come suoi "punti deboli": in primo luogo la sua natura prevalentemente ad hoc, legata cioè più a contingenze specifiche ed esigenze immediate che non inserita in modo organico in un progetto a lungo termine. Di qui la difficoltà di cumulare risultati in larga parte non comparabili (e non solo per ragioni metodologiche). Una ricerca di questo tipo aveva ovviamente scarsa incisività sia verso l'elaborazione di una teoria generale circa la funzione complessiva delle comunicazioni di massa nel contesto sociale, sia rispetto alle stesse esigenze pratiche che ne stavano all'origine.

Ma la difficoltà più vistosa - secondo il dibattito della fine degli anni settanta - era rappresentata dal problema dei rapporti tra i mezzi di comunicazione di massa e la società nel suo complesso. Tali rapporti (certamente difficili da individuare e descrivere nelle loro articolazioni) o venivano trascurati a causa degli scopi pratici della ricerca o venivano assunti genericamente entro teorie "cospirative", così che il funzionamento dei mass media sembrava svolgersi in contesti vaghi e indefiniti oppure essere completamente marcato da scopi di manipolazione.

Occorre precisare tuttavia che la consapevolezza di questo limite della *communication research* non si è evidenziata solo recentemente, nella fase di bilancio e riassestamento, ma al contrario ne ha percorso (più o meno sotterraneamente) quasi tutto il tragitto, rappresentandone una costante tensione critica. Per esempio, alla fine degli anni cinquanta Raymond Bauer sosteneva che fin dagli sviluppi iniziali la caratteristica della *communication research* non erano state le grandi idee, le grandi ipotesi teoriche, ma piuttosto la varietà degli approcci metodologici applicati su un ampio campo tematico. "Gli approcci iniziali comportavano delle ipersemplificazioni necessarie, che sono divenute chiare solo perché gli approcci sono stati spinti fino al punto in cui hanno rivelato i propri limiti. Il risultato non è stato solamente il riconoscimento della complessità dei processi comunicativi, ma anche uno spostamento dell'interesse verso la sostanza dei problemi e un minor impegno verso gli specifici strumenti di indagine" (Bauer, 1964, 528).* La progressiva consapevolezza che i problemi relativi ai mass media sono estremamente intricati e richiedono quindi un approccio sistematico e complesso, ha percorso via via – con varia fortuna – tutta la storia della ricerca mediologica e attualmente costituisce una delle linee unificanti del settore.

Su un piano più specifico tuttavia, nel dibattito di qualche anno fa, la tradizionale contrapposizione tra la ricerca "amministrativa" e quella " critica" – cioè tra la ricerca americana da un lato, accentuatamente empirica e caratterizzata da finalità conoscitive interne al sistema dei media e la ricerca europea dall'altro, teoricamente orientata e attenta alle relazioni generali tra sistema sociale e mezzi di comunicazione di massa – ha determinato una diversa individuazione e interpretazione delle cause stesse della crisi.

Tuttavia, come si vedrà nel corso del libro, la contrapposizione tra i due orientamenti di ricerca e le prospettive che essi aprono è assai più problematica di quanto non appaia a prima vista. Essa tuttavia rimane ben radicata e, avendo precedenti illustri e una lunga tradizione, ha rischiato di perpetuare una separazione che finora si è rivelata tutt'altro che produttiva per questo campo di studi. Se il dibattito di qualche anno fa è riuscito a dare una svolta alla *communication research* è stato soprattutto perché un po' alla volta i termini dello "scontro" sono apparsi superati lungo tre direttrici che di fatto hanno condotto la ricerca a oltrepassare il lungo momento di stallo.

Innanzi tutto il fatto che l'approccio sociologico si è imposto quale pertinenza fondamentale degli studi sui media; in secondo luogo, il riconoscimento (più auspicato che non ancora effettivamente praticato) della necessità di uno studio multidisciplinare entro tale cornice sociologica. In terzo luogo, il mutamento della prospettiva temporale in questo ambito di ricerca.

Il primo elemento può essere descritto come il verificarsi di una saldatura tra ciò che Merton chiama la corrente europea e quella americana, cioè tra la sociologia della conoscenza e lo studio delle comunicazioni di massa. Se è vero che "lo studioso delle comunicazioni di massa è stato quasi sempre interessato, fin dall'inizio dello sviluppo di questi studi, soprattutto all'*influenza* dei mezzi di comunicazione di massa sul pubblico [mentre] la corrente europea vuol conoscere le determinanti strutturali del pensiero" (Merton, 1949b, 84), l'evoluzione attuale della ricerca mediologica si pone alla confluenza tra queste due tradizioni. Non è un caso che siano cresciute parallelamente l'importanza della sociologia della conoscenza e la sua funzione di quadro generale entro il quale si colloca la problematica dei media: se ne avverte nettamente un riflesso nella definizione che ora viene data dei mass media stessi come "istituzioni che svolgono un'attività chiave che consiste nella produzione, riproduzione e distribuzione di conoscenza [...], conoscenza che ci mette in grado di dare un senso al mondo, modella la nostra percezione di esso e contribuisce alla conoscenza del passato e a dare continuità alla nostra comprensione presente" (McQuail, 1983, 51).

In questo senso si comprende anche un altro elemento tipico degli sviluppi attuali nella *communication research*, cioè il convergere degli interessi intorno al tema dell'informazione (diversamente da quanto avveniva in altri periodi, quando l'oggetto di studio per eccellenza era la propaganda o la pubblicità ecc.). La seconda tendenza riconosce – all'interno della rilevanza sociologica – la necessità di un approccio variato: è acquisita, cioè, "la percezione dei moderni mass media come parte di un unico sistema comunicativo sempre più integrato e complesso che può essere analizzato nei suoi diversi aspetti (contenuti veicolati, modalità di trasmissione dei messaggi, livello di efficacia, forme di produzione) solo mediante un approccio multidisciplinare" (Porro-Livolsi, 1981, 192).

L'ultima tendenza riguarda la cornice temporale: dopo anni e anni di ricerche sulle conseguenze dirette e immediate legate al consumo di comunicazione di massa, ora l'attenzione è sugli effetti a lungo termine, sulle influenze di fondo più che sulle cause vicine. A tale mutamento di prospettiva temporale non è estranea la saldatura di cui si parlava prima e la cornice sociologica che ora maggiormente ed esplicitamente caratterizza la ricerca mediologica.

Lungo queste linee di ricomposizione, la crisi è apparsa risolversi e dalla fine-anni-settanta/inizio-anni-ottanta, alcune tematiche generali e alcuni settori specifici di ricerca coagulano intorno a sé interesse, sforzi di analisi e riflessione teorica. A essi verrà dedicata un'attenzione particolare nel secondo e terzo capitolo di questo libro che – come s'è detto – cerca di illustrare e interpretare lo sviluppo della ricerca comunicativa attraverso l'analisi delle più significative teorie dei media.

Un ringraziamento particolare va ad Umberto Eco per la severa pazienza con cui ha seguito e discusso questo lavoro.
Un grazie anche a Patrizia Violi, Renato Porro, Jesus Martin Barbero e Angelo Agostini per i loro suggerimenti e incoraggiamenti.

PARTE PRIMA
L'EVOLUZIONE DELLA RICERCA SULLE COMUNICAZIONI DI MASSA

1. CONTESTI E PARADIGMI NELLA RICERCA SUI MEDIA

1.1 Premessa

La presentazione e l'analisi delle diverse teorie non seguono semplicemente un criterio cronologico, ma sono disposte anche secondo altre tre determinazioni:

a. il contesto sociale, storico, economico in cui un certo modello teorico sulle comunicazioni di massa è apparso o si è diffuso;

b. il tipo di teoria sociale presupposta o esplicitamente richiamata dalle teorie mediologiche. Spesso si tratta di modelli sociologici impliciti, ma non mancano i casi di connessioni aperte tra quadri di riferimento sociologici e ricerca sui media;

c. il modello di processo comunicativo che ciascuna teoria mediologica presenta. Anche in questo caso spesso occorre esplicitare tale elemento, perché in molte teorie paradossalmente esso non riceve una trattazione adeguata.

L'analisi dei rapporti tra i tre fattori consente di articolare le connessioni fra le diverse teorie dei media, e di individuare quale è stato (e perché) il paradigma dominante in periodi diversi nella *communication research*. Inoltre ciò permette di capire quali problemi delle comunicazioni di massa sono stati sistematicamente trattati come rilevanti e centrali e quali invece sono stati spesso relegati in secondo piano (Gitlin, 1978).

In alcuni casi il termine "teoria dei media" definisce appropriatamente un insieme coerente di proposizioni, ipotesi di ricerca e acquisizioni verificate; in altri casi invece l'uso del termine è un po' forzato, designa cioè più una tendenza significativa di riflessione e/o di ricerca che non una teoria vera e propria.

È da ricordare, infine, che talvolta le teorie presentate non riguardano momenti cronologicamente successivi ma coesistenti: alcuni modelli di ricerca si sono sviluppati e radicati contemporaneamente, "contaminandosi" e "scoprendosi" reciprocamente, accelerando o comunque modificando lo sviluppo complessivo del settore.

Si è detto che l'evoluzione della *communication research* è interpretata secondo tre linee: a esse occorre aggiungere la presenza di un'oscillazione - abbastanza costante nelle teorie dei media - che riguarda l'oggetto stesso delle teorie. A volte esso è costituito dai *mezzi di comunicazione di massa*, in altri casi invece, dalla *cultura di massa*. A seconda di questo spostamento, assume particolare rilievo una delle tre determinazioni in base alle quali ho analizzato le principali teorie dei media. Tutto ciò sarà ovviamente indicato di volta in volta.

I modelli presentati riguardano nove "momenti" degli studi mediologici: la teoria ipodermica, la teoria legata all'approccio empirico-sperimentale, la teoria derivante dalla ricerca empirica sul campo, la teoria di impostazione struttural-funzionalista, la teoria critica dei media, la teoria culturologica, i *cultural studies*, le teorie comunicative.

1.2 La teoria ipodermica

La posizione sostenuta da tale modello si può sintetizzare con l'affermazione che "ogni membro del pubblico di massa è personalmente e direttamente 'attaccato' dal messaggio" (Wright, 1975, 79).

Storicamente la teoria ipodermica coincide con il periodo delle due guerre mondiali e con la diffusione su larga scala delle comunicazioni di massa, e ha rappresentato la prima reazione che quest'ultimo fenomeno provocò tra studiosi di varia provenienza.

Gli elementi che maggiormente caratterizzano il contesto della teoria ipodermica sono, da un lato la novità appunto del fenomeno stesso delle comunicazioni di massa, dall'altro lato la connessione di tale fenomeno con le tragiche esperienze totalitarie di quel periodo storico. Racchiusa entro questi due elementi, la teoria ipodermica è un approccio globale ai media, indifferente alla diversità tra i vari mezzi, che risponde principalmente all'interrogativo: quale effetto hanno i media in una società di massa?

La componente principale della teoria ipodermica è infatti la presenza esplicita di una "teoria" della società di massa, mentre sul versante "comunicativo" opera complementarmente una teoria psicologica dell'azione. Si può descrivere inoltre il modello ipodermico come una teoria della e sulla propaganda: questo infatti è il tema centrale riguardo all'universo dei media. "Specialmente negli anni venti e trenta apparvero interi scaffali di libri che richiamavano l'attenzione ai fattori retorici e psicologici usati dai propagandisti. Alcuni titoli tra essi: *Public Opinion* di Lippmann, *The Rape of the Masses* di Chakhotin, *Psychology of Propaganda* di Doobs, *Psychology of Social Movements* di Cantril, *Propaganda Technique in the World War* di Lasswell, *Propaganda in the Next War* di Rogerson" (Smith 1946, 32). "L'ambito di lavoro scientifico più strettamente legato alla propaganda [è] proprio lo studio della comunicazione di massa" (Smith-Lasswell-Casey, 1946, 3); tale "identità" si comprende meglio se ci si riferisce appunto alle tre determinazioni citate nella premessa.

1.2.1 La società di massa

La presenza del concetto di società di massa è fondamentale per la comprensione della teoria ipodermica che talvolta si riduce appunto a una illustrazione di alcune caratteristiche della società di massa.

Come è stato più volte asserito (vedi per tutti Mannucci, 1967), non solo il concetto di società di massa ha origini lontane nella storia del pensiero politico, ma presenta anche componenti e filoni piuttosto diversi; è insomma un "termine ombrello" di cui occorrerebbe ogni volta precisare l'uso e l'accezione. Senza poter ricostruire dettagliatamente la genesi e lo sviluppo del concetto, è sufficiente qui specificarne alcune delle caratteristiche principali, soprattutto quelle pertinenti alla definizione della teoria ipodermica. Le "varianti" rintracciabili nel concetto di società di massa sono molte: il pensiero politico ottocentesco di stampo conservatore sottolinea nella società di massa il risultato della progressiva industrializzazione, della rivoluzione nei trasporti, nei commerci, della diffusione di valori astratti di uguaglianza e di libertà. Questi processi sociali determinano la perdita di esclusività da parte delle *élites* che si trovano esposte alle masse. L'indebolimento dei legami tradizionali (di famiglia, di comunità, di associazioni di mestiere, di religione ecc.) contribuisce, da parte sua, ad allentare il tessuto connettivo della società e a preparare le condizioni per l'isolamento e l'alienazione delle masse.

Un filone diverso è rappresentato dalla riflessione sulla "qualità" dell'uomo-massa, risultato della disintegrazione delle *élites*. Ortega y Gasset (1930) descrive nell'uomo-massa l'antitesi della figura dell'umanista colto. La massa è il giudizio degli incompetenti, rappresenta il trionfo di una specie antropologica che attraversa tutte le classi sociali e che fonda il proprio ruolo sul sapere specialistico legato alla tecnica e alla scienza. In tale prospettiva la massa "è tutto ciò che non valuta se stesso – né in bene né in male – mediante ragioni speciali, ma che si sente 'come tutto il mondo' e tuttavia non se ne angustia, anzi si sente a suo agio nel riconoscersi identico agli altri" (Ortega y Gasset, 1930, 8).

"La massa travolge tutto ciò che è differente, singolare, individuale, qualificato e selezionato" (Ortega y Gasset, 1930, 12). Anche se l'ascesa delle masse indica che la vita media si muove a un livello superiore ai precedenti, le masse tuttavia rivelano "un assurdo stato d'animo: non sono preoccupate se non del loro benessere e, nello stesso tempo, non si sentono solidali con le cause di questo benessere" (Ortega y Gasset, 1930, 51), mostrando un'assoluta ingratitudine verso ciò che rende loro facile l'esistenza.

Una differente linea di analisi riguarda invece la dinamica che si instaura tra individuo e massa, e il livello di omogeneità intorno al quale si aggrega la massa stessa. Simmel osserva che "la massa è una formazione nuova, che non si fonda sulla personalità dei suoi membri, ma solo su quelle parti che accomunano l'uno a tutti gli altri ed equivalgono alle forme più primitive e infime dell'evoluzione organica [...]. Va da sé che da questo livello siano banditi tutti i comportamenti che presumono la vicinanza e la reciprocità di molte opinioni diverse. Le azioni della massa puntano diritto allo scopo e cercano di raggiungerlo per la via più breve: questo fa sì che a dominarle sia sempre *una sola* idea, la più semplice possibile. Capita assai di rado che, nelle loro coscienze, i membri di una grande massa abbiano un vasto campionario di idee *in comune* con gli altri. Inoltre, data la complessità della realtà contemporanea, ogni idea semplice deve essere anche la più radicale ed esclusiva" (Simmel 1917, 68).

Al di là delle contrapposizioni filosofiche, ideologiche e politiche nell'analisi della società di massa - interpretata sia come l'epoca della dissoluzione delle *élites* e delle forme sociali comunitarie, sia come l'inizio di un ordine sociale maggiormente partecipato e condiviso, sia infine come una struttura sociale prodotta dallo sviluppo della società capitalistica - alcuni tratti comuni caratterizzano la struttura della massa e il suo comportamento: la massa è costituita da un aggregato omogeneo di individui che - in quanto suoi membri - sono sostanzialmente uguali, non distinguibili, anche se provengono da ambienti diversi, eterogenei, e da tutti i gruppi sociali.

La massa inoltre è composta da persone che non si conoscono, spazialmente separate le une dalle altre, con scarse o nulle possibilità di interagire. Infine, la massa è priva di tradizioni, regole di comportamento, leadership e struttura organizzativa (Blumer, 1936 e 1946). Questa definizione della massa come un nuovo tipo di organizzazione sociale è molto importante per vari motivi: in primo luogo essa enfatizza e ribadisce l'elemento centrale della teoria ipodermica, cioè il fatto che gli individui sono isolati, anonimi, distaccati, atomizzati. Dal punto di vista degli studi mediologici, questa caratteristica dei pubblici dei mass media rappresenta il principale presupposto nella problematica degli effetti: rovesciarlo e successivamente ribaltarlo di nuovo (almeno in parte) sarà il compito degli sviluppi posteriori della ricerca.

L'isolamento del singolo individuo nella massa anonima è dunque il prerequisito della prima teoria sui media. Tale isolamento non è solo fisico e spaziale, è anche di diverso genere: Blumer infatti sottolinea che gli individui - *in quanto componenti della massa* - sono esposti a messaggi, contenuti, eventi, che vanno al di là della loro esperienza, che si riferiscono a universi di significato e di valore che non coincidono necessariamente con le regole del gruppo di cui l'individuo fa parte. In questo senso l'appartenenza alla massa "orienta l'attenzione dei membri lontano dalle loro sfere culturali e di vita, verso aree non strutturate da modelli o aspettative" (Freidson, 1953, 199).

È dunque questo fattore dell'isolamento fisico e "normativo" dell'individuo nella massa a spiegare in gran parte il rilievo che la teoria ipodermica attribuisce alle capacità manipolatorie dei primi mezzi di comunicazione di massa. Gli esempi storici dei fenomeni di propaganda di massa nel nazismo e nei periodi bellici fornivano ovviamente ampi riscontri a tali modelli conoscitivi. Un secondo motivo importante in questa caratterizzazione della massa è la sua continuità con parte della tradizione europea del pensiero filosofico-politico: la massa è un aggregato che sorge e vive al di là e contro i legami comunitari preesistenti, che risulta dalla disintegrazione delle culture locali, e nella quale i ruoli comunicativi sono forzatamente impersonali e anonimi. La debolezza di un'*audience* indifesa e passiva nasce proprio da tale dissolvimento e frammentazione.

È da notare infine che il motivo dell'esposizione del pubblico a universi simbolici e di valori, diversi da quelli propri della sua cultura, costituisce un elemento molto affine a quanto sottolineano le più recenti ipotesi sugli effetti dei media, per esempio il modello della *agenda-setting* (vedi 2.2) che asserisce che l'influenza della comunicazione di massa si basa sul fatto che i media forniscono tutta quella parte di conoscenza e immagine della realtà sociale che travalica i limiti ristretti dell'esperienza personale diretta e "immediata".

Secondo la teoria ipodermica dunque, "ciascun individuo è un atomo isolato che reagisce da solo agli ordini e alle suggestioni dei mezzi di comunicazione di massa monopolizzati" (Wright Mills, 1963, 203). Se i messaggi della propaganda riescono a raggiungere gli individui della massa, la persuasione viene facilmente "inoculata": se, cioè, il "bersaglio" è raggiunto, la propaganda ottiene il successo che si prefigge (la teoria ipodermica è infatti chiamata anche "bullett theory", Schramm, 1971).

Ma se la componente principale della teoria ipodermica è questo concetto di società di massa, un ruolo non meno importante è svolto dal modello "comunicativo" più diffuso e accettato in quel periodo.

1.2.2 Il modello "comunicativo" della teoria ipodermica

In realtà più che di un modello sul processo di comunicazione occorrerebbe parlare di una teoria dell'azione, quella elaborata dalla *psicologia behaviorista*.[1] Il suo scopo è studiare il comportamento umano con gli stessi metodi dell'esperimento e dell'osservazione, tipici delle scienze naturali e biologiche. Il sistema d'azione che distingue il comportamento umano deve essere scomposto, dalla scienza psicologica, in unità comprensibili, distinguibili e osservabili. Nella relazione complessa tra organismo e ambiente, l'elemento cruciale è rappresentato dallo stimolo: esso comprende gli oggetti e le condizioni esterne al soggetto, che ne producono una risposta. "Stimolo e risposta sembrano essere le unità naturali nei cui termini può essere descritto il comportamento" (Lund, 1933, 28). L'unità stimolo/risposta esprime quindi gli elementi di ogni forma di comportamento.

Indubbiamente questa teoria dell'azione, di stampo behaviorista, era bene integrabile con le teorizzazioni sulla società di massa, alle quali forniva il supporto su cui fondare le convinzioni circa l'immediatezza e l'inevitabilità degli effetti. Lo stimolo, nel suo rapporto col comportamento, è la condizione primaria, o l'agente, della risposta: "la stretta relazione tra i due rende impossibile definirne uno se non nei termini dell'altro. Insieme essi costituiscono un'unità. Si presuppongono vicendevolmente. Stimoli che non producono risposte non sono stimoli. E una risposta deve necessariamente essere stata stimolata. Una risposta non-stimolata è come un effetto senza causa" (Lund, 1933, 35).

In questo senso ha ragione Bauer (1964) quando osserva che nel periodo della teoria ipodermica per la maggior parte gli effetti non vengono studiati: essi sono dati per scontati. C'è da osservare però che la descrizione della società di massa (soprattutto di alcuni suoi tratti fondamentali: isolamento fisico e normativo degli individui) ha contribuito da parte sua ad accentuare la semplicità del modello S→R (Stimolo→Risposta): la consapevolezza che esso fosse un'astrazione analitica e che ricercare ciascuna delle risposte agli stimoli fosse essenzialmente un espediente pratico-metodologico, era ben presente, così come si riconosceva la natura complessa dello stimolo e l'eterogeneità della risposta. A determinare l'ampiezza e la qualità di quest'ultima sono decisivi infatti da un lato il contesto in cui si verifica lo stimolo e dall'altro le precedenti esperienze che di esso i soggetti hanno fatto (Lund, 1933). Proprio questi due ultimi fattori tuttavia venivano "trattati" dalla teoria della società di massa in modo tale da enfatizzare l'immediatezza, la meccanicità e l'ampiezza degli effetti. I mezzi di persuasione di massa infatti costituivano un fenomeno completamente nuovo, sconosciuto, del quale non c'era ancora sufficiente consapevolezza da parte dei pubblici, e il contesto sociale in cui tali mezzi apparivano e venivano usati era quello dei regimi totalitari o di società che stavano organizzandosi intorno al superamento delle precedenti forme comunitarie, e nelle quali vaste masse di individui venivano – secondo tradizioni di pensiero eterogenee ma su questo punto concordanti – rappresentate come atomizzate, alienate, "primitive".

I mass media costituivano "una sorta di sistema nervoso semplice che si estende a toccare ogni occhio e ogni orecchio, in una società caratterizzata da scarsità di relazioni interpersonali e da un'organizzazione sociale amorfa" (Katz-Lazarsfeld, 1955, 4).

Legata strettamente ai timori suscitati dall'"arte di influenzare le masse" (Schönemann, 1924), la teoria ipodermica - *bullett theory* - sosteneva dunque una connessione diretta tra esposizione ai messaggi e comportamento: se una persona è raggiunta dalla propaganda, può essere controllata, manipolata, indotta ad agire.

Questo è il punto di partenza che tutta la successiva ricerca cerca di modificare più o meno completamente.

Prima di esaminare le linee, interne alla teoria ipodermica stessa, lungo le quali avviene il superamento, occorre precisare una sua "filiazione" che ha avuto una grande influenza nella *communication research*: il modello di Lasswell. Per molti aspetti esso rappresenta contemporaneamente una sistemazione organica, un'eredità e un'evoluzione della teoria ipodermica.

1.2.3 Il modello di Lasswell e il superamento della teoria ipodermica

Elaborato inizialmente negli anni trenta nello stesso "periodo d'oro" della teoria ipodermica, come applicazione di un paradigma per l'analisi sociopolitica (chi ottiene cosa, quando e in che modo?), il modello lasswelliano, proposto nel 1948, spiega che

> *"un modo appropriato per descrivere un atto di comunicazione è rispondere alle seguenti domande:*
> *chi*
> *dice cosa*
> *attraverso quale canale*
> *a chi*
> *con quale effetto?*
> *Lo studio scientifico del processo comunicativo tende a concentrarsi su uno o l'altro di tali interrogativi"* (Lasswell, 1948, 84).

Ognuna di queste variabili definisce e organizza un settore specifico della ricerca: la prima individua lo studio degli emittenti, cioè l'analisi del controllo su ciò che viene diffuso. Coloro che invece studiano la seconda variabile elaborano l'analisi del contenuto dei messaggi,[2] mentre lo studio del terzo elemento dà luogo all'analisi dei mezzi. Analisi dell'*audience* e degli effetti definiscono i rimanenti settori di indagine sui processi comunicativi di massa. La formula di Lasswell, con l'apparenza di ordinare l'oggetto di studio secondo variabili ben definite, senza tralasciare alcun aspetto rilevante dei fenomeni in questione, in realtà è divenuta ben presto (ed è rimasta a lungo) una vera e propria teoria della comunicazione, in stretto rapporto con l'altro modello comunicativo dominante nella ricerca, cioè la teoria dell'informazione (vedi 1.9.1).

La formula (che si sviluppa dalla tradizione di ricerca tipica della teoria ipodermica) in realtà ribadisce - ma rende anche implicito - un assunto molto forte, che invece la *bullett theory* asseriva esplicitamente nella descrizione della società di massa: l'assunto cioè che l'iniziativa sia esclusivamente del comunicatore e che gli effetti siano esclusivamente sul pubblico.

Lasswell implica alcune premesse forti circa i processi di comunicazione di massa:

a. tali processi sono esclusivamente asimmetrici, con un emittente attivo che produce lo stimolo e una massa passiva di destinatari che, "colpita" dallo stimolo, reagisce;

b. la comunicazione è intenzionale ed è rivolta a uno scopo, a ottenere un certo effetto, osservabile e misurabile in quanto dà luogo a un comportamento in qualche modo collegabile a tale scopo. Quest'ultimo è in rapporto sistematico con il contenuto del messaggio. Di qui due conseguenze: l'analisi del contenuto si propone come lo strumento per inferire gli scopi di manipolazione degli emittenti; gli unici effetti che tale modello rende pertinenti sono quelli osservabili, legati cioè a un cambiamento, a una modifica di comportamenti, atteggiamenti, opinioni ecc.;

c. i ruoli di comunicatore e destinatario appaiono isolati, indipendenti dai rapporti sociali, situazionali, culturali, nei quali avvengono i processi comunicativi, ma che il modello in sé non contempla: gli effetti riguardano destinatari atomizzati, isolati (Schulz, 1982).

"L'*audience* era concepita come un aggregato di classi di età, di sesso, di ceto ecc., ma si faceva poca attenzione alle relazioni che vi erano implicate o ai rapporti informali. Non è che gli studiosi di comunicazioni di massa ignorassero che i componenti del pubblico avevano famiglie e gruppi amicali; il punto è che si riteneva che tutto ciò non influenzasse il risultato di una campagna propagandistica: le relazioni informali interpersonali erano cioè considerate irrilevanti per le istituzioni della società moderna" (Katz, 1969, 113).

Lo schema di Lasswell ha organizzato la nascente *communication research* intorno a due dei suoi temi centrali e di maggior durata – l'analisi degli effetti e l'analisi dei contenuti – e nel contempo ha individuato gli altri settori di sviluppo del campo, soprattutto la *control analysis*. Se da un lato lo schema dichiara apertamente il periodo storico nel quale è nato e gli interessi conoscitivi rispetto ai quali è stato elaborato, rimane sorprendente, dall'altro lato, la sua tenuta, la sua sopravvivenza, talvolta ancora attuale, come schema analitico "adeguato" per una ricerca che si è sviluppata largamente in contrapposizione alla teoria ipodermica a cui esso è debitore. Infatti se per la teoria behaviorista l'individuo sottoposto agli stimoli della propaganda poteva solo rispondere senza resistenza, gli sviluppi successivi della *communication research* convergono nell'esplicitare che l'influenza delle comunicazioni di massa è mediata dalle resistenze che i destinatari attivano in vario modo. Eppure, lo schema lasswelliano della comunicazione è riuscito a proporsi come paradigma per entrambe queste opposte tendenze di ricerca.[3] Anzi, esso si è presentato verso la fine del periodo di maggior successo della teoria ipodermica, quando già si manifestavano i motivi che dovevano condurre al suo superamento.

Come si è detto, il passaggio alle teorie successive avviene lungo alcune linee proprie della teoria ipodermica. Da un lato la conseguenza metodologica più rilevante implicita nel concetto blumeriano di massa è che, per studiare i comportamenti della massa, occorrono "campioni composti da un aggregato di individui eterogenei che abbiano uguale rilievo" (Blumer, 1948, 548), classificati cioè in base agli essenziali caratteri sociodemografici che corrispondono al concetto di massa (individui di diversa provenienza, accomunati dalla fruizione degli stessi messaggi, che non sono legati da attese condivise, che non interagiscono). Dall'altro lato le esigenze dell'industria delle comunicazioni di massa per quanto riguarda i suoi sviluppi commerciali e pubblicitari, e gli studi istituzionali sulla propaganda e la sua efficacia, ponevano il centro dell'interesse nella spiegazione del comportamento fruitivo del pubblico. Da un lato cioè - in congruenza con la teoria ipodermica - si selezionavano alcuni indicatori e variabili per capire l'agire di consumo della *audience*, dall'altro si andavano accumulando le evidenze empiriche che tale consumo era selezionato, non indifferenziato.

Sull'adeguatezza delle categorie sociodemografiche implicite nella teoria ipodermica a spiegare appropriatamente il comportamento osservabile del pubblico si è avviato il superamento della teoria ipodermica. In altri termini, è indubbiamente vero che la concezione atomistica del pubblico delle comunicazioni di massa (tipica della teoria ipodermica) è correlata alla disciplina "leader" nella prima fase degli studi mediologici, cioè la psicologia behaviorista, la quale privilegiava il comportamento dell'individuo singolo. È anche vero che il contesto socioeconomico che ha marcato l'origine di tali studi (le ricerche di mercato, la propaganda, lo stato dell'opinione pubblica ecc.) ha enfatizzato il ruolo del singolo soggetto, in qualità di elettore, di cittadino, di consumatore. Ed è vero, infine, che le stesse tecniche di ricerca (soprattutto questionari e interviste) concorrevano da parte loro a rafforzare l'idea che "la principale unità di produzione dell'informazione - cioè l'individuo - fosse anche l'unità pertinente nei processi di comunicazione di massa e nei fenomeni sociali in generale. Tutto ciò [ha ribadito] la concezione atomistica del pubblico delle comunicazioni, come se esso consistesse di individui disparati e indipendenti" (Brouwer, 1962, 551). Eppure quando la teoria ipodermica ha smesso di essere soprattutto un presagio e una descrizione di effetti temuti, e si è trasformata in un concreto paradigma di ricerca, i suoi stessi presupposti hanno dato luogo a risultati che ne contraddicevano l'impostazione di fondo.

"L'*audience* si dimostrava intrattabile. Le persone decidevano da sole se porsi all'ascolto o no. E anche quando ascoltavano, la comunicazione poteva risultare priva di effetti o averne di opposti a quelli previsti. Progressivamente gli studiosi dovevano spostare la loro attenzione sull'*audience* per capire i soggetti e il contesto che la formavano" (Bauer, 1958, 127).

Il superamento e rovesciamento della teoria ipodermica è avvenuto lungo tre direttrici distinte ma per molti aspetti intrecciate e sovrapposte: la prima e la seconda centrate su approcci empirici di tipo psicologico-sperimentale e di tipo sociologico; la terza direttrice rappresentata dall'approccio funzionale alla tematica complessiva dei mass media, in sintonia con l'affermarsi a livello sociologico generale dello struttural-funzionalismo.

La prima tendenza studia i fenomeni psicologici individuali che costituiscono il rapporto comunicativo; la seconda esplicita i fattori di mediazione tra individuo e mezzo di comunicazione; la terza elabora delle ipotesi sui rapporti tra individuo, società e mass media.

I prossimi tre paragrafi illustrano appunto gli sviluppi della ricerca che hanno portato all'abbandono dell'iniziale teoria ipodermica.

1.3 L'approccio empirico-sperimentale o "della persuasione"

Nell'esporre questo tipo di studi mediologici occorre precisarne subito alcuni tratti. In primo luogo, l'approccio sperimentale conduce all'abbandono della teoria ipodermica parallelamente all'approccio empirico sul campo, e le acquisizioni dell'uno sono strettamente connesse a quelle dell'altro. Entrambi si sviluppano a partire dagli anni quaranta e anche questa contemporaneità rende difficile differenziarne nettamente il contributo: nell'esposizione quindi, la separazione risulta più netta e marcata di quanto invece non sia stato proficuo il costante richiamo tra un settore e l'altro.

In secondo luogo, risulta veramente difficile dare conto esaustivamente di questo ambito di studi psicologici sperimentali poiché esso appare molto frammentato, composto di una miriade di microricerche specifiche, i cui risultati sono spesso contrastanti con quelli di altre verifiche sperimentali della stessa ipotesi. Della teoria legata all'approccio psicologico-sperimentale indicherò quindi solamente alcuni caratteri generali e le acquisizioni che più hanno "fatto testo". In terzo luogo, va detto che questi studi hanno sì rappresentato un superamento della teoria ipodermica ma sono anche continuati successivamente. Essi costituiscono cioè un settore "autonomo" della *communication research*, che sulla base della sua pertinenza psicologica ha via via elaborato una propria identità. Non è possibile riferirne qui esaurientemente, tuttavia alcune sue specifiche influenze nell'orientamento generale della *communication research* (per esempio nel caso degli "usi e gratificazioni", vedi 1.5, oppure sui problemi della memorizzazione, vedi 2.4.2) verranno trattate.

La "teoria" dei media risultante dagli studi psicologici sperimentali consiste soprattutto nella revisione del processo comunicativo inteso come un rapporto meccanicistico e immediato tra stimolo e risposta: essa evidenzia (per la prima volta nella ricerca mediologica) la complessità degli elementi che entrano in gioco nella relazione tra emittente, messaggio e destinatario. L'approccio non è più globale su tutto l'universo dei media, ma è piuttosto "mirato" da un lato a studiarne l'efficacia persuasoria ottimale e dall'altro a spiegare l'"insuccesso" dei tentativi di persuasione. C'è infatti un'oscillazione tra l'idea che è possibile ottenere effetti rilevanti purché i messaggi siano strutturati *adeguatamente* e l'evidenza che, frequentemente, gli effetti ricercati non sono stati raggiunti.

La persuasione dei destinatari è un obiettivo possibile a patto che la forma e l'organizzazione del messaggio siano adeguate ai fattori personali che il destinatario attiva nell'interpretazione del messaggio stesso: in altri termini, "i messaggi dei media contengono particolari caratteristiche dello stimolo che interagiscono in maniera differente con i tratti specifici della personalità dei membri che compongono il pubblico. Dal momento che esistono differenze individuali nelle caratteristiche della personalità tra i membri del pubblico, è naturale assumere che negli effetti ci saranno variazioni corrispondenti a tali differenze individuali" (De Fleur, 1970, 122). Negli studi sperimentali alcune delle variabili legate a tali differenze individuali vengono mantenute costanti mentre sono manipolate quelle variabili di cui si vuole verificare l'incidenza diretta sull'effetto persuasorio. Per esempio, se si vuole indagare il peso della credibilità che possiede la fonte sull'accettazione di un messaggio, si può attribuire una comunicazione a un'emittente altamente credibile per un gruppo di soggetti e a una fonte poco credibile per un altro gruppo di individui. Gli altri fattori vengono tenuti costanti per entrambi i gruppi sperimentali: così facendo, se i risultati sono significativi, indicano l'incidenza della variabile indagata sull'accettazione del messaggio.

Si precisano così le due coordinate che orientano questa "teoria" dei media: la prima rappresentata dagli studi sui caratteri del destinatario, che mediano la realizzazione dell'effetto; la seconda rappresentata dalle ricerche sull'organizzazione ottimale dei messaggi a fini persuasori. Questa teoria delle differenze individuali negli effetti ottenuti dai media (De Fleur, 1970) - sostenendo che invece di essere uniformi per tutta l'*audience* tali effetti sono invece variabili da individuo a individuo, a causa delle particolarità psicologiche - presenta una struttura logica molto simile al modello meccanicistico della teoria ipodermica:

causa (cioè lo stimolo)→(processi psicologici intervenienti)→
→effetto (cioè la risposta)

Tuttavia la mediazione delle variabili intervenienti non solo spezza l'immediatezza e l'uniformità degli effetti, ma in qualche modo ne commisura anche l'ampiezza al ruolo giocato dai destinatari. Lo schema "causa→effetto" della precedente teoria ipodermica sopravvive, ma inserito in un quadro d'analisi che si va complicando ed estendendo.

Prima di esporre le due coordinate, va ricordato che questo tipo di "teoria" studia prevalentemente gli effetti dei media in una situazione di "campagna" (elettorale, informativa, propagandistica, pubblicitaria ecc.). Essa presenta alcuni tratti particolari:

> *ha scopi specifici ed è pianificata per raggiungerli;*
> *ha una durata temporale definita;*
> *è intensiva e ha una vasta copertura;*
> *il suo successo può essere valutato;*
> *è promossa da istituzioni o enti dotati di un certo potere e autorità;*
> *i suoi argomenti devono essere "venduti" al pubblico, per il quale essi sono nuovi, anche se si fondano su schemi condivisi di valori* (McQuail, 1977).

La presenza di questo tipo di contesto comunicativo si collega alla natura "amministrativa" della ricerca in questione: gli studi più significativi e più conosciuti sono quelli svolti da Carl Hovland (successivamente direttore del Dipartimento di Psicologia a Yale) durante la seconda guerra mondiale per l'Information and Education Division dell'esercito americano. Ma in generale tutta la ricerca sperimentale forniva dati utili ad aumentare l'efficacia dei messaggi o comunque a rilevarne gli ostacoli: il punto di vista presupposto era cioè quello degli effetti voluti o progettati dall'emittente.

1.3.1 I fattori relativi all'*audience*

È soprattutto in questo ambito che la frammentazione delle ricerche, l'elevato numero di variabili in gioco e l'intricatezza dei loro reciproci rapporti, rendono pressoché impossibile dare un'illustrazione esauriente.

La seguente proposizione sintetizza comunque i punti essenziali: "assumere una perfetta corrispondenza tra la natura e la quantità di materiale presentato in una campagna informativa, e il suo assorbimento da parte del pubblico, è una prospettiva ingenua perché la reale natura e il grado di esposizione del pubblico al materiale informativo sono determinati in gran parte da alcune caratteristiche psicologiche dell'*audience* stessa" (Hyman-Sheatsley, 1947, 449):[4] l'interesse ad acquisire informazione, l'esposizione selettiva provocata dalle attitudini esistenti, l'interpretazione selettiva, la memorizzazione selettiva.

a. Interesse ad acquisire informazione

Correlata al ruolo dell'interesse e della motivazione a informarsi è la presenza di una parte del pubblico che non possiede alcuna conoscenza sugli argomenti trattati in una campagna. Non tutte le persone cioè, rappresentano un uguale "bersaglio" per i media: "se tutti gli individui lo fossero e l'unica determinante dell'informazione pubblica fosse l'ampiezza della campagna, non ci sarebbe ragione per alcuni individui di manifestare sempre una carenza di informazioni. *C'è dunque qualcosa nei non-informati che li rende difficili da raggiungere, qualunque sia il livello o la natura dell'informazione*" (Hyman-Sheatsley, 1947, 450).

Scarsezza di interesse e di motivazione per certi temi, difficoltà di accesso all'informazione stessa, apatia sociale o altre cause ancora possono essere all'origine di tale situazione: questi diversi fattori sono probabilmente correlati tra loro. Se coloro che mostrano interesse per un certo argomento sono diventati interessati dopo esservi stati esposti, coloro che si mostrano disinteressati e disinformati appaiono tali perché non sono mai stati esposti all'informazione relativa. Più la gente è esposta a un dato argomento più aumenta l'interesse e, a mano a mano che l'interesse aumenta, più la gente è motivata a saperne di più. In ogni caso, anche se il legame tra motivazione e acquisizione di conoscenze è correlato con la possibilità di essere esposti a certi messaggi (quindi le persone disinteressate lo sono in parte in quanto non hanno nemmeno possibilità di accesso), rimane pur sempre il fatto che il successo di una campagna di informazione dipende dall'interesse che il pubblico ha verso l'argomento e dalla ampiezza dei settori di popolazione non-interessata.

b. Esposizione selettiva

Quali gruppi di popolazione sono raggiunti più facilmente dalla radio e quali dalla stampa? L'educatore come il pubblicitario, l'organizzatore di una campagna nazionale come il politico, devono decidere se è più efficace la radio o la stampa nel comunicare il loro messaggio.

Dunque è indispensabile sapere le preferenze circa i mezzi di comunicazione dei differenti gruppi di popolazione. Questo tipo di informazione è ugualmente rilevante per la questione più cruciale secondo molte persone, e cioè: cosa farà la radio per la società?

La risposta dipende in gran parte da quale strato della popolazione è sottoposto principalmente all'influenza della radio e dalle condizioni che determinano se la gente ascolta la radio oppure no.

Le riflessioni sul contributo della radio all'educazione delle masse dovrebbero essere arricchite da un'analisi delle condizioni nelle quali le "masse" si espongono, oppure no, all'educazione tramite la radio. Ancora una volta, dunque, gran parte dell'effetto di ogni singolo programma è predeterminato dalla struttura della audience.

*Ecco un esempio. Il Federal Office of Education ha un eccellente programma, "Immigrants All - Americans All", che descrive il contributo dei diversi gruppi etnici alla cultura americana, al fine di promuovere lo spirito di tolleranza e integrazione nazionale. Se questo programma riesce o meno a rendere gli americani indigeni più tolleranti verso gli immigrati, è ovviamente una questione molto rilevante. Supponiamo – e con fondati motivi – che il grosso degli ascoltatori sia costituito dagli stessi immigrati, che vengono rassicurati dal sentire descritto il loro importante apporto a questo Paese. A questo punto un'analisi della struttura e delle motivazioni dell'*audience *rivela che l'effetto del programma non può di certo essere quello inteso originariamente, di promuovere lo spirito di tolleranza negli indigeni.*

> *Gli effetti reali e potenziali della radio devono quindi essere studiati in due direzioni. La prima è di analizzare chi ascolta cosa e perché. Dopo, ma solo dopo, ha un senso studiare i cambiamenti causati dalla radio,* se *la gente la ascolta* (Lazarsfeld, 1940, 134) *[sottolineatura mia]*

Questa lunga citazione - che tra l'altro offre un chiaro esempio di come è impostata la ricerca amministrativa - esplicita bene il problema centrale, verificato empiricamente in moltissime ricerche, dell'esposizione selettiva: i componenti dell'*audience* tendono a esporsi all'informazione congeniale alle loro attitudini e a evitare i messaggi che sono invece difformi. Le campagne di persuasione sono ricevute soprattutto da individui che sono già d'accordo con le opinioni presentate o che comunque sono già sensibilizzati ai temi proposti. Anche a causa di ciò le campagne falliscono e gli effetti dei media non sono così rilevanti come li ipotizzava la teoria ipodermica: "se la gente tende a esporsi soprattutto alle comunicazioni di massa secondo i propri atteggiamenti e i propri interessi, e a evitare altri contenuti e se, per di più, tende a dimenticare questi altri contenuti appena se li trova davanti agli occhi e se, infine, tende a travisarli anche quando li ricorda, allora è chiaro che la comunicazione di massa molto probabilmente non ne cambierà il punto di vista. È di gran lunga molto più probabile anzi che essa rafforzerà le opinioni preesistenti" (Klapper, 1963, 247).

In realtà, come è successo spesso nella *communication research*, la costante citazione di poche ricerche ne ha trasformato i risultati in certezze, in leggi rigide, assai più indiscutibili di quanto non appaia dalla loro formulazione originale. Così è accaduto per l'esposizione selettiva: la formulazione-standard di questo meccanismo illustra "il rapporto positivo esistente tra le opinioni dei soggetti e ciò che essi scelgono di ascoltare o leggere" (Lazarsfeld-Berelson-Gaudet, 1948, 164); in tal modo essa asserisce soprattutto che l'*audience* condivide in gran parte i punti di vista propri degli emittenti, mentre il meccanismo che tale formulazione suggerisce è quello di un rapporto causale tra attitudini del destinatario e suo comportamento fruitivo di comunicazione di massa. In realtà quest'ultimo punto non viene evidenziato chiaramente e in modo certo dalla ricerca (Sears-Freedman, 1967): in alcuni casi infatti la selettività dell'esposizione, invece che dalla congruenza tra attitudini soggettive e contenuto delle comunicazioni, può essere spiegata in base ad altre variabili come il livello di istruzione, la professione, il grado di consumo dei media, l'utilità percepita della comunicazione cui ci si espone ecc. Ciascuna di esse determina un certo grado di correlazione con l'esposizione selettiva, rispetto alla quale, dunque, le attitudini congruenti del soggetto sono solo una delle cause della selettività del consumo.

In ogni caso, l'importanza di questa conclusione circa la non-indifferenziazione del consumo di comunicazione di massa sta nell'aver evidenziato la complessità del rapporto comunicativo, in opposizione allo schematismo della precedente teoria ipodermica.

c. Percezione selettiva

"I membri del pubblico non si presentano alla radio o alla televisione o al giornale in uno stato di nudità psicologica; essi sono, invece, rivestiti e protetti da predisposizioni esistenti, da processi selettivi e da altri fattori" (Klapper, 1963, 247).

L'interpretazione trasforma e modella il significato del messaggio ricevuto, improntandolo alle attitudini e ai valori del destinatario, talvolta fino a mutare radicalmente il senso del messaggio stesso. Il noto studio di Cooper e Jahoda (1947) sulle possibilità di successo di una serie di *cartoons* nel modificare in senso antirazzista gli atteggiamenti degli individui con pregiudizi razziali mette in luce appunto che una reazione comune per evadere il problema è di "non comprendere" il messaggio. Quello che le autrici chiamano il "*derailment of understanding*" (o "decodifica aberrante", cfr. 1.9.2) può seguire varie strategie, tra le quali, ad esempio, l'accettazione superficiale del contenuto del *cartoon*, salvo a ribadire che in alcune circostanze concrete i pregiudizi si giustificano, oppure attribuire al messaggio una rappresentazione non corretta della realtà, oppure qualificare la storia rappresentata dal messaggio appunto come "soltanto una storia", oppure infine, modificare il quadro di riferimento della situazione narrata dal *cartoon*. In ogni caso i meccanismi psicologici che intervengono a ridurre potenziali fonti di tensione eccessiva o di dissonanza cognitiva influenzano notevolmente il processo di percezione del contenuto delle comunicazioni di massa: in relazione allo studio citato prima, Kendall e Wolf mettono in rilievo come almeno altri due fattori psicologici influiscano sull'incomprensione del significato del messaggio antirazzista. In primo luogo, la sicurezza delle proprie attitudini non genera il bisogno di distorcere il senso del *cartoon* per disinnescare il processo di identificazione con il personaggio pieno di pregiudizi; in secondo luogo, l'uso a cui è destinata la comprensione può evitare una percezione selettiva distorcente: "i soggetti più anziani pieni di pregiudizi avevano solo la possibilità di identificarsi con Mr. Biggott, il personaggio del *cartoon*, esponendosi quindi all'autocritica. Per essi, di conseguenza, distorcere la comprensione era un mezzo per mantenere la loro autostima. Per i soggetti più giovani invece esisteva un'ulteriore alternativa, dotata di gratificazioni positive. *Essi potevano assimilare Mr. Biggott ai loro padri, e quindi usare la comprensione che raggiungevano del* cartoon *come un'arma per combattere i pregiudizi paterni e per rifiutare l'autorità della generazione paterna*" (Kendall-Wolf, 1949, 172).

Un altro esempio di meccanismi riguardanti la percezione selettiva è offerto dai cosiddetti *effetti di assimilazione* o *contrasto*: si ha effetto di assimilazione quando il destinatario percepisce le opinioni espresse nel messaggio come più prossime alle sue di quanto non sono in realtà. Tale percezione avviene se parallelamente agiscono altre condizioni quali: *a.* una differenza non eccessiva tra le opinioni del soggetto e quelle dell'emittente; *b.* uno scarso coinvolgimento e un debole attaccamento del destinatario circa l'argomento del messaggio e le proprie opinioni in proposito; *c.* un atteggiamento positivo verso il comunicatore. Tali requisiti definiscono il cosiddetto "campo di accettazione", che delimita l'ambito in cui le opinioni espresse nel messaggio vengono percepite dal destinatario come "oggettive" e "accettabili".

Il "campo di rifiuto" definisce, per contrasto, le condizioni opposte a quelle sopra citate, e determina una percezione del messaggio come "propagandistico" e "inaccettabile", generando un effetto di contrasto che fa percepire la distanza tra le proprie opinioni e quelle del messaggio come maggiore di quanto realmente sia (Hovland-Harvey-Sherif, 1957).

d. Memorizzazione selettiva

Molte ricerche hanno evidenziato che la memorizzazione dei messaggi presenta elementi di selettività analoghi a quelli visti precedentemente. Gli aspetti coerenti con le proprie opinioni e attitudini sono memorizzati in misura più rilevante degli altri e questa tendenza si accentua a mano a mano che passa il tempo dalla esposizione al messaggio. Bartlett (1932) ha mostrato che nel corso del tempo la memorizzazione seleziona gli elementi più significativi (per il soggetto) a scapito di quelli più difformi o culturalmente distanti: il cosiddetto "effetto Bartlett" riguarda appunto uno specifico meccanismo nella memorizzazione dei messaggi persuasori. Se in un messaggio, accanto alle argomentazioni più importanti a favore di un dato argomento, sono presentate anche le argomentazioni contrarie, il ricordo di queste ultime si affievolisce più rapidamente di quello delle argomentazioni principali e questo processo di memorizzazione selettiva contribuisce ad accentuare l'efficacia persuasoria delle argomentazioni centrali (Papageorgis, 1963).

Simile all'effetto Bartlett, è anche il cosiddetto "effetto latente" (*sleeper effect*): in alcuni casi, mentre subito dopo l'esposizione al messaggio, l'efficacia persuasoria risulta quasi nulla, col passare del tempo essa risulta aumentata. Se all'inizio l'atteggiamento negativo del destinatario verso la fonte costituisce un'efficace barriera alla persuasione, la memorizzazione selettiva attenua questo elemento e persistono invece i contenuti del messaggio, che aumentano via via la loro influenza persuasoria (Hovland-Lumsdaine-Sheffield, 1949b).

Questi sono solo alcuni esempi di uno sforzo di ricerca volto a verificare sperimentalmente le variabili psicologiche individuali e i fattori di mediazione di cui è necessario tener conto nell'organizzare una campagna informativa/persuasoria. Ma, sempre in questa prospettiva, pari importanza rivestono anche gli elementi relativi ai messaggi.

1.3.2 I fattori legati al messaggio

A proposito degli studi sull'organizzazione ottimale dei messaggi a fini persuasori, va precisato che i loro risultati si collegano quasi sempre alle variabili esplicitate nei paragrafi precedenti. Le connessioni sono costanti: ciò che si conosce su determinati argomenti influenza chiaramente le relative attitudini, così come le attitudini verso determinati temi influenzano ovviamente il modo di organizzare la conoscenza intorno a essi, la quantità e la sistemazione di nuova informazione che su di essi si acquisisce.

Più che due direzioni di ricerca separate si tratta quindi di due tendenze operativamente distinte ma concettualmente congiunte.

Per dare un'idea sintetica di questo tipo di ricerca, mi soffermo su quattro fattori del messaggio: la credibilità della fonte, l'ordine delle argomentazioni, la completezza delle argomentazioni, l'esplicitazione delle conclusioni.

a. La credibilità del comunicatore

Gli studi sperimentali su questa variabile si pongono l'interrogativo se la reputazione della fonte è un fattore che influenza i mutamenti di opinione ottenibili nell'*audience* e, correlativamente, se la mancanza di credibilità dell'emittente incide negativamente sulla persuasione. Se messaggi identici hanno efficacia diversa in funzione del fatto di essere attribuiti a una fonte ritenuta credibile oppure no (Lorge, 1936), la questione è evidentemente di notevole rilevanza per l'impostazione di qualunque campagna informativa: uno studio di Hovland e Weiss (1951) cerca appunto di verificare se su quattro diversi temi (il futuro del cinema dopo l'avvento della tv; le cause della crisi dell'acciaio; le possibilità della costruzione di sottomarini atomici; l'opportunità della vendita libera di antistaminici) messaggi con gli stessi argomenti ma con opposte attribuzioni di fonte risultassero diversamente efficaci. L'esito più interessante della ricerca è che, se misurato subito dopo la fruizione del messaggio, il materiale attribuito a una fonte credibile produce un mutamento di opinione significativamente maggiore di quello attribuito a una fonte poco credibile. Se invece la misurazione avviene dopo un certo intervallo di tempo (quattro settimane) entra in scena l'effetto latente (vedi 1.3.1.d) e l'influenza della credibilità della fonte ritenuta non attendibile diminuisce a mano a mano che sfuma l'immagine della fonte stessa e la sua non credibilità, consentendo quindi un maggior apprendimento e una maggiore assimilazione dei contenuti.

Questo e altri studi simili precisano che il problema della credibilità della fonte non riguarda la quantità effettiva di informazione ricevuta, bensì l'accettazione delle indicazioni che si accompagnano a tale informazione. In altri termini, l'apprendimento può avvenire ma la scarsa credibilità della fonte ne seleziona l'accettazione.

b. L'ordine delle argomentazioni

Questo tipo di ricerche ha per scopo di stabilire se in un messaggio bilaterale (che contiene cioè argomenti pro e contro una certa posizione) sono più efficaci le argomentazioni iniziali a favore di una posizione o piuttosto quelle finali a sostegno della posizione contraria. Si parla di *effetto primacy* se viene verificata la maggior efficacia degli argomenti iniziali, e invece di *effetto recency* se risultano più influenti gli argomenti terminali.

Si intende cioè stabilire se sono più efficaci le argomentazioni in prima o seconda posizione in un messaggio in cui gli aspetti pro e quelli contro sono ugualmente presenti. Quasi tutti gli studi su questa variabile sono stati tentativi di verificare o disconfermare la cosiddetta "legge della *primacy*" (Lund, 1925), secondo la quale la persuasione viene influenzata maggiormente dagli argomenti contenuti nella prima parte del messaggio. In realtà, molti esperimenti successivi giungono a risultati contrastanti, senza poter asserire con certezza la presenza dell'uno o dell'altro tipo di effetto. A seconda cioè delle diverse condizioni sperimentali (per esempio intervallo di tempo variabile tra comunicazione e rilevazione degli effetti; intervallo di tempo variabile tra i due ordini di presentazione degli argomenti pro e contro ecc.), si verificano sia effetti di *recency* che di *primacy*. Pur in assenza di univoche tendenze generali, alcune correlazioni appaiono comunque più stabili: in particolare, la conoscenza e familiarità con il tema sembra andare di pari passo con l'effetto di *recency*, mentre se i destinatari non hanno alcuna conoscenza su di esso tende a presentarsi un effetto di *primacy*. Analoga tendenza può riscontrarsi rispetto alla variabile dell'interesse dei soggetti verso l'argomento trattato dai messaggi. In ogni caso, appare evidente che se si manifesta una diversa influenza legata all'ordine di presentazione degli argomenti a favore o contro una determinata conclusione, essa si correla a numerose altre variabili che talvolta è difficile riuscire a esplicitare adeguatamente.

c. La completezza delle argomentazioni

È questo forse il tipo di ricerca più famoso in questo ambito specifico: si tratta di studiare l'impatto che ai fini di mutare l'opinione della *audience* produce il presentare un solo aspetto o invece entrambi gli aspetti di un tema controverso.

Una ricerca di Hovland-Lumsdaine-Sheffield (1949a) ha lo scopo di individuare la forma persuasiva più adeguata per convincere i soldati americani che la guerra si sarebbe protratta ancora per qualche tempo prima del crollo definitivo dell'Asse, soprattutto sul fronte del Pacifico. Dei due messaggi radiofonici elaborati a tal fine, il primo (*one side*) presenta solo i motivi che indicano il prolungarsi della guerra oltre le aspettative eccessivamente ottimistiche dei soldati, mentre il secondo programma (4 minuti più lungo) presenta anche (*both sides*) gli argomenti circa i vantaggi e la notevole superiorità della macchina bellica americana sull'esercito giapponese: in sostanza il messaggio sostiene che la guerra sarà ancora lunga e dura, pur prendendo in considerazione i fattori positivi della situazione americana rispetto a quella giapponese.

In sintesi i risultati sono i seguenti:

1. Presentare gli argomenti di entrambi i lati di un tema risulta più efficace che non fornire solo gli argomenti relativi allo scopo di cui si vuol convincere nel caso di persone che inizialmente erano del parere opposto *rispetto a quello presentato.*
2. Per le persone che erano già convinte riguardo alla questione presentata, l'inclusione delle argomentazioni di entrambi i lati è meno efficace per il gruppo nel suo complesso che non presentare solo gli argomenti a favore della posizione presentata.
3. Coloro che hanno un grado di istruzione più elevato sono più favorevolmente influenzati dalla presentazione di entrambi i lati della questione; coloro che hanno un grado di istruzione più basso sono maggiormente influenzati dalla comunicazione che presenta solo gli argomenti a favore del punto di vista sostenuto.
4. Il gruppo rispetto al quale la presentazione di entrambi i lati del problema è minimamente efficace è composto di quelli con più basso grado di istruzione e che sono già convinti della posizione oggetto del messaggio.
5. Un risultato secondario ma importante è che l'omissione di un argomento rilevante, in questo caso il contributo dell'Unione Sovietica per la conclusione della guerra, è più percepibile e sottrae più peso all'efficacia, nella presentazione che usa argomenti sui due lati della questione, che non nella presentazione che offre un solo aspetto del problema (Hovland-Lumsdaine-Sheffield, 1949a, 484).

d. L'esplicitazione delle conclusioni

L'interrogativo che presiede a questa area di ricerche è se sia più efficace un messaggio che esplicita le conclusioni a cui vuol persuadere oppure uno che invece le pone implicitamente e le lascia trarre ai destinatari.

Anche qui, una risposta in assoluto è impossibile definirla: le ricerche svolte esplicitano alcune correlazioni tendenzialmente stabili tra questo particolare aspetto del messaggio e altre variabili psicologiche individuali. Una di esse riguarda il grado di coinvolgimento dell'individuo sull'argomento trattato: quanto maggiore è il coinvolgimento, tanto più utile è lasciare le conclusioni implicite. Ugualmente, quanto più approfondita è la conoscenza che il pubblico ha dell'argomento o quanto più elevato è il livello di prestazioni intellettuali, tanto meno è necessaria l'esplicitazione delle conclusioni. Al contrario, su argomenti complessi e per pubblici poco in confidenza con essi, conclusioni esplicite si dimostrano di aiuto all'efficacia persuasoria della comunicazione.

Complessivamente, tutti gli studi sulla forma del messaggio più adeguata ai fini persuasori, sottolineano che l'efficacia della struttura dei messaggi varia col variare di alcune caratteristiche dei destinatari, e che gli effetti delle comunicazioni di massa dipendono essenzialmente dalle interazioni che si instaurano tra questi fattori. Raffrontata alla teoria ipodermica, la teoria dei media che si lega alle ricerche psicologiche-sperimentali ridimensiona la capacità indiscriminata dei mezzi di comunicazione di manipolare il pubblico: individuando la complessità dei fattori che intervengono nel determinare la risposta allo stimolo, si attenua l'inevitabilità di effetti massicci; esplicitando le barriere psicologiche individuali che i destinatari attivano, si evidenzia la non-linearità del processo comunicativo; sottolineando la peculiarità di ciascun ricevente, si analizzano i motivi dell'inefficacia di talune campagne. Ma ciò nonostante, in linea di principio, secondo questa teoria i media possono ottenere influenza ed esercitare persuasione: esse non sono indifferenziate e costanti né si giustificano per il solo fatto che c'è stata trasmissione di messaggi. Influenza e persuasione richiedono di essere attenti al proprio pubblico e alle sue caratteristiche psicologiche, impongono di strutturare le campagne tenendo conto di ciò, ma una volta soddisfatte queste condizioni, i mass media possono produrre notevoli effetti.

La persuasione opera attraverso percorsi complicati ma le comunicazioni di massa la esercitano.

1.4 L'approccio empirico sul campo o "degli effetti limitati"

Anche per questa teoria dei media di orientamento sociologico vale quanto detto in 1.3 sull'approccio psicologico: il suo sviluppo è stato costantemente intrecciato con le contemporanee elaborazioni della ricerca sperimentale ed è difficile quindi separare degli ambiti di totale autonomia. Rispetto alla teoria precedente, tuttavia, questa fase degli studi mediologici ha marcato in modo più rilevante la storia della *communication research*: le acquisizioni più significative di tale teoria dei media sono diventate dei "classici" e perpetuano la loro presenza in ogni rassegna critica della letteratura mediologica. Nemmeno questo lavoro fa eccezione a tale consuetudine.

La prospettiva che caratterizza l'inizio della ricerca sociologica empirica sulle comunicazioni di massa riguarda globalmente tutti i media dal punto di vista della loro capacità di influenza sul pubblico: all'interno di questo interrogativo generale è però già presente l'attenzione per la capacità differenziata di ogni singolo mezzo a esercitare influenze specifiche. Il problema fondamentale è ancora quello degli effetti dei media, ma non più negli stessi termini delle teorie precedenti. L'etichetta "effetti limitati" non indica solo una diversa valutazione sulla quantità di effetto ma anche una sua configurazione qualitativamente differente. Se la teoria ipodermica parlava di *manipolazione* o propaganda, e se la teoria psicologica-sperimentale si occupava di *persuasione*, questa teoria parla di *influenza* e non solo di quella esercitata dai media ma di quella più generale che "scorre" nei rapporti comunitari, della quale l'influenza delle comunicazioni di massa è solo una componente, una parte.

Come si vedrà illustrando alcuni esempi specifici, il contesto sociale di questa teoria dei media è chiaramente di tipo amministrativo, ed essa è sempre attenta alla dimensione pratico-applicativa dei problemi indagati. Ma questo punto è meno semplice di quanto spesso non venga presentato, soprattutto rispetto al problema del rilievo teorico della stessa ricerca amministrativa. Anche altri aspetti di questa teoria sono stati talvolta interpretati riduttivamente, come se si trattasse di ricerche rivolte solo al problema degli effetti, mentre i lavori più significativi di questo ambito studiano in realtà fenomeni sociali più ampi come ad esempio la dinamica dei processi di formazione delle attitudini politiche.

Il "cuore" della teoria mediologica legata alla ricerca sociologica sul campo consiste infatti nel connettere i processi di comunicazione di massa alle caratteristiche del contesto sociale entro cui essi si realizzano. Da questo punto di vista viene completata la revisione critica della teoria ipodermica.

È possibile individuare due filoni nella teoria dei media di ispirazione sociologica empirica: il primo riguarda lo studio della composizione differenziata dei pubblici e dei loro modelli di consumo di comunicazioni di massa; il secondo - e più significativo - comprende le ricerche sulla mediazione sociale che caratterizza tale consumo. Sia per il primo sia per il secondo filone ci si riferirà sinteticamente ai temi più rilevanti.

1.4.1 Le ricerche sul consumo dei media

Il carattere descrittivo di questi lavori si lega ovviamente alla loro natura "amministrativa" ma ciò non impedisce che essi abbiano anche un'indubbia rilevanza teorica. Un esempio molto chiaro si trova nello studio di Lazarsfeld, *Radio and the Printed Page. An Introduction to the Study of Radio and Its Role in the Communication of Ideas* (1940). La ricerca, finanziata dalla Rockefeller Foundation, analizza il ruolo svolto dalla radio nei confronti di diversi tipi di pubblico, e presenta uno sforzo costante di correlare le caratteristiche dei destinatari con quelle dei programmi preferiti dal pubblico e con l'analisi dei motivi per cui l'*audience* ascolta tali programmi invece di altri (con particolare riferimento al "*serious listening*", opposto ai programmi di puro intrattenimento). L'intreccio continuo tra: *a.* la finalità pratica della ricerca (sapere perché la gente ascolta certi programmi), *b.* la sua rilevanza teorica (individuare la migliore concettualizzazione dei problemi), *c.* la necessità di un'adeguata metodologia (ideare un disegno complessivo della ricerca, congruente con l'impianto concettuale), è illustrato bene dal seguente passo:

> *Come studiare l'attrattiva dei programmi.*
>
> *Ci sono tre modi diversi per conoscere ciò che un programma significa per il pubblico. Possibilmente tutti e tre dovrebbero essere impiegati insieme.*
>
> Analisi di contenuto
> *Il primo modo è partire da un'analisi del contenuto del programma. La procedura consente delle inferenze su ciò che gli ascoltatori traggono dal contenuto, o almeno consente di eliminare alcune altre possibilità. Si può certo supporre che la gente non ascolti delle conversazioni sulla storia dell'arte greca per ricavare consigli su come cucinare [...]*
>
> Caratteristiche degli ascoltatori
> *Il secondo modo di cogliere ciò che il programma significa per gli ascoltatori è di condurre un'attenta* analisi differenziale dei vari gruppi di ascoltatori. *Si conosce abbastanza sulle differenze psicologiche tra sesso, età e gruppi sociali. Se un programma è ascoltato prevalentemente da un gruppo sociale piuttosto che da altri, è possibile comprendere la natura del suo richiamo. Supponiamo per esempio che tra due commedie l'*audience *di una sia composta di persone con un livello di scolarità più alto dell'*audience *dell'altra: se ne può dedurre che la prima commedia offre un genere di humour più sofisticato della seconda [...]*
>
> Studi sulle gratificazioni
> *Alle persone si può chiedere direttamente ciò che per esse il programma significa (cioè perché lo ascoltano) e le loro risposte possono costituire un punto di partenza per ulteriori ricerche. Questa analisi delle gratificazioni dovrebbe compiersi a molteplici livelli [...] L'ascoltatore medio*

non è capace di una buona introspezione, ma alcune informazioni che fornisce possono essere immediatamente pertinenti [...] Dal primo livello della semplice descrizione dell'esperienza di ascolto si può andare al livello della concettualizzazione [...]
La collocazione metodologica dell'analisi delle gratificazioni è di essere uno dei tre approcci complementari al problema di ciò che un programma significa per il proprio pubblico [...]
*I tre modi di studiare il richiamo dei programmi sono strettamente interrelati. Un'analisi del contenuto non può fare altro che fornire indicazioni su ciò che il programma può significare per gli ascoltatori. Ma se ciò realmente avviene deve essere scoperto attraverso un'indagine diretta sugli ascoltatori stessi. D'altra parte, ogni attrattiva che è stata ricostruita a partire dall'introspezione degli ascoltatori deve essere verificata. E ciò può essere fatto soltanto prefigurando che certi tipi di pubblico gradiranno o eviteranno il programma e a sua volta tale previsione condurrà al problema di come è stratificata l'*audience. (Lazarsfeld, 1940, 55-93)

La ricerca mirata a studiare il tipo di consumo che il pubblico fa delle comunicazioni di massa si presenta quindi – fin dall'inizio – come un'analisi concettualmente più complessa che non una semplice rilevazione quantitativa: è impossibile scindere tale aspetto dai molti altri che vi sono connessi, compreso quello degli effetti. Per descrivere questi ultimi, occorre prima sapere chi segue un certo mezzo di comunicazione, e perché.

A questo proposito Lazarsfeld (1940) parla (riguardo alla radio ma il discorso può essere generalizzato) di *effetti preselettivi* e di *effetti successivi*: la radio in primo luogo seleziona il proprio pubblico e solo successivamente vi esercita un'influenza. L'analisi dei fattori che spiegano le preferenze di consumo per un certo mezzo o per un genere specifico si connette quindi strettamente all'analisi della stratificazione dei gruppi sociali che manifestano tali abitudini di consumo. Lungo questa linea di tendenza – che anticipa uno sviluppo successivo della ricerca mediologica, la cosiddetta ipotesi degli “usi e gratificazioni”: vedi 1.5 - si collocano numerosi studi realizzati un po’ dappertutto su alcuni temi dominanti.

Tra essi, per esempio, il problema della variazione nel consumo di comunicazioni di massa in rapporto a caratteristiche del pubblico quali l’età, il sesso, la professione, la classe sociale, il livello di scolarità ecc. Un altro aspetto molto analizzato è lo stabilizzarsi nel pubblico di modelli di aspettative, preferenze, valutazioni e atteggiamenti, verso i singoli media o specifici generi entro un mezzo di comunicazione, in rapporto alle caratteristiche socioculturali che strutturano l’*audience*.

A causa della quantità consistente di dati e di una certa frammentazione nell’impostazione dei lavori, non è possibile dare sintesi esaustive e conclusive su questo tipo di ricerca: un’indicazione di fondo comunque ne risulta ribadita, e cioè che lo studio delle comunicazioni di massa - anche solo riguardo al tema degli effetti - si avvicina sempre più a essere uno studio su processi e fenomeni comunicativi socialmente vincolati. In altri termini, per comprendere le comunicazioni di massa occorre focalizzare l’attenzione sul più ampio ambito sociale in cui esse operano e di cui fanno parte.

1.4.2 Il contesto sociale e gli effetti dei media

In un lavoro condotto durante la seconda guerra mondiale, sul problema degli effetti che otteneva la propaganda alleata rivolta alle truppe tedesche per convincerle a deporre le armi, Shils e Janowitz (1948) evidenziano il punto fondamentale che caratterizza questo filone di studi: l’efficacia dei mass media è analizzabile soltanto entro il contesto sociale in cui essi agiscono. La loro influenza deriva, più ancora che dal contenuto che essi diffondono, dalle caratteristiche del sistema sociale loro circostante.

Gli effetti provocati dai mezzi di comunicazione di massa “dipendono dalle forze sociali che prevalgono in un determinato periodo” (Lazarsfeld, 1940, 330): la teoria degli effetti limitati sposta dunque l'accento da un *nesso causale diretto* tra propaganda di massa e manipolazione dell'*audience* a un *processo mediato di influenza* in cui le dinamiche sociali si intersecano con i processi comunicativi. In realtà poi, le ricerche più famose e note che espongono questa teoria non sono nemmeno rivolte a studiare specificamente i mass media, bensì fenomeni più ampi, cioè i processi di formazione di opinione entro determinate comunità sociali. Il "capostipite" di tali studi (Lazarsfeld-Berelson-Gaudet, 1944) ha come titolo *The People's Choice. How the Voter Makes up his Mind in a Presidential Campaign* (La scelta della gente. Come l'elettore elabora le proprie decisioni in una campagna presidenziale): lo scopo della ricerca è individuare motivi e modalità con cui si formano le attitudini politiche nello sviluppo della campagna presidenziale del 1940, in una comunità dello Stato dell'Ohio (Erie County).

L'indagine si articola su problemi quali il ruolo dello status socioeconomico, della religione di appartenenza, della classe d'età e di altri fattori sociologici nel predisporre gli orientamenti di voto, oppure sulla correlazione tra il grado di interesse, di motivazione, di partecipazione alla campagna elettorale e il grado di esposizione a essa riservata. Gli stessi risultati per i quali questo lavoro è rimasto nella storia della *communication research* – cioè la "scoperta" dei leader d'opinione e il flusso di comunicazione a due livelli – sono elementi parziali entro fenomeni più vasti: più precisamente, nell'articolare (in connessione con tutte le precedenti variabili socio-economico-culturali) il grado di partecipazione e di coinvolgimento alla campagna, si osserva che il massimo grado di interesse e di conoscenze sull'argomento è presentato da alcuni individui "molto coinvolti e interessati al tema e dotati di più conoscenze su di esso. Li chiameremo leader d'opinione" (Lazarsfeld-Berelson-Gaudet, 1944, 49). Essi rappresentano quella parte di opinione pubblica che cerca di influenzare il resto dell'elettorato, e che mostra una più attenta reattività e risposta agli eventi della campagna presidenziale.

I leader d'opinione costituiscono cioè il settore di popolazione – trasversale rispetto alla stratificazione socio-economica – più attivo nella partecipazione politica e più deciso nel processo di formazione delle attitudini di voto. Entro questa dinamica generale di formazione delle attitudini politiche in rapporto ai fattori economici, culturali, motivazionali, intellettuali, degli individui esaminati, l'effetto complessivo della campagna presidenziale nella sua interezza – compresi cioè "i discorsi, gli eventi, i documenti scritti, le discussioni, tutto il materiale di propaganda" (Lazarsfeld-Berelson-Gaudet, 1944, 101) e non soltanto le comunicazioni di massa – procede in tre direzioni:

un *effetto di attivazione* (che trasforma le tendenze latenti in effettivo comportamento di voto), un *effetto di rafforzamento* (che preserva le decisioni prese, evitando mutamenti nelle attitudini) e un *effetto di conversione* (limitato però dal fatto che le persone più esposte e attente alla campagna elettorale sono anche quelle che hanno attitudini di voto già ben articolate e solidificate, mentre coloro che sono più incerti e disposti al mutamento sono anche quelli che "consumano" meno campagna elettorale). L'effetto di conversione attivato dai media si realizza "mediante una ridefinizione dei problemi [...] Problemi sui quali le persone in precedenza avevano riflettuto molto poco o ai quali avevano dedicato un'attenzione limitata, assumono un nuovo rilievo dal momento che vengono messi in evidenza dalla propaganda. In tal modo, la comunicazione politica occasionalmente può infrangere fedeltà tradizionali di partito" (Lazarsfeld-Berelson-Gaudet, 1944, 98).

Al di là dell'illustrazione di questo meccanismo, che anticipa di oltre trent'anni l'ipotesi dell'"agenda-setting" (vedi 2.2), le conclusioni di Lazarsfeld-Berelson-Gaudet sottolineano da un lato la stabilità nei processi di formazione delle attitudini politiche (metà dell'elettorato esaminato sapeva cosa votare ancor prima dell'inizio della campagna), dall'altro le connessioni tra questa tendenza individuale e la rete dei rapporti sociali significativi di ciascun soggetto. È internamente a questi rapporti sociali che la tendenza a sviluppare attitudini condivise dagli altri componenti del gruppo mette in rilievo l'esistenza dei leader d'opinione e la loro funzione di mediatori tra i mass media e gli altri individui meno interessati e meno partecipi alla campagna presidenziale (i nonleader o seguaci). Il flusso della comunicazione a due livelli (*two-step flow of communication*) è determinato appunto dalla mediazione che i leader svolgono tra i media e gli altri individui del gruppo.

L'opposizione tra teoria ipodermica e modello del *two-step flow* si può rappresentare graficamente nel modo seguente:

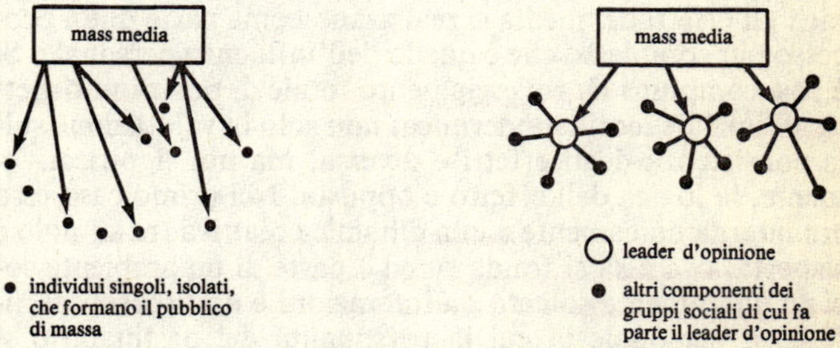

(citato da Katz-Lazarsfeld, 1955)

Ma i leader d'opinione e il flusso comunicativo a due livelli sono solo *uno* dei modi in cui si formano le attitudini dell'individuo entro relazioni stabili di gruppo: un altro modo è quello della cristallizzazione (o emersione) delle opinioni.

> *Le situazioni sociali, delle quali la campagna politica è un esempio tra i tanti, richiedono costantemente l'elaborazione di azioni o opinioni. E i membri di un gruppo fanno fronte a tali richieste anche se non c'è alcun individuo particolarmente influente a cui rivolgersi per un consiglio.* Al di sopra e al di là della leadership d'opinione ci sono le reciproche interazioni dei componenti del gruppo, che rafforzano le attitudini ancora non precisate di ciascuna persona. Sulla base di queste interazioni, si cristallizza la distribuzione di opinioni e attitudini articolate (Lazarsfeld-Berelson-Gaudet, 1944, XXXV) [sottolineatura mia].

I leader d'opinione e il flusso comunicativo a due livelli sono dunque solo una modalità specifica di un fenomeno d'ordine generale: nella dinamica che produce la formazione dell'opinione pubblica - dinamica cui partecipano anche i mass media - il risultato complessivo non può essere attribuito agli individui considerati isolatamente, ma deriva invece dalla rete di interazioni che lega le persone le une alle altre. Gli effetti dei media non sono comprensibili se non a partire dall'analisi delle interazioni reciproche tra i destinatari: gli effetti dei media si realizzano come parte di un processo più complesso che è quello dell'influenza personale. Si è così compiuto un rovesciamento totale di posizioni rispetto all'iniziale teoria ipodermica: non solo la valutazione sulla consistenza degli effetti è diversa, ma più significativamente, la logica dell'effetto è opposta. Nel primo caso essa era interna unicamente a una dinamica reattiva tra stimolo e risposta: ora essa si fonda su ed è parte di un ambiente sociale interamente solcato da interazioni e da processi di influenza personale in cui la personalità del destinatario si configura anche in base ai suoi gruppi di riferimento (familiari, amicali, professionali, religiosi ecc.). Il concetto di "massa" sembra cioè aver esaurito la sua funzione euristica entro la *communication research*.

Ma anche dal punto di vista della qualità e della consistenza gli effetti sono limitati: prevalgono infatti gli effetti di rafforzamento su quelli di conversione, e soprattutto, l'influenza personale che si svolge nei rapporti intersoggettivi appare più efficace di quella che deriva direttamente dai media. La diversa natura dell'influenza personale rispetto a quella impersonale dei media ne determina la maggior incisività che deriva dal suo essere inestricabilmente legata e radicata nella vita del gruppo sociale. Se è vero che coloro che sono più indecisi nelle proprie attitudini di voto sono anche coloro che si espongono meno alla campagna dei media, ecco che i contatti personali risultano più efficaci dei media proprio perché possono raggiungere anche coloro potenzialmente più predisposti al cambiamento di attitudini. Se la comunicazione di massa incontra inevitabilmente l'ostacolo dell'esposizione e percezione selettive, ecco che invece la comunicazione interpersonale presenta un maggior grado di flessibilità di fronte alle resistenze del destinatario. Se la credibilità della fonte incide sull'efficacia di un messaggio persuasorio, è probabile che la fonte impersonale dei media si trovi svantaggiata rispetto alle fonti invece ben conosciute proprie dei rapporti interpersonali; inoltre mentre un messaggio della campagna elettorale è percepito come finalizzato a uno scopo ben preciso, l'influenza che deriva dai rapporti personali può essere (o apparire) meno legata a finalità specifiche di persuasione. È questa particolare *natura dell'influenza personale* (Lazarsfeld - Berelson - Gaudet, 1944) che la avvantaggia rispetto all'efficacia dei media, limitando così i loro effetti.

L'indicazione fondamentale, a mio avviso, di questa teoria, che rappresenta un'acquisizione definitiva per la *communication research*, non riguarda tanto la limitatezza degli effetti quanto il radicamento completo e totale dei processi comunicativi di massa entro cornici sociali molto complesse, in cui variabili economiche, sociologiche, psicologiche, interagiscono incessantemente.

Anche studi successivi, come ad esempio quello di Merton sui leader d'opinione (1949a) si muovono entro questa prospettiva: il tentativo di Merton è infatti di descrivere articolatamente la struttura d'influenza e i suoi leader, in una determinata comunità, in rapporto al consumo di comunicazione di massa. Una ricerca "amministrativa" (fondata sull'esigenza di un settimanale di sapere se tra i propri lettori fossero presenti in misura significativa gli individui chiave della struttura di influenza personale) si trasforma nell'impresa teorica di concettualizzare coerentemente la tipologia dei leader d'opinione. L'analisi qualitativa degli influenti viene fondata infatti sul tipo di orientamento che essi mostrano verso la comunità in cui operano oppure al contrario verso contesti sociali più ampi. La differenza tra leader d'opinione locale e cosmopolita[5] si fonda su alcune caratteristiche nella struttura dei rapporti sociali, nelle "carriere" seguite per giungere al ruolo di influenti, nel tipo di consumo che essi fanno della comunicazione di massa. All'orientamento localistico della leadership corrispondono una vita costantemente vissuta nella comunità, dei rapporti sociali tendenzialmente indifferenziati che portano il leader d'opinione a conoscere quante più persone possibili, una partecipazione a organizzazioni formali in quanto esse funzionano soprattutto da centri di contatti interpersonali, un tipo di influenza che si fonda sul conoscere gli altri piuttosto che sull'avere competenze specifiche; infine, un consumo di comunicazioni di massa che esclude le riviste di maggior impegno e soprattutto che dei messaggi forniti dalla stampa o dalla radio enfatizza il "lato umano", l'aspetto personalistico, gli aneddoti.

Il leader d'opinione di tipo locale esercita inoltre influenza su diverse sfere tematiche, è – come dice Merton – polimorfico. Un orientamento opposto caratterizza il leader cosmopolita: qualitativo e selettivo nella rete dei suoi rapporti personali, ha vissuto gran parte della sua vita fuori della comunità in cui è arrivato quasi come uno "straniero", dotato però di competenze specifiche e quindi di autorità che tendenzialmente si esercita tuttavia solo in aree tematiche particolari (è quindi un leader monomorfico). Non solo egli consuma generi più "elevati" di comunicazione di massa, ma anche le funzioni assolte da tale consumo sono diverse da quelle proprie del leader locale (che fonda in gran parte la sua influenza sul fatto di essere conosciuto un po' da tutti nella comunità). La complessa analisi di Merton è rivolta a esplicitare come l'orientamento fondamentale dei processi di influenza personale è radicato nella struttura sociale, anche se da essa non è meccanicamente determinato: di conseguenza, per poter studiare il peso e la funzione della comunicazione di massa entro la struttura di influenza personale, occorre "integrare le analisi in termini di 'attributi personali' dei destinatari con le analisi dei loro 'ruoli sociali' e delle loro implicazioni rispetto alle reti di rapporti interpersonali" (Merton, 1949a, 207).

Complessivamente dunque, la teoria dei media legata all'approccio sociologico empirico sostiene che *l'efficacia della comunicazione di massa è largamente connessa a e dipendente da processi di comunicazione non mediale interni alla struttura sociale in cui vive l'individuo.*

In questo quadro, la capacità di influenza della comunicazione di massa si limita soprattutto al rafforzamento di valori, atteggiamenti, attitudini, più che a una reale capacità di modificarli o manipolarli (Klapper, 1960).

Alcuni aspetti di questo modello - soprattutto quelli relativi alla figura dei leaders d'opinione - hanno concentrato molti sforzi di ulteriore verifica: per esempio, se da un lato nello studio di Merton (1949a) si sottolinea che il processo di influenza personale scorre anche orizzontalmente - "pochi individui al vertice [della struttura di influenza] possono avere notevole quantità *individuale* di influenza, ma l'ammontare *totale* di influenza esercitato da questo gruppo ristretto può essere inferiore a quella esercitata dal grande numero di persone che si collocano nei gradini inferiori della struttura di influenza" (Merton, 1949a, 210) - dall'altro lato studi successivi hanno ipotizzato che le catene di influenza siano più lunghe e articolate di quanto l'iniziale ipotesi del flusso a due livelli non facesse pensare. Inoltre se da un lato il leader d'opinione appare essere più attivo e interessato alla sfera tematica su cui è influente, dall'altro lato è altamente improbabile che i soggetti influenzati siano molto distanti dal leader nel loro livello di interesse: per di più, rispetto ad ambiti tematici diversi, influenzati e influenti possono scambiarsi reciprocamente i ruoli (Katz, 1957).

C'è un altro aspetto della teoria degli effetti limitati da mettere in rilievo: dal punto di vista della presenza e della diffusione dei mezzi di informazione, il contesto sociale cui si riferisce tale teoria era profondamente diverso da quello attuale. L'ipotesi del flusso comunicativo a due livelli presuppone una situazione comunicativa caratterizzata da una bassa diffusione di comunicazione di massa, assai differente da oggi. Negli anni quaranta la presenza relativamente limitata dei mass media nella società enfatizza il ruolo diffusivo svolto dalla comunicazione interpersonale: la situazione attuale presenta invece livelli di quasi-saturazione nella diffusione dei media. Qualche dato per sottolineare la diversità: negli Stati Uniti tra il 1940 (anno della ricerca di Lazarsfeld-Berelson-Gaudet) e il 1976 nel settore dei quotidiani si passa da 1878 testate a 1762; per le pubblicazioni periodiche da

6432 (1940) a 9872 (1976); le emittenti radiofoniche nel 1940 erano 765, nel 1976 4463; le stazioni televisive affiliate ai *networks* nel 1947 (primo anno in cui sono disponibili dati) erano 4, nel 1976 erano 613 (Sterling-Haight, 1978). Al di là del calo nei quotidiani, l'aumento complessivo nell'offerta mediologica appare dunque molto elevato. "Negli ultimi vent'anni la televisione si è imposta come mezzo predominante di comunicazione di massa e ha mutato radicalmente l'uso del tempo libero. Con ciò il sistema di comunicazione di massa si è notevolmente differenziato. Gli *opinion leaders* vengono esentati quasi del tutto dalla loro funzione di filtro in conseguenza della diffusione di temi, informazioni e opinioni" (Böckelmann, 1975, 123). È probabile quindi che la maggior parte dei messaggi delle comunicazioni di massa sia ricevuta in modo diretto, senza passare, per diffondersi, dal livello di comunicazione interpersonale: quest'ultima si presenta come "conversazione" sul contenuto dei media (*opinion-sharing*) più che come strumento del passaggio di influenza dalla comunicazione di massa ai singoli destinatari (*opinion-giving*). È probabile cioè, che tenendo ferma la conclusione generale della teoria degli effetti limitati – *l'efficacia delle comunicazioni di massa va studiata in rapporto al contesto di relazioni sociali in cui operano i media* – l'ipotesi specifica dei due livelli di comunicazione sia riformulabile tenendo conto della mutata situazione nella distribuzione, penetrazione, concorrenzialità, e quindi anche efficacia, dei media stessi.

In conclusione si può dire che il modello dell'influenza interpersonale sottolinea da un lato la non linearità del processo con cui si determinano gli effetti sociali dei media, e dall'altro la selettività intrinseca alla dinamica comunicativa: in questo caso però la selettività è connessa non tanto ai meccanismi psicologici dell'individuo (come nella teoria precedente), quanto alla rete di rapporti sociali che costituiscono l'ambiente in cui egli vive e che danno forma ai gruppi di cui fa parte.

1.4.3 Retorica della persuasione o effetti limitati?

Il secondo e il terzo modello di ricerca mediologica (psicologica-sperimentale e sociologica sul campo) si pongono entrambi l'obiettivo di verificare empiricamente la consistenza e la portata degli effetti che le comunicazioni di massa ottengono. I risultati sono contrastanti: gli studi sperimentali, pur esplicitando le difese individuali e analizzando i motivi del fallimento di alcune campagne persuasorie, sottolineano la possibilità di ottenere effetti di persuasione purché i messaggi siano strutturati in modo adeguato alle caratteristiche psicologiche dei destinatari. Gli effetti non sono automatici né meccanici e tuttavia rimangono possibili e significativi se si conoscono bene i fattori che potenzialmente li possono annullare. Gli studi sul campo esplicitano invece la scarsa rilevanza dei media in confronto ai processi di interazione sociale.

La diversità delle conclusioni nasconde in realtà un fattore cruciale nello studio dei processi di comunicazione: la *situazione comunicativa*. Essa è articolata assai diversamente nei due approcci e ciò provoca il differente configurarsi del processo stesso degli effetti. Hovland (1959) in un saggio dal titolo significativo di "*Reconciling Conflicting Results Derived from Experimental and Survey Studies of Attitude Change*" (Come integrare i risultati contraddittori derivanti dagli studi sperimentali e sul campo, sul mutamento di attitudini), nota che il diverso rilievo che i due approcci danno agli effetti ottenuti dai media è legato alle caratteristiche di ciascun metodo di indagine.

Alcuni elementi che definiscono il processo comunicativo mutano significativamente da una situazione all'altra: per esempio, la stessa definizione di esposizione al messaggio è diversa. Mentre nella situazione sperimentale i soggetti che compongono il campione sono tutti ugualmente esposti alla comunicazione, nella "situazione naturale" della ricerca sul campo l'*audience* è limitata a coloro che si espongono volontariamente alla comunicazione, così che uno dei motivi che spiegano la discordanza dei risultati è che "l'esperimento descrive gli effetti dell'esposizione sull'intero arco di persone studiate (alcune delle quali inizialmente sono in favore della posizione sostenuta nel messaggio mentre altre sono in disaccordo), mentre le ricerche sul campo invece descrivono primariamente gli effetti prodotti su coloro che sono già favorevoli al punto di vista sostenuto nella comunicazione. L'entità del cambiamento risulta quindi naturalmente inferiore nelle ricerche sul campo" (Hovland, 1959, 498), a causa dell'incidenza dell'esposizione selettiva.

Una seconda, rilevante, differenza tra i due metodi riguarda il tipo di tema o di argomento su cui si valuta l'efficacia dei media. Nell'esperimento di laboratorio sono studiate essenzialmente alcune condizioni o fattori di cui si vuole verificare l'impatto sull'efficacia della comunicazione. Si cerca quindi deliberatamente di scegliere temi implicanti attitudini e atteggiamenti che siano suscettibili di essere modificati mediante la comunicazione, altrimenti si corre il rischio di non avere alcun effetto misurabile e quindi nessuna possibilità di riscontro sull'efficacia della variabile sottoposta a indagine (ricordo, ad esempio, argomenti quali il futuro del cinema dopo l'avvento della tv oppure le cause della crisi dell'acciaio ecc.; vedi 1.3.2). Al contrario, la ricerca sul campo riguarda gli atteggiamenti dei soggetti su temi più significativi e radicati profondamente nella personalità dell'individuo (per esempio i comportamenti elettorali, le attitudini politiche) e quindi più difficilmente influenzabili. La minor centralità degli argomenti usati negli esperimenti facilita indubbiamente la conversione di opinioni, incrementata a sua volta dal fatto che si tratta di temi rispetto ai quali la fonte dei messaggi è presentata come esperta nella materia e non come fonte che mira essenzialmente a influenzare le opinioni, cosa che invece accade nel caso delle campagne elettorali studiate nelle ricerche sul campo. Il risultato di queste e altre diversità nel disegno dei due tipi di ricerca, fa sì che le contraddizioni o meglio le divergenze tra i risultati sugli effetti dei media vanno ricondotte quindi principalmente a una "diversa definizione della situazione comunicativa [...] e a differenze nel tipo di comunicatore, di pubblico e di temi utilizzati" (Hovland, 1959, 509).

Mentre la ricerca sperimentale tende per la sua stessa impostazione a enfatizzare i rapporti causali diretti tra due variabili comunicative, a scapito della complessità propria della situazione di comunicazione, la ricerca sul campo si avvicina maggiormente allo studio naturalistico dei contesti comunicativi ed è più attenta alla molteplicità dei fattori presenti simultaneamente e alle correlazioni esistenti tra di essi, senza però poter stabilire efficacemente precisi nessi causali. La *definizione della situazione comunicativa* risulta essere dunque una variabile rilevante nel focalizzare certi elementi piuttosto che altri, nel processo di comunicazione di massa: l'indicazione preziosa di Hovland non sembra tuttavia essere stata considerata adeguatamente, anche in periodi successivi della *communication research*. Ciò che di volta in volta la ricerca ha messo in luce sul problema degli effetti è sempre stato pensato in termini di acquisizioni globali e complessive, reciprocamente incompatibili (se la prospettiva è "apocalittica" gli effetti individuati e ipotizzati sono di un certo tipo; se invece l'atteggiamento è da "integrato", la prospettiva sugli effetti si oppone alla precedente).

L'evoluzione degli assunti circa l'efficacia dei media si è presentata tendenzialmente più in termini di "scoperte" successive che ogni volta sostituivano le posizioni precedenti, che non come una conoscenza che si organizzava (anche) secondo il modo di concettualizzare e determinare operativamente le variabili in questione. Il prevalere del primo tipo di atteggiamento è confermato da un'osservazione sul rapporto che storicamente si è determinato tra i principali paradigmi della ricerca e le condizioni sociali, economiche e culturali del contesto in cui essa si è svolta. C'è una specie di ciclicità nella presenza e nel ritorno di alcuni "climi d'opinione" (e relative tendenze di ricerca) sul tema della capacità dei media di influenzare il pubblico. Tale ciclicità è legata alle trasformazioni della società, dell'assetto istituzionale e organizzativo dei media, alle circostanze storiche entro cui essi agiscono. Le teorie sull'influenza dei media presentano un andamento oscillatorio: partono da un'attribuzione di forte capacità manipolativa, passano poi per una fase intermedia nella quale il potere di influenza è variamente ridimensionato, infine ripropongono negli ultimi anni posizioni che attribuiscono ai media un notevole effetto, anche se diversamente motivato da quello asserito nella teoria ipodermica. "Gli effetti dei media erano ritenuti rilevanti negli anni trenta a causa della Depressione e del fatto che la situazione politica che determinò la guerra creava un terreno fertile per la produzione di un certo tipo di effetti. Allo stesso modo, la tranquillità degli anni cinquanta e sessanta conduceva a un modello di effetti limitati. Alla fine degli anni sessanta, un periodo di conflitti, tensioni politiche e crisi economica contribuì a rendere vulnerabile in modo fondamentale la struttura sociale e a renderla quindi permeabile verso la comunicazione dei mass media" (Carey, 1978, 115).

Il modo di pensare il ruolo della comunicazione di massa appare cioè strettamente legato al clima sociale che qualifica un determinato periodo storico: ai mutamenti di tale clima corrispondono oscillazioni nell'atteggiamento circa l'influenza dei media.

Ma al di là di queste trasformazioni, al di sotto della discontinuità tra un clima d'opinione e l'altro, nella eterogeneità dei risultati e delle attitudini circa gli effetti sociali della comunicazione di massa, c'è una coerenza che si lega al modo in cui essi sono definiti e studiati operativamente. Il tentativo di Hovland, di cercare continuità dove apparentemente predominano frammentarietà e discordanza, rappresenta un'utile indicazione da raccogliere anche a proposito di altri problemi.

1.5 La teoria funzionalista delle comunicazioni di massa

La teoria funzionalista dei media rappresenta la smentita più esplicita al luogo comune secondo cui la crisi disciplinare del settore fosse dovuta essenzialmente all'indifferenza, al disinteresse, al distacco tra teoria sociale generale e *communication research*. Per molta parte degli studi mediologici ciò non appare del tutto convincente o almeno (come si vedrà più avanti) se c'è stata e se c'è carenza di un paradigma teorico generale, essa non è tanto sul versante sociologico quanto piuttosto su quello comunicativo: in questo caso particolare poi, il quadro interpretativo sui media si rifà esplicitamente e programmaticamente a una teoria sociologica assai complessa quale lo struttural-funzionalismo.

Prima di illustrare il modello, occorre precisarne alcuni contorni generali. Anche la teoria funzionalista dei media rappresenta essenzialmente un approccio globale ai mezzi di comunicazione di massa nel loro complesso: è vero che le sue articolazioni interne differenziano tra generi e mezzi specifici, ma il rilievo più significativo è rivolto a esplicitare le *funzioni* svolte dal sistema delle comunicazioni di massa. Questo è il punto di maggior distanza dalle teorie precedenti: l'interrogativo di fondo non è più sugli effetti ma sulle funzioni svolte dalle comunicazioni di massa nella società. In tal modo si completa il percorso seguito dalla ricerca mediologica che era partita concentrandosi sui problemi della *manipolazione*, per passare a quelli della *persuasione*, poi all'*influenza*, giungendo appunto alle *funzioni*. Lo spostamento concettuale coincide con l'abbandono dell'idea di un effetto intenzionale, di uno scopo soggettivamente perseguito dell'atto comunicativo, per concentrare invece l'attenzione sulle *conseguenze oggettivamente accertabili* dell'azione dei media sulla società nel suo complesso o sui suoi sottosistemi. A ciò corrisponde un'altra rilevante differenza rispetto alle teorie precedenti: mentre la seconda e la terza si occupavano essenzialmente di situazioni comunicative del tipo "campagna" (elettorale, informativa ecc.), nella teoria funzionalista dei media – in parallelo al passaggio dallo studio degli effetti a quello delle funzioni – ci si riferisce a un altro contesto comunicativo. Da una situazione specifica come una campagna informativa, si passa alla situazione comunicativa più "normale" e consueta della produzione e diffusione quotidiana di messaggi di massa. Le funzioni analizzate non sono legate a contesti comunicativi particolari ma alla presenza normale dei media nella società.

Da questo punto di vista, la teoria funzionalista delle comunicazioni di massa rappresenta un momento significativo di transizione tra le teorie precedenti sugli effetti a breve termine e le successive ipotesi sugli effetti a lungo termine (vedi capitolo 2), anche se rispetto a queste ultime il quadro teorico generale di riferimento è assai diverso (lo strutturalfunzionalismo nel primo caso; la sociologia della conoscenza e in parte la psicologia cognitiva per le ipotesi sugli effetti a lungo termine).

Infine, nello sviluppo generale dello studio delle comunicazioni di massa - che ha progressivamente accentuato il legame tra fenomeni comunicativi e contesto sociale - la teoria funzionalista occupa una posizione ben precisa che consiste nel definire la problematica dei media a partire dal punto di vista della società e del suo equilibrio, dalla prospettiva del funzionamento complessivo del sistema sociale e del contributo che le sue componenti (media compresi) vi apportano. A definire il campo di interesse di una teoria dei media non è più la dinamica interna dei processi comunicativi (come è tipico soprattutto della teoria psicologico-sperimentale), ma la dinamica del sistema sociale e il ruolo in essa svolto dalle comunicazioni di massa.

In questo senso - sia pure con tutte le rilevanti differenze legate al quadro concettuale di fondo - la prospettiva è molto simile a quella sviluppata dalle successive teorie mediologiche generali, che con essa condividono il fatto di rendere pertinente lo studio delle comunicazioni di massa a partire dal problema dell'equilibrio e del conflitto sociali. La teoria funzionalista dei media rappresenta cioè una tappa importante del crescente e progressivo orientamento sociologico della *communication research*.

Prima di analizzare le funzioni dei media, è necessario però esporre, sinteticamente, la teoria sociologica generale di riferimento.

1.5.1 L'impostazione strutturai-funzionalista

Se la teoria ipodermica si legava all'oggettivismo behaviorista e descriveva l'azione comunicativa come un semplice rapporto meccanico di stimolo e risposta, sminuendo la dimensione soggettiva della scelta a favore della manipolabilità dell'individuo e soprattutto riducendo l'agire umano a un lineare rapporto causalistico, la teoria sociologica dello struttural-funzionalismo sottolinea al contrario l'azione sociale (e non il comportamento) nella sua aderenza ai modelli di valore interiorizzati e istituzionalizzati. Il sistema sociale nella sua globalità viene inteso come un organismo le cui diverse parti svolgono delle funzioni di integrazione e di mantenimento del sistema. Il suo equilibrio e la sua stabilità si realizzano attraverso i rapporti funzionali che gli individui e i sottosistemi attivano nel loro complesso. "Non è più la società che è mezzo per il perseguimento dei fini degli individui, ma sono questi ultimi a divenire, in quanto prestatori di una funzione, mezzo per il perseguimento dei fini della società, e in primo luogo della sua sopravvivenza autoregolata" (De Leonardis, 1976, 17). In questo senso, nella teoria struttural-funzionalista, e in particolare in un autore come Talcott Parsons, "gli esseri umani appaiono come 'drogati culturali' spinti ad agire secondo lo stimolo di valori culturali interiorizzati che regolano la loro attività" (Giddens, 1983, 172). La logica che regola i fenomeni sociali è costituita dai rapporti di funzionalità che presiedono alla soluzione di quattro problemi fondamentali, o imperativi funzionali, cui ogni sistema sociale deve far fronte:

1. la conservazione del modello e il controllo delle tensioni (ogni sistema sociale possiede dei meccanismi di socializzazione che realizzano il processo attraverso cui i modelli culturali del sistema vengono a essere interiorizzati nella personalità degli individui);
2. l'adattamento all'ambiente (ogni sistema sociale per sopravvivere deve adattarsi al proprio ambiente sociale e non. Un esempio di funzione che assolve al problema dell'adattamento è la divisione del lavoro, che trova il suo fondamento nel fatto che nessun individuo può svolgere contemporaneamente tutti i compiti che devono essere svolti per la sopravvivenza del sistema sociale);
3. il perseguimento dello scopo (ogni sistema sociale ha più scopi da raggiungere, realizzabili mediante sforzi di carattere cooperativo, per esempio la difesa del proprio territorio, l'incremento della produzione ecc.);
4. l'integrazione (le parti che compongono il sistema de-

vono essere interrelate. Ci deve essere fedeltà tra i membri di un sistema e fedeltà al sistema stesso nel suo insieme. Per contrastare le tendenze disgreganti, c'è bisogno di meccanismi che sorreggano la struttura fondamentale del sistema).

Quando si osserva che la struttura sociale risolve i problemi legati agli imperativi funzionali, si intende dire che l'azione sociale conforme alle norme e ai valori sociali contribuisce alla soddisfazione dei bisogni del sistema. Alla soluzione degli imperativi funzionali (il problema adattivo, integrativo, del perseguimento dello scopo, del mantenimento dello schema dei valori) presiedono diversi sottosistemi: ogni struttura parziale ha una funzione se contribuisce alla soddisfazione di uno o più bisogni di un sottosistema sociale. Per esempio, rispetto al problema del mantenimento dello schema dei valori, il sottosistema delle comunicazioni di massa appare funzionale in quanto assolve parzialmente al compito di ribadire e rinforzare i modelli di comportamento esistenti nel sistema sociale.

Un sottosistema specifico è composto da tutti quegli aspetti della struttura sociale globale che risultano rilevanti rispetto a uno dei problemi funzionali fondamentali. Una struttura parziale o sottosistema può essere anche disfunzionale nella misura in cui ostacola la soddisfazione di uno dei bisogni fondamentali. Occorre notare inoltre che la funzione si differenzia dal proposito: mentre quest'ultimo implica un elemento soggettivo legato all'intenzione propria dell'individuo che agisce, la funzione è intesa quale conseguenza oggettiva dell'azione.

Attribuire delle funzioni a un sottosistema significa che l'azione conforme a esso ha determinate conseguenze oggettivamente rilevabili per il sistema sociale nel suo complesso. Ma le conseguenze possono avere anche una direzione diversa: molte strutture parziali del sistema sociale hanno conseguenze dirette su altre strutture parziali, su altri sottosistemi. Esistono cioè funzioni (o disfunzioni) indirette, oltre che dirette; infine, le funzioni (e disfunzioni) possono essere manifeste o latenti: manifeste sono quelle volute e riconosciute, latenti sono le funzioni (o disfunzioni) né riconosciute né coscientemente volute.

Un'ultima osservazione utile per descrivere la teoria funzionalista dei media riguarda il fatto che raramente un sistema sociale dipende per la soluzione di uno dei quattro imperativi funzionali da un solo meccanismo o da un solo sottosistema. Di solito esistono meccanismi che sono funzionalmente equivalenti rispetto alla soluzione di un bisogno, cosicché occorre studiare tutte le alternative funzionali presenti (Parsons, 1967).

È ovviamente impossibile dare conto in poche righe di un'opera così "dotta, complessa, matura, astrusa e difficile" come quella di Parsons: della sua vastissima ed eterogenea produzione intellettuale, in questa sede è sufficiente focalizzare gli elementi più rilevanti ai fini della teoria funzionalista delle comunicazioni di massa. In particolare va sottolineato il fatto che la società è analizzata come un sistema complesso, che tende al mantenimento dell'equilibrio (Parsons parla di tendenza all'omeostasi), composto di sottosistemi funzionali, ciascuno dei quali è preposto alla soluzione di uno dei problemi fondamentali del sistema nella sua interezza.

Entro questo complesso quadro concettuale si colloca l'analisi del sottosistema dei media, nella prospettiva delle funzioni sociali cui esso assolve.

1.5.2 Le funzioni delle comunicazioni di massa

Un esempio chiaro ed esplicito di teoria mediologica funzionalista è costituito da un saggio di Wright - presentato a Milano in occasione del IV Congresso Mondiale di Sociologia nel 1959 - dal titolo: *Functional Analysis and Mass Communication* (*Analisi funzionale e comunicazioni di massa*).

In esso è descritta una struttura concettuale che dovrebbe consentire di inventariare in termini funzionali i complessi rapporti tra media e società.

In particolare, l'obiettivo è quello di articolare

1. le funzioni
e
2. le disfunzioni
3. latenti
e
4. manifeste
delle trasmissioni
5. giornalistiche
6. informative
7. culturali
8. di intrattenimento
rispetto
9. alla società
10. ai gruppi
11. all'individuo
12. al sistema culturale

(Wright, 1960)

L'"inventario" delle funzioni si correla a quattro tipi di fenomeni comunicativi diversi: *a.* l'esistenza del sistema globale dei mass media in una società; *b.* i tipi di modelli specifici di comunicazione legati a ciascun mezzo particolare (stampa, radio ecc); *c.* l'assetto istituzionale e organizzativo con cui i diversi media operano; *d.* le conseguenze che derivano dal fatto che le principali attività di comunicazione si svolgono attraverso i mass media.

Wright (1974) osserva che i quattro tipi di attività comunicative da lui indicati (sorveglianza dell'ambiente, interpretazione degli eventi, trasmissione culturale, intrattenimento) non sono sinonimi di funzioni: queste ultime riguardano invece "le conseguenze del fatto di svolgere tali attività comunicative mediante i processi istituzionalizzati di comunicazione di massa" (Wright, 1974, 205). In rapporto alla società la diffusione dell'informazione assolve a due funzioni: fornisce la possibilità, di fronte a minacce e pericoli improvvisi, di allertare i cittadini; fornisce gli strumenti per realizzare alcune attività quotidiane istituzionalizzate nella società, come gli scambi economici ecc.

In rapporto all'individuo, e rispetto alla "mera esistenza" dei mezzi di comunicazione di massa (indipendentemente cioè dal loro assetto istituzionale-organizzativo), sono identificate tre altre funzioni:

a. l'attribuzione di status e prestigio alle persone e ai gruppi fatti oggetto di attenzione da parte dei media; si determina uno schema circolare del prestigio per cui "questa funzione, che consiste nel conferire uno status, entra nella attività sociale organizzata legittimando certe persone, gruppi e tendenze selezionati che ricevono l'appoggio dei mezzi di comunicazione di massa" (Lazarsfeld-Merton, 1948, 82).

b. il rafforzamento del prestigio per coloro che si conformano alla necessità e al valore socialmente diffuso di essere cittadini bene informati.

c. il rafforzamento delle norme sociali, cioè una funzione eticizzante. "L'informazione dei mezzi di comunicazione di massa rafforza il controllo sociale nelle grandi società urbanizzate nelle quali l'anonimità delle città ha indebolito i meccanismi di scoperta e di controllo del comportamento deviante legati al contatto informale faccia a faccia" (Wright, 1960, 102). "È chiaro che i mezzi di comunicazione di massa servono a riaffermare le norme sociali denunciandone le deviazioni all'opinione pubblica. Lo studio del particolare tipo di norme così riaffermato fornirebbe un valido indice della misura in cui questi mezzi affrontano problemi periferici o centrali della nostra struttura sociale" (Lazarsfeld-Merton, 1948, 84).

Per quanto riguarda invece le disfunzioni della "mera presenza" dei media rispetto alla società nel suo complesso, esse si manifestano nel fatto che i flussi informativi liberamente circolanti possono minacciare la struttura fondamentale della società stessa. A livello individuale, inoltre, la diffusione di notizie allarmanti (su pericoli naturali o tensioni sociali) può generare reazioni di panico invece che di vigilanza consapevole. Ma una disfunzione ancor più significativa è rappresentata dal fatto che l'eccesso di informazioni può condurre a un ripiegamento sul privato, nella sfera delle proprie esperienze e relazioni, sulla quale si è in grado di esercitare un controllo più adeguato. Infine, l'esposizione a grandi quantità di informazione può causare la cosiddetta "disfunzione narcotizzante". Essa

> *"è definita disfunzione anziché funzione partendo dal principio che sia contrario all'interesse di una società moderna l'avere grandi masse di popolazione politicamente apatiche e inerti [...] Il cittadino interessato e informato può compiacersi per tutto quello che sa, senza accorgersi che si astiene dal decidere e dall'agire. In breve, egli considera il suo contatto mediato col mondo della realtà politica, il leggere, l'ascoltare la radio e il riflettere, come un surrogato dell'azione. Egli giunge a confondere il* conoscere *i problemi del giorno col* fare *qualcosa in proposito [...] Che i mezzi di massa abbiano migliorato il grado di informazione della popolazione è evidente. Eppure può darsi che,* indipendentemente dalle intenzioni, *l'espansione delle comunicazioni di massa stia distogliendo le energie umane dalla partecipazione attiva per trasformarle in conoscenza passiva"* (Lazarsfeld-Merton, 1948, 85).

Se si passa dall'analisi funzionale dei media valutati indipendentemente dal loro essere parte della struttura sociale ed economica, all'analisi funzionale dell'assetto istituzionale e proprietario dei mezzi stessi, si individuano altre funzioni: per esempio quella di contribuire al conformismo.

> *Poiché sono sostenuti dalle grandi imprese inserite nell'attuale sistema sociale ed economico, i mezzi di comunicazione di massa contribuiscono al mantenimento di questo sistema [...]; la spinta verso il conformismo esercitata dai mezzi di comunicazione di massa deriva non solo da quanto viene detto, ma ancor più da quanto viene taciuto. Infatti questi mezzi non solo continuano ad affermare lo status quo ma, nella stessa misura, tralasciano di sollevare i problemi essenziali circa la struttura sociale [...] I mezzi di comunicazione commercializzati ignorano gli obiettivi sociali quando questi si scontrano col profitto economico [...] La pressione economica spinge verso il*

conformismo con l'ignorare sistematicamente gli aspetti controversi della società (Lazarsfeld-Merton, 1948, 86).

Un'altra funzione è esplicitata da Melvin De Fleur (1970): egli individua la capacità di resistenza del sistema dei media di fronte agli attacchi, alle critiche e ai tentativi di elevare la bassa qualità culturale ed estetica della produzione di comunicazioni di massa nel fatto che la peculiarità di tale livello scadente costituisce un elemento cruciale del sottosistema mediologico in quanto soddisfa i gusti e le esigenze di quei settori di pubblico che per gli apparati comunicativi costituiscono la parte più rilevante del mercato. Ciò consente di mantenere un equilibrio finanziario ed economico che garantisce stabilità al sottosistema dei media che a sua volta è sempre più strettamente integrato nell'intera struttura economico-produttiva. La critica culturologica ed estetica ai media appare dunque un'arma spuntata, dato che i rapporti di funzionalità entro il sistema dei media e tra questo e gli altri sottosistemi sociali si consolidano a livello economico e ideologico.

Nonostante le difficoltà incontrate dalla teoria funzionalista dei media a trasformarsi da schema analitico (l'inventario delle funzioni/disfunzioni) ad approccio teorico generale sociologicamente orientato, capace di determinare uno sviluppo programmatico della ricerca empirica, essa rappresenta uno dei momenti concettualmente più significativi della *communication research*. Inoltre, se si tien conto che molte ricerche successive (che pur non rientrano esplicitamente nel filone funzionalista) presentano aspetti utili a un arricchimento conoscitivo sul problema delle funzioni svolte dai mass media, si può dire che un approccio funzionalista ai media non "scompare" completamente, soppiantato da altri paradigmi, ma si prolunga fino a oggi (per esempio, l'attuale ricerca sugli effetti a lungo termine è in parte riconducibile alla tematica delle funzioni dei media nel sistema sociale). C'è tuttavia un settore di analisi specifico, che è stato direttamente e significativamente influenzato dal paradigma funzionalista: è lo studio degli effetti dei media noto come ipotesi degli "usi e gratificazioni".

1.5.3 Dagli usi come funzioni alle funzioni degli usi: l'ipotesi degli "uses and gratifications"

> *Le funzioni [si riferiscono] alle* conseguenze *di certi elementi regolari, standardizzati e routinizzati del processo comunicativo. In quanto tali esse si differenziano dagli effetti voluti o dagli scopi del comunicatore e dagli usi o dalle motivazioni del destinatario. In questo senso, un* network *può cercare che una* sit-comedy *abbia una vasta* audience *per fornire un ampio pubblico di potenziali acquirenti dei prodotti del suo sponsor, ma il programma potrebbe avere (tra le altre) la conseguenza di rendere l'intolleranza un tema socialmente da discutere, analizzare, criticare. Oppure, un ascoltatore potrebbe rivolgersi verso quel tipo di intrattenimento per rilassarsi, ma la continua esposizione al genere potrebbe avere la conseguenza di ridurre i suoi pregiudizi verso le minoranze. Anche se differenziamo i bisogni dalle funzioni, è possibile concepire in termini funzionali la gratificazione dei bisogni percepiti dagli individui* (Wright, 1974, 209).

Proprio su questa strada si è mossa l'ipotesi degli "usi e gratificazioni". Se l'idea iniziale della comunicazione come generatrice di immediata influenza in un rapporto stimolo/reazione viene soppiantata da una ricerca più attenta ai contesti e alle interazioni sociali dei riceventi, e che descrive l'efficacia della comunicazione come il risultato complesso di molteplici fattori, a mano a mano che l'approccio funzionalista si radica nelle scienze sociali gli studi sugli effetti passano dalla domanda "che cosa fanno i media alle persone?" alla domanda "che cosa fanno le persone con i media?".

Il rovesciamento di prospettiva si basa sull'assunto "che anche il messaggio del più potente dei media non può di solito influenzare un individuo che non ne faccia uso nel contesto socio-psicologico in cui vive" (Katz, 1959, 2).

L'effetto della comunicazione di massa è inteso come conseguenza delle gratificazioni ai bisogni sperimentate dal ricevente: i media sono efficaci se e quanto il ricevente attribuisce loro tale efficacia, sulla base appunto della gratificazione dei bisogni. In altri termini, l'influenza delle comunicazioni di massa rimane incomprensibile se non si considera la loro rilevanza in rapporto ai criteri di esperienza e ai contesti situazionali del pubblico: i messaggi sono fruiti, interpretati e adattati al contesto soggettivo di esperienze, conoscenze, motivazioni (Merten, 1982).

"Il ricevente è anche un iniziatore, sia nel senso di dare origine a messaggi di ritorno, sia nel senso di avviare dei processi di interpretazione con un certo grado di autonomia. Il ricevente 'agisce' sull'informazione che gli è disponibile e la 'usa'" (McQuail, 1975, 17). Da questo punto di vista, il destinatario – pur continuando a essere sprovvisto di un ruolo autonomo e simmetrico a quello del destinatore nel *processo di trasmissione* dei messaggi – diventa però un *soggetto comunicativo* a pieno titolo. Emittente e ricevente sono entrambi partner attivi nel processo di comunicazione.

È importante sottolineare questo punto perché consente di chiarire una duplice rilevanza dell'ipotesi degli "usi e gratificazioni": da un lato essa si iscrive nella teoria funzionalista dei media, proseguendola e rappresentandone lo sviluppo empirico più consistente; dall'altro lato essa si inserisce anche nel movimento di revisione e di superamento dello schema informazionale della comunicazione (vedi 1.9). Essa costituisce e accompagna, sul versante sociologico, quell'elaborazione di una teoria comunicativa, diversa dalla teoria dell'informazione, che l'approccio semiotico andava proponendo tra la fine degli anni sessanta e la metà degli anni settanta. In questa prospettiva, dunque, l'ipotesi degli "usi e gratificazioni" occupa, nell'evoluzione della *communication research*, un ruolo più importante che non solo quello legato alla teoria funzionalista.

Storicamente si possono identificare tre precedenti teorici che anticipano l'elaborazione degli "usi e gratificazioni".

Il primo è uno studio di Waples-Berelson-Bradshaw (1940) sulla funzione e gli effetti della lettura: gli autori sostengono che l'analisi della sua diffusione e delle sue caratteristiche "dovrebbe riflettere gli usi della lettura che influenzano le relazioni sociali. Per quanto possibile, dovremmo designare gli effetti propri della lettura in base alle tipiche esigenze dei gruppi nella nostra società, ogni volta che tali esigenze possono essere soddisfatte dalla lettura stessa. Il leggere, cioè, ha un'influenza sociale tutte le volte che esso va incontro alle domande di determinati gruppi, in un modo che incide sui loro rapporti con altri gruppi sociali" (1940, 19).

Una seconda ricerca che prosegue questa linea è il lavoro di Berelson (1949) sulle reazioni dei lettori di quotidiani durante uno sciopero dei giornali a New York: le funzioni assolte dalla stampa citate dai lettori come le più importanti sono quelle di: *a.* informare e fornire interpretazioni sugli eventi; *b.* costituire uno strumento essenziale nella vita contemporanea; *c.* essere una fonte di rilassamento; *d.* attribuire prestigio sociale; *e.* essere uno strumento di contatto sociale; *f.* costituire una parte importante dei rituali della vita quotidiana. Il terzo spunto che anticipa l'ipotesi degli "usi e gratificazioni" è l'analisi di Lasswell (1948) sulle tre funzioni principali svolte dalla comunicazione di massa: *a.* fornire informazioni; *b.* fornire interpretazioni per rendere significative e coerenti le informazioni; *c.* esprimere i valori culturali e simbolici propri dell'identità e della continuità sociale. A queste funzioni fondamentali Wright (1960) ne aggiungerà poi una quarta, quella di intrattenere lo spettatore, fornendogli modo di evadere dalle ansietà e dai problemi della vita sociale.

La linea comune di questi lavori – ribadita ed esplicitata come elemento fondamentale dell'ipotesi degli "usi e gratificazioni" – è di connettere il consumo, l'uso e (quindi) gli effetti dei media alla struttura di bisogni che caratterizza il destinatario.

Basandosi su una ricognizione della letteratura mediologica riguardante le funzioni psicologiche e sociali della comunicazione di massa, Katz-Gurevitch-Haas (1973) individuano cinque classi di bisogni che i mass media soddisfano: *a.* bisogni cognitivi (acquisizione e rafforzamento delle conoscenze e della comprensione); *b.* bisogni affettivi-estetici (rafforzamento dell'esperienza estetica, emotiva); *c.* bisogni integrativi a livello della personalità (rassicurazione, stabilità emotiva, incremento della credibilità e dello status); *d.*

bisogni integrativi a livello sociale (rafforzamento dei contatti interpersonali, con la famiglia, gli amici ecc.); *e.* bisogni di evasione (allentamento delle tensioni e dei conflitti).

In particolare, il contesto sociale in cui vive il destinatario può correlarsi con le classi di bisogni che favoriscono il consumo di comunicazioni di massa secondo cinque modalità:

> *1. la situazione sociale produce tensioni e conflitti, portando alla loro attenuazione mediante consumo di mass media; 2. la situazione sociale crea la consapevolezza di determinati problemi che richiedono attenzione e l'informazione su di essi può essere cercata nei media; 3. la situazione sociale offre scarse opportunità reali di soddisfare certi bisogni, che si cerca di soddisfare in modo vicario, con i media; 4. la situazione sociale fa sorgere determinati valori, la cui affermazione e il cui rinforzo sono facilitati dal consumo di comunicazioni di massa; 5. la situazione sociale fornisce e determina attese di familiarità con determinati messaggi, che devono quindi essere fruiti per sostenere l'appartenenza a gruppi sociali di riferimento* (Katz-Blumer-Gurevitch, 1974, 27).

Oltre alla connessione tra classi di bisogni e modalità di consumo dei media da un lato e imperativi funzionali del sistema sociale dall'altro – connessione che evidenzia l'impostazione funzionalista dell'ipotesi sugli "usi e gratificazioni" – l'elemento caratteristico di quest'ultima è di considerare l'insieme dei bisogni del destinatario come una variabile indipendente per lo studio degli effetti. L'ipotesi è articolata su cinque punti fondamentali:

> *1. l'*audience *è concepita come attiva, cioè una parte importante dell'uso dei media è assunta essere finalizzata a uno scopo [...];*
> *2. nel processo di comunicazione di massa molta iniziativa nel connettere la gratificazione dei bisogni e la scelta dei media dipende dal destinatario [...];*
> *3. i media competono con altre fonti di soddisfazione dei bisogni. Quelli gratificati dalla comunicazione di massa rappresentano solo un segmento dell'ampio spettro dei*

bisogni umani, e il grado in cui essi possono essere adeguatamente soddisfatti dal consumo dei media è certamente variabile [...] Occorre quindi considerare le altre alternative funzionali;
4. dal punto di vista metodologico, molti degli scopi cui è finalizzato l'uso dei media possono essere conosciuti attraverso i dati forniti dai destinatari stessi, cioè essi sono sufficientemente consapevoli da poter rendere conto dei propri interessi e motivi in casi specifici o almeno di riconoscerli se vengono loro esplicitati in una forma verbale a essi familiare e comprensibile;
*5. i giudizi di valore sul significato culturale delle comunicazioni di massa dovrebbero essere sospesi fino a che gli orientamenti dell'*audience *non sono analizzati nei loro stessi termini [...]* (Katz-Blumler-Gurevitch, 1974, 21).

Prima di esporre alcune valutazioni e riflessioni sui meriti e le "debolezze" dell'ipotesi, è opportuno esemplificare il tipo di risultati che essa consente di ottenere.

Uno studio israeliano sull'uso dei media in una particolare situazione di crisi nazionale – la guerra del Kippur nell'ottobre 1973 – indica che in rapporto al bisogno fondamentale di avere informazioni su ciò che sta accadendo, di capirne gli sviluppi e il significato, di alleviare la tensione provocata dalla situazione di crisi, la fonte principale di informazioni è la radio, mentre la televisione è il mezzo più usato per mitigare la tensione (quest'ultima funzione è graduata in modo inversamente proporzionale al grado di scolarità degli individui).

I giornali quotidiani vengono usati soprattutto come fonte addizionale per interpretare e contestualizzare l'informazione degli altri media. Nella particolare situazione di guerra, l'informazione televisiva – oltre ai bisogni di avere notizie e di attenuare lo stress – serve anche al bisogno di sostenere il sentimento di unità nazionale. A mano a mano che passa il tempo, cioè dopo la prima settimana di guerra, aumenta la necessità dell'*audience* di avere informazioni da fonti non ufficiali, quali emittenti estere e soprattutto comunicazioni personali con i reduci dal fronte. Dopo il cessate il fuoco del 22 ottobre 1973, il livello generale di credibilità dei media israeliani si presenta piuttosto basso e solo successivamente, in una fase di riesame critico sia dell'andamento della guerra sia della sua copertura informativa, il livello di credibilità attribuita dai destinatari agli apparati di informazione risale (Katz-Peled, 1974). La dinamica dell'uso dei media e del tipo di bisogni cui esso fa fronte è, in questo caso, fortemente legata alla situazione particolare, all'eccezionalità dell'evento.

A una situazione più normale si riferiscono i dati di un'altra ricerca (condotta in Israele su un campione di 1500 persone) finalizzata a rilevare i bisogni soddisfatti dalle comunicazioni di massa (Katz-Gurevitch-Haas, 1973): l'osservazione fondamentale è che i media sono usati dagli individui in un processo volto a rafforzare (o indebolire) un rapporto (di tipo cognitivo, strumentale, affettivo o integrativo) con un referente che può essere di volta in volta l'individuo stesso, la famiglia, il gruppo amicale, le istituzioni. In questo processo si evidenziano determinate regolarità nelle preferenze di alcuni media riguardo a certi tipi di connessioni: dato che ciascun mezzo di comunicazione presenta una combinazione specifica tra contenuti caratteristici, attributi espressivi e tecnici, situazioni e contesti di fruizione, tale combinazione di fattori può rendere i diversi media più o meno adeguati per la soddisfazione di differenti tipi di bisogno. Per esempio, i libri e il cinema risultano soddisfare i bisogni di autorealizzazione e di autogratificazione, aiutando l'individuo a entrare in rapporto con se stesso; giornali, radio e televisione servono invece a rafforzare il legame tra il soggetto e la società. Le fonti di gratificazione estranee alla comunicazione di massa sono ritenute più rilevanti e significative dei media, mentre questa tendenza si rovescia quanto più aumenta la distanza del soggetto dal termine di riferimento. "La percentuale più alta di indicazioni dei mass media come i più utili per soddisfare un bisogno rientra nel gruppo dei bisogni orientati socio-politicamente, sia a livello cognitivo (rafforzamento delle conoscenze, dell'informazione) sia a livello integrativo (aumento della stabilità e della condivisione dei valori)" (Katz-Gurevitch-Haas, 1973, 176).

Un esempio di ricerca sugli "usi e gratificazioni" applicata alla fruizione televisiva è fornito da alcuni dati (citati in Comstock e altri, 1978) che illustrano come gli adolescenti e i ragazzi si espongano in misura elevata alla televisione per trarne divertimento e intrattenimento. Tale modello d'uso varia sensibilmente col mutare del ciclo vitale: nel corso del periodo scolastico dell'obbligo, il grado di consumo della televisione per evasione o per mancanza di rapporti interpersonali decresce mentre aumenta considerevolmente, per le stesse motivazioni, il consumo di musica.

Le conclusioni generali degli autori sul modello degli "usi e gratificazioni" televisivi, sono che

> *il consumo di tv è tipicamente motivato da e finalizzato a l'essere intrattenuto. Il ruolo normativo ascritto alla televisione [nella società americana] da parte del pubblico è quello dell'intrattenimento, anche se la tv è ritenuta in modo rilevante una fonte di notizie e anche se possono realizzarsi effetti sulle conoscenze e sul comportamento. Gran parte della tv è consumata come "televisione" e non per un qualche programma particolare. Anche quando uno spettatore afferma di essere attirato da un dato programma, difficilmente sono i meriti di un singolo episodio quanto invece spesso la selezione di un esempio gradito di un genere specifico che lo soddisfa. Gli spettatori di solito non decidono di vedere un particolare programma: essi compiono invece due decisioni. La prima è* se guardare *o no la televisione, e la seconda è* cosa *guardare: di queste decisioni la prima è di gran lunga la più importante (ciò che significa che nelle situazioni normali ogni programma attinge largamente la propria* audience *da coloro che sono disposti a vedere* qualcosa *in quella fascia oraria). Il ruolo centrale della televisione come mezzo di intrattenimento vale sia per i più istruiti sia per i meno scolarizzati, e probabilmente anche per altri segmenti della popolazione, nonostante esistano, tra i diversi settori di pubblico, variazioni nella attitudine verso il mezzo, nella quantità di esposizione e in altri fattori* (Comstock e altri, 1978, 172).

Passando a discutere in sintesi qualche aspetto rilevante dell'ipotesi sugli "usi e gratificazioni", si può osservare in primo luogo, che essa implica uno spostamento dell'origine dell'effetto dal solo contenuto del messaggio all'intero contesto comunicativo. La fonte delle gratificazioni che il destinatario (eventualmente) ricava dai media può essere infatti sia il contenuto specifico del messaggio, sia l'esposizione al mezzo di per se stessa, sia la particolare situazione comunicativa legata a un dato mezzo. Il contenuto specifico del singolo messaggio può essere cioè relativamente secondario nello studio delle reazioni della *audience*: in altri termini, il significato del consumo dei media non è evidenziabile solo dall'analisi del loro contenuto o dai parametri sociologici tradizionali con i quali è descritto il pubblico. Alcuni dei motivi che portano al consumo di comunicazioni di massa "non implicano alcun orientamento alla fonte rappresentata dall'emittenza, ma hanno un significato solo nel mondo individuale del soggetto che fa parte del pubblico" (McQuail, 1975, 155).

In secondo luogo, il tentativo di spiegare il consumo e gli effetti dei media in funzione delle motivazioni e dei vantaggi che il destinatario ne trae accelera il progressivo abbandono che la *communication research* sta compiendo del *modello del transfer*, cosicché "l'atteggiamento selettivo del ricevente, che agli inizi della ricerca era considerato quasi come un fattore di disturbo e reso responsabile dell'apparente inefficienza della comunicazione di massa, viene rivalutato [...] in quanto è considerato premessa per gli effetti" (Schulz, 1982, 55). L'attività selettiva e interpretativa del destinatario – sociologicamente fondata sulla struttura di bisogni dell'individuo – entra a far parte stabile del processo comunicativo, costituendone una componente ineliminabile. Tuttavia questo punto rappresenta una difficoltà che l'ipotesi degli "usi e gratificazioni" deve ancora superare: la considerazione che essa propone, dell'*audience* quale partner attivo del processo di comunicazione, sottintende che l'uso dei media è orientato a un fine, è un'attività razionale di perseguimento di uno scopo (la scelta cioè, del mezzo migliore per soddisfare un bisogno).

La connessione tra soddisfazione del bisogno e scelta del mezzo di comunicazione cui esporsi viene rappresentata come un'opzione del destinatario in un processo razionale di adeguamento dei mezzi disponibili ai fini perseguiti. È in questa cornice che ogni ipotesi di effetto lineare del contenuto dei media sugli atteggiamenti, valori o comportamenti del pubblico viene rovesciata, in quanto è il ricevente che determina se ci sarà o meno un reale processo comunicativo. I sistemi di attese del destinatario non solo mediano gli effetti derivanti dai media, ma regolano anche le stesse modalità di esposizione.

In realtà però, "il fatto che c'è molta differenza tra il resoconto che i soggetti fanno sul loro consumo e il loro reale consumo di media, e il fatto che la fruizione televisiva è più una questione di disponibilità che non di selezione, inficiano l'idea di un'*audience* attiva, che agisce in modo finalizzato, e l'idea dei bisogni e delle gratificazioni come variabili che spiegano effettivamente le diversità nel consumo di comunicazioni di massa" (Elliott, 1974, 258).[6] La disponibilità non riguarda tutto ciò che è proposto da ogni mezzo di comunicazione di massa, ma è limitata dalla capacità e possibilità effettive di accedervi. Queste sono inoltre correlate alle caratteristiche personali e sociali del destinatario, alla sua abitudine e familiarità con un determinato mezzo, alla competenza comunicativa relativa a esso.

Su questo problema si inserisce anche una caratteristica metodologica della ricerca sugli "usi e gratificazioni": la procedura seguita normalmente è di chiedere ai soggetti quanto importante è per essi un certo bisogno e in che misura per soddisfarlo usano un particolare mezzo di comunicazione. Così facendo però, è assai probabile "che si invitino gli individui a riprodurre [nelle risposte] stereotipi diffusi circa le gratificazioni, più che la loro personale esperienza di gratificazioni" (Rosengren, 1974, 281). I resoconti personali – che costituiscono la principale fonte di dati – possono cioè fornire immagini stereotipate del consumo più che descrivere reali processi di fruizione. È necessario quindi integrare tali dati con altri provenienti da fonti diverse (per esempio dati sulla stratificazione del pubblico, sul consumo di ciascun mezzo e dei loro diversi generi, descrizioni dell'articolazione delle competenze comunicative sui diversi media, descrizioni dei contesti comunicativi nei quali avviene la fruizione ecc.).

Un ultimo punto che merita qualche commento riguarda il problema delle alternative funzionali. I mass media non sono l'unica fonte di soddisfazione dei vari tipi di bisogni esperiti dagli individui, anzi talvolta la comunicazione di massa è usata come ripiego in assenza di alternative funzionali più adeguate. Occorre tener conto tuttavia che esse non sono equivalenti né tutte ugualmente accessibili o significative: il contesto socioculturale e relazionale nel quale le alternative funzionali sono vissute concorre esso stesso a formare, descrivere e "prescrivere" l'accessibilità, l'uso e la funzionalità dei media. Tra le alternative disponibili c'è una stretta connessione, non solo rispetto alla funzionalità di ciascuna di esse, ma anche nel modo in cui ognuna definisce le altre e così facendo le rende più o meno accessibili. "Ogni soggetto ha qualche opportunità di scelta entro l'area di prodotti comunicativi disponibili e dei comportamenti socialmente approvati. Ma l'enfasi è da porre su come le definizioni dominanti incidano su e limitino tale scelta [...]. Gruppi specifici all'interno dell'*audience* complessiva possono avere poche fonti alternative ai media, e possono essere incoraggiati dal loro ambiente socioculturale a operare un certo tipo di scelta, la quale a sua volta viene rinforzata dall'esperienza con i media" (McQuail-Gurevitch, 1974, 292). Si può dire dunque che – almeno nella sua versione iniziale – l'ipotesi degli "usi e gratificazioni" tende ad accentuare un'idea di *audience* come insieme di individui scissi dal contesto e dall'ambiente sociale che invece modella le loro stesse esperienze, e quindi i bisogni e i significati attribuiti al consumo dei diversi generi comunicativi.

Si tratta cioè di un approccio tanto più attento agli aspetti individualistici quanto più è rivolto ai processi soggettivi di gratificazione dei bisogni. Esso "colloca erroneamente il luogo cruciale della determinazione di un comportamento sociale spostandolo dalle proprietà della totalità sociale (sistema o sottosistema, gruppo o sottogruppo) alle proprietà *autodefinite* degli elementi che compongono tale totalità" (Sari, 1980, 433).

Gli ultimi sviluppi teorici dell'ipotesi degli "usi e gratificazioni" si sono mossi verso la correzione o almeno l'attenuazione di questo elemento, integrata dalla considerazione degli effetti che i modelli di "usi e gratificazioni" a loro volta determinano sul sistema dei media. Rosengren (1974) delinea il paradigma di questo tipo di ricerca, individuandone le variabili fondamentali, così rappresentabili graficamente:

1. bisogni umani fondamentali a livello biologico e psicologico

in interazione con

2. diverse combinazioni di caratteristiche intraindividuali ed extraindividuali

e in interazione con

3. struttura sociale, ivi inclusa la struttura del sistema dei media

danno luogo a

4. differenti combinazioni di problemi che l'individuo percepisce con più o meno forza

e danno luogo inoltre a

5. possibili soluzioni a tali problemi

la combinazione di problemi e di relative soluzioni dà forma a

6. motivi per realizzare comportamenti di gratificazione dei bisogni e/o soluzione dei problemi

che sfociano in

7. modelli differenziati di consumo dei media

e in

8. modelli differenziati di altri tipi di comportamento sociale

entrambe queste categorie forniscono

9. modelli diversi di gratificazione o di non gratificazione

che influenzano

10. la combinazione specifica di caratteristiche intraindividuali ed extraindividuali

così come, in ultima istanza, influenzano anche

11. la struttura del sistema dei media e le altre strutture (culturale, politica, economica) della società

Quali che siano le reali possibilità di avviare rilevazioni empiriche intorno a uno schema così articolato, va ribadito comunque che l'ipotesi degli "usi e gratificazioni" ha avuto soprattutto il merito di accelerare l'obsolescenza del modello comunicativo informazionale da un lato, e di ancorare alla ricerca empirica la teoria funzionalista dei media dall'altro.

Soppiantata da un diverso orientamento teorico sul problema degli effetti, negli ultimi anni l'ipotesi degli "usi e gratificazioni" ha affievolito il proprio "successo" ed è entrata nei ranghi delle acquisizioni ormai "classiche" della *communication research*.

1.6 La teoria critica

La "teoria critica" rappresenta il contraltare di molta *communication research*, la "pars destruens" del tipo di conoscenza che si veniva faticosamente elaborando in ambito "amministrativo".

Come detto nell'Introduzione, un tema rilevante nel dibattito sulla crisi degli studi mediologici è il contrasto tra ricerca amministrativa e teoria critica: contrasto problematico e ricco di forzature, sul quale vale la pena di ritornare, dopo aver illustrato alcuni aspetti fondamentali della teoria critica.

1.6.1 Lineamenti generali della teoria critica

La "teoria critica" si identifica storicamente nel gruppo di studiosi che ha fatto capo all'Institut für Sozialforschung di Francoforte: fondato nel 1923, esso diviene un centro significativo acquistando una sua definita identità con la nomina di Max Horkheimer a direttore. All'avvento del nazismo, l'Istituto (ormai noto come la Scuola di Francoforte) è costretto a chiudere e i suoi principali rappresentanti emigrano (prima a Parigi, poi in varie università americane, infine nell'Institute of Social Research a New York). Riaperto nel 1950, l'Istituto riprende l'attività di studio e di ricerca proseguendo nell'impostazione teorica che l'aveva contraddistinto fin dall'inizio e che ne aveva marcato l'originalità, cioè nel tentativo di saldare l'atteggiamento critico nei confronti della scienza e della cultura, con la proposta politica di una riorganizzazione razionale della società, in grado di superare la crisi della ragione.

L'identità centrale della teoria critica si configura da un lato come costruzione analitica dei fenomeni che essa indaga, dall'altro lato, contemporaneamente, come capacità di riferire tali fenomeni alle forze sociali che li determinano. Da questo punto di vista, la ricerca sociale praticata dalla teoria critica si propone come teoria della società intesa come un tutto: di qui la polemica costante contro le discipline settoriali, che si specializzano e che differenziano progressivamente distinti campi di competenza. Così facendo esse – vincolate alla propria correttezza formale e subordinate alla ragione strumentale – si trovano deviate dalla comprensione della società come totalità. Finiscono dunque per svolgere una funzione di conservazione dell'ordine sociale esistente.

La teoria critica vuole essere l'opposto, vuole evitare la funzione ideologica delle scienze e delle discipline settorializzate.

Ciò che per queste ultime sono "dati di fatto", per la teoria critica sono prodotti di una specifica situazione storico-sociale: "i fatti che i sensi ci trasmettono sono socialmente preformati in doppio modo: attraverso il carattere storico dell'oggetto percepito e il carattere storico dell'organo percettivo. Ambedue non sono meramente naturali ma formati attraverso l'attività umana" (Horkheimer, 1937, 255, citato in Rusconi, 1968).

Denunciando nella separazione e opposizione tra individuo e società il risultato storico della divisione di classe, la teoria critica afferma il proprio orientamento verso la critica dialettica dell'economia politica. Il punto di partenza della teoria critica è dunque l'analisi del sistema dell'economia di scambio: "disoccupazione, crisi economiche, militarismo, terrorismo, la condizione intera delle masse – così come è da esse sperimentata – non si fonda sulle ridotte possibilità tecniche, come poteva essere per il passato, ma sui rapporti produttivi non più adeguati alla situazione attuale" (Horkheimer, 1937, 267).

Entro le acquisizioni fondamentali del materialismo marxiano, l'originalità degli autori della Scuola di Francoforte (da Horkheimer ad Adorno, da Marcuse ad Habermas) consiste nell'affrontare le tematiche nuove che colgono le dinamiche societarie del tempo, come ad esempio l'autoritarismo, l'industria culturale, la trasformazione dei conflitti sociali nelle società altamente industrializzate. "Attraverso i fenomeni sovrastrutturali della cultura o del comportamento collettivo, la 'teoria critica' intende penetrare il senso dei fenomeni strutturali, primari, della società contemporanea, il capitalismo e la industrializzazione" (Rusconi, 1968, 38).

È in questa prospettiva che – secondo la teoria critica – ogni scienza sociale che si riduce a mera tecnica di ricerca, di raccolta, di classificazione dei dati "oggettivi" si preclude la possibilità di verità, in quanto programmaticamente ignora le proprie mediazioni sociali. Occorre "liberarsi dalla povera antitesi di statica e dinamica sociale che si manifesta nell'attività scientifica, in primo luogo come antitesi di dottrina concettuale della sociologia formale da un lato, ed empirismo senza concettualizzazione dall'altro" (Horkheimer-Adorno, 1956, 39).

La teoria critica si propone di realizzare ciò che alla sociologia sfugge sempre o sempre rimanda, cioè una teoria della società che implichi una valutazione critica della propria costruzione scientifica.

La sociologia diventa critica della società nel momento stesso in cui non si restringe a descrivere e ponderare le istituzioni e i processi sociali, per confrontarli invece, con questo sostrato, la vita di coloro cui le istituzioni si sovrappongono e di cui esse stesse, nei più vari modi, vengono a consistere. Quando la riflessione su quel che sia "società" perde di vista la tensione tra istituzione e vita, e cerca per esempio di risolvere il sociale nel naturale, essa non conduce uno sforzo di liberazione dalla costrizione delle istituzioni, ma al contrario corrobora una seconda mitologia, l'illusione idealizzata di qualità originarie, cui risalirebbe quel che precisamente sorge attraverso le istituzioni sociali (Horkheimer-Adorno, 1956, 36).

O, come dice più enfaticamente Marcuse,

"i fini specifici della teoria critica sono l'organizzazione della vita in cui il destino degli individui sia dipendente non più dal caso e dalla cieca necessità di incontrollati rapporti economici, ma dalla programmata realizzazione delle possibilità umane" (Marcuse, 1936, 29, citato in Rusconi, 1968).

In questa sede la presentazione del pensiero complesso e multiforme degli autori della Scuola di Francoforte non può essere che molto sintetica e soprattutto centrata sui temi più vicini all'argomento dei mass media. Questo è dunque sommariamente solo il quadro di fondo in cui si collocano gli elementi di una teoria critica dei media, primo fra tutti l'analisi dell'industria culturale.

1.6.2 L'industria culturale come sistema

Il termine "industria culturale" viene usato da Horkheimer e Adorno per la prima volta nella *Dialettica dell'Illuminismo* (testo iniziato nel 1942, pubblicato nel 1947): in esso è illustrata la "trasformazione del progresso culturale nel suo contrario", sulla base di analisi di fenomeni sociali caratteristici della società americana tra gli anni trenta e quaranta. Negli appunti precedenti la stesura definitiva della *Dialettica dell'Illuminismo* si usava il termine "cultura di massa". L'espressione fu sostituita con "quella di industria culturale, per eliminare fin dall'inizio l'interpretazione consueta e cioè che si tratti di una cultura che nasce spontaneamente dalle masse stesse, di una forma contemporanea di arte popolare" (Adorno, 1967, 5).

La realtà dell'industria culturale è totalmente diversa: "film, radio e settimanali costituiscono un sistema. Ogni settore è armonizzato in sé e tutti fra loro" (Horkheimer-Adorno, 1947, 130). Di questo sistema gli addetti ai lavori forniscono spiegazioni e giustificazioni in chiave tecnologica: il mercato di massa impone standardizzazione e organizzazione: i gusti del pubblico e i suoi bisogni impongono stereotipi e bassa qualità. Succede però che è proprio in "questo circolo di manipolazione e di bisogno che ne deriva, che l'unità del sistema si stringe sempre di più. Ma non si dice che l'ambiente in cui la tecnica acquista tanto potere sulla cietà stessa. La razionalità tecnica, oggi, è la razionalità del dominio stesso." (Horkheimer-Adorno, 1947, 131) La stra-
dominio stesso." (Horkheimer-Adorno, 1947, 131) La stra-
tificazione dei prodotti culturali secondo la loro qualità estetica o il loro impegno è perfettamente funzionale alla logica dell'intero sistema produttivo: "il fatto di offrire al pubblico una gerarchia di qualità in serie serve solo alla quantificazione più completa" (*ibid.*): sotto le differenze, rimane un'identità di fondo, appena mascherata, quella del dominio che l'industria culturale persegue sugli individui: "ciò che di continuamente nuovo essa offre non è che il ripresentarsi in forme sempre diverse di un qualcosa di eguale; il cambiamento maschera uno scheletro, in cui muta tan-

to poco quanto nello stesso concetto di profitto, da quando questo ha conquistato il predominio sulla cultura" (Adorno, 1967, 8). Nel sistema dell'industria culturale il processo lavorativo integra ogni elemento, "dalla trama del romanzo che tiene già d'occhio il film, fino all'ultimo effetto sonoro" (Horkheimer-Adorno, 1947, 134): i cineasti considerano con sospetto ogni manoscritto dietro cui non si trovi già un rassicurante best-seller.

Evidentemente questo sistema condiziona in modo totale la forma e il ruolo del processo di fruizione e la qualità del consumo, così come l'autonomia del consumatore. Ognuna di queste istanze è inglobata nella produzione. "Kant ha anticipato intuitivamente ciò che è stato realizzato consapevolmente solo da Hollywood: le immagini sono censurate in anticipo, all'atto stesso della loro produzione, secondo i modelli dell'intelletto conforme al quale dovranno essere contemplate" (Horkheimer-Adorno, 1947, 93). La macchina dell'industria culturale ruota sul posto: determina essa stessa il consumo ed esclude tutto ciò che è nuovo, che si configura come rischio inutile, avendo eletto a primato l'efficacia dei suoi prodotti.

1.6.3 L'individuo nell'epoca dell'industria culturale

Nell'era dell'industria culturale l'individuo non decide più autonomamente: il conflitto tra impulsi e coscienza è risolto con l'adesione acritica ai valori imposti: "quella che un tempo i filosofi chiamavano vita si è ridotta alla sfera del privato e poi del puro e semplice consumo, che non è più se non un'appendice del processo materiale della produzione, senza autonomia e sostanza propria" (Adorno, 1951, 3).

L'uomo è in balìa di una società che lo manipola a piacere: "il consumatore non è sovrano, come l'industria culturale vorrebbe far credere, non è il suo soggetto bensì il suo oggetto" (Adorno, 1967, 6).

Anche se gli individui credono di sottrarsi, nel loro tempo di non-lavoro, ai rigidi meccanismi produttivi, in realtà la meccanizzazione determina così integralmente la fabbricazione dei prodotti di svago, che ciò che si consuma sono solo copie e riproduzioni del processo lavorativo stesso. "Il preteso contenuto è solo una pallida facciata; ciò che si imprime è la successione automatica di operazioni regolate. Al processo lavorativo nella fabbrica o nell'ufficio si può sfuggire solo adeguandosi a esso nell'ozio" (Horkheimer-Adorno, 1947, 148).

Da questa continuità deriva che a mano a mano che le posizioni dell'industria culturale si fanno solide e salde, più essa può agire sui bisogni del consumatore, guidandoli e disciplinandoli. La totalità del processo sociale è irrimediabilmente persa di vista, occultata: l'apologia della società è intrinsecamente connessa all'industria culturale. "Divertirsi significa essere d'accordo [...]; significa ogni volta: non doverci pensare, dimenticare il dolore anche là dove viene mostrato. Alla sua base è l'impotenza. È, effettivamente, fuga: non, come pretende, fuga dalla cattiva realtà ma dall'ultimo pensiero di resistenza che la realtà può avere ancora lasciato. La liberazione promessa dall'*amusement* è quella dal pensiero come negazione. L'impudenza della domanda retorica: 'guarda che cosa vuole la gente!' è di appellarsi, come a soggetti pensanti, alla stessa gente che è suo compito specifico divezzare dalla soggettività" (Horkheimer-Adorno, 1947, 156).

L'individualità è sostituita dalla pseudo-individualità: il soggetto si trova vincolato a una identità senza riserve con la società. L'ubiquità, la ripetitività e la standardizzazione dell'industria culturale fanno della moderna cultura di massa un mezzo di inaudito controllo psicologico. Se "nel XVIII secolo il concetto stesso di cultura popolare, diretto verso l'emancipazione dalla tradizione assolutistica e semifeudale, aveva un significato di progresso, accentuando l'autonomia dell'individuo come essere capace di prendere le sue decisioni" (Adorno, 1954, 383), nell'epoca attuale l'industria culturale e una struttura sociale sempre più gerarchica e autoritaria rendono il messaggio di un'obbedienza irriflessiva il valore dominante e invadente.

Più indistinto e diffuso sembra essere il pubblico dei moderni mass media, più i mass media tendono a ottenere la loro "integrazione". Gli ideali di conformismo e di formalismo erano connessi ai romanzi popolari fino dal loro inizio. Ora, comunque, questi ideali sono stati tradotti in piuttosto precise prescrizioni di ciò che si deve e di ciò che non si deve fare. Lo scoppio dei conflitti è prestabilito e tutti i conflitti sono mere imitazioni. La società è sempre la vincitrice e l'individuo è soltanto un burattino manipolato dalle norme sociali (Adorno, 1954, 384).

L'influenza dell'industria culturale, in tutte le sue manifestazioni, porta ad alterare la stessa individualità del fruitore: egli è come il prigioniero che cede alla tortura e finisce per confessare qualsiasi cosa, anche ciò che non ha commesso.

Qualcosa di simile accade alla resistenza dell'ascoltatore [della musica leggera o popolare], come risultato dell'enorme quantità di forza che agisce su di lui. Così, la sproporzione tra la forza di ciascun individuo e la struttura sociale concentrata che pesa su di lui, ne distrugge la resistenza e contemporaneamente aggiunge una cattiva coscienza a causa della sua volontà di resistere comunque. Quando la musica leggera è ripetuta con tale intensità da non apparire più come un mezzo ma piuttosto come un elemento intrinseco al mondo naturale, la resistenza assume un aspetto diverso perché l'unità dell'individualità comincia a schiantarsi (Adorno, 1941, 44).

1.6.4 La qualità della fruizione dei prodotti culturali

I prodotti dell'industria culturale, "a partire dal più tipico, il film sonoro, paralizzano [immaginazione e spontaneità] per la loro stessa costituzione oggettiva. Essi sono fatti in modo che la loro apprensione adeguata esige bensì prontezza di intuito, doti di osservazione, competenza specifica, ma anche da vietare addirittura l'attività mentale dello spettatore, se questi non vuol perdere i fatti che gli passano rapidamente davanti" (Horkheimer-Adorno, 1947, 137).

Costruiti apposta per un consumo distratto, non impegnativo, questi prodotti riflettono, in ognuno di loro, il modello del meccanismo economico che domina il tempo del lavoro e quello del non-lavoro. Ciascuno di essi ripropone la logica della dominazione che non si potrebbe ascrivere come effetto del singolo frammento, ma che è propria invece di tutta l'industria culturale e del ruolo che essa occupa nella società industriale avanzata.

> *Lo spettatore non deve lavorare di testa propria: il prodotto prescrive ogni reazione: non per il suo contesto oggettivo – che si squaglia appena si rivolge alla facoltà pensante – ma attraverso segnali. Ogni connessione logica, che richieda fiuto intellettuale, viene scrupolosamente evitata* (Horkheimer-Adorno, 1947, 148).

Mentre nei romanzi popolari di Dumas o di Sue la morale della storia era continuamente attraversata da intrecci secondari, da trame proliferanti senza fine, e i lettori potevano lasciarsi trascinare in questo sorprendente gioco narrativo, oggi non è più così:

> *ogni spettatore di un giallo televisivo sa con assoluta certezza come si arriva alla fine. La tensione è mantenuta solo superficialmente ed è ora impossibile ottenere un serio effetto. Al contrario, lo spettatore sente di essere su un terreno sicuro per tutto il tempo* (Adorno, 1954, 381).

Ciò accade anche nel campo della musica leggera: il suo ascolto "non è manipolato soltanto dai suoi promotori ma in un certo senso anche dalla natura intrinseca della musica stessa, in un sistema di meccanismi di risposta completamente antagonistici all'ideale di individualità proprio di una società libera" (Adorno, 1941, 22).

La musica leggera o popolare è costruita in modo tale che il processo di traduzione dell'unicità in una norma è già tutto pianificato e raggiunto nella composizione stessa. "La composizione ascolta per l'ascoltatore. È in questo modo che la musica leggera spoglia l'ascoltatore della sua spontaneità e favorisce dei riflessi condizionati" (Adorno, 1941, 22). Essa assomiglia in tutto e per tutto a un questionario a scelta multipla in cui colui che lo riempie è limitato da ben precise e prefissate alternative. Mentre nella musica classica tutti gli elementi di riconoscimento sono organizzati in una totalità unica nella quale acquistano il loro senso – così come in una poesia ogni parola acquista il proprio significato dall'unità e totalità della poesia e non dal suo uso quotidiano (anche se il riconoscimento del significato denotativo in tale uso è un prerequisito della comprensione del suo significato nella poesia) – nella musica leggera "è esattamente questo rapporto tra ciò che è riconosciuto e ciò che è nuovo che viene distrutto. Il riconoscimento diventa un fine invece che un mezzo [...] In essa riconoscimento e comprensione devono coincidere, mentre nella musica seria la comprensione è l'atto mediante il quale il riconoscimento conduce a cogliere qualcosa di fondamentalmente nuovo" (Adorno, 1941, 33).

In una fruizione di questo tipo, il linguaggio della musica "è trasformato da processi oggettivi in un linguaggio che i fruitori pensano sia il loro proprio – in un linguaggio che serve da ricettacolo per i loro bisogni istituzionalizzati. Meno la musica ai loro occhi è un linguaggio sui generis, più essa viene usata come un ricettacolo. L'autonomia della musica è sostituita da una mera funzione socio-psicologica" (Adorno, 1941, 39).

Non è solo la musica, ovviamente, a subire una simile perdita di espressività: una sorta di "easy listening" avviene anche negli altri linguaggi. Se la "lettura come atto di percezione e di appercezione porta probabilmente con sé un certo tipo di interiorizzazione – l'atto di leggere un romanzo è abbastanza prossimo a un monologo interiore – la visualizzazione dei moderni mass media si orienta verso la esternalizzazione. L'idea di interiorità [...] cede di fronte a segnali ottici inequivocabili che possono essere afferrati con un'occhiata" (Adorno, 1954, 382).

1.6.5 Gli "effetti" dei media

Queste sono alcune delle caratteristiche sostanziali dell'industria culturale: è evidente che qualunque tipo di analisi dei mezzi di comunicazione di massa non può ignorarle, e tanto meno un'analisi dei cosiddetti effetti dei media. Anche l'interesse per un mezzo specifico come la televisione e il suo linguaggio non deve prescindere dal contesto economico, sociale e culturale in cui essa opera.

La prima constatazione da formulare è quindi che "i mass media non sono semplicemente la somma totale delle azioni che descrivono o dei messaggi che si irradiano da queste azioni. I mass media consistono anche in vari significati sovrapposti l'uno all'altro: tutti collaborano al risultato" (Adorno, 1954, 384).

La struttura multistratificata dei messaggi riflette la strategia di manipolazione dell'industria culturale:

> *quanto essa comunica è stato da essa stessa organizzato allo scopo di incantare gli spettatori simultaneamente a vari livelli psicologici. Il messaggio nascosto, infatti, può essere più importante di quello evidente, poiché questo messaggio nascosto sfuggirà ai controlli della coscienza, non sarà evitato dalle resistenze psicologiche nei consumi, ma probabilmente penetrerà il cervello degli spettatori* (ibid.).

Qualunque studio dei media che non sia in grado di rendere conto di tale struttura multistratificata e soprattutto degli effetti dei messaggi nascosti, si pone in una prospettiva limitata e fuorviante: ed è proprio questa "trascuratezza" che finora – osserva Adorno – ha caratterizzato le analisi sull'industria culturale.

Naturalmente, i rapporti tra i diversi livelli (manifesti e latenti) dei messaggi sono tutt'altro che semplici da cogliere e da studiare, ma non sono comunque casuali né privi di finalità: al contrario, essi danno forma alla

> *tendenza a canalizzare la reazione del pubblico. Ciò si allinea col sospetto largamente condiviso, anche se è difficile confermarlo con dati esatti, che la maggioranza degli spettacoli televisivi oggi punti alla produzione, o almeno alla riproduzione, di molta mediocrità, di inerzia intellet-*

tuale, e di credulità, che sembrano andar bene con i credi totalitari, anche se l'esplicito messaggio superficiale degli spettacoli può essere antitotalitario (Adorno, 1954, 385).

La manipolazione del pubblico – perseguita e raggiunta dall'industria culturale intesa quale forma di dominio delle società altamente sviluppate – passa dunque nel mezzo televisivo mediante effetti che si realizzano sui livelli latenti dei messaggi. Essi fingono di dire una cosa e invece ne dicono un'altra, fingono di essere frivoli e invece, ponendosi oltre la consapevolezza del pubblico, ne ribadiscono lo stato di asservimento. Lo spettatore, attraverso il materiale che osserva, è continuamente messo, a sua insaputa, nella condizione di assorbire ordini, prescrizioni, proscrizioni.

1.6.6 I generi

La strategia di dominio dell'industria culturale viene dunque da lontano e dispone di molteplici tattiche. Una di esse consiste nella stereotipizzazione.

Gli stereotipi sono un elemento indispensabile per organizzare e anticipare le esperienze della realtà sociale che il soggetto compie. Essi impediscono il caos cognitivo, la disorganizzazione mentale, rappresentano insomma un necessario strumento di economia nell'apprendimento. Come tali, nessun'attività può farne a meno: tuttavia nello sviluppo storico dell'industria culturale, la funzione degli stereotipi si è profondamente alterata e modificata.

La divisione del contenuto televisivo in diversi generi (quiz, giallo, commedia ecc.) ha portato allo sviluppo di formule rigide, fisse, importanti perché definiscono

il modello attitudinale dello spettatore, prima che questi si interroghi di fronte a qualunque contenuto specifico, determinando quindi in larga misura il modo in cui sarà percepito qualunque contenuto specifico. Per comprendere la televisione non è perciò sufficiente mettere in evidenza le implicazioni dei vari spettacoli e dei tipi di spet-

tacolo, ma si deve fare un esame dei presupposti all'interno dei quali funzionano le implicazioni prima che si pronunci una singola parola. Importantissimo è che la classificazione degli spettacoli è andata tanto lontano, che lo spettatore si accosta a ognuno di essi con un modello stabilito di aspettative prima di trovarsi di fronte allo spettacolo stesso (Adorno, 1954, 388).

Questo è il cambiamento di funzioni subìto dalla stereotipizzazione nell'industria culturale: dato che quest'ultima è il trionfo del capitale investito – che si interessa agli individui solo come a propri clienti e impiegati – in essa la tendenza progressiva a diventare un insieme di protocolli è inarrestabile. Ma "quanto più gli stereotipi si materializzano e si irrigidiscono [...], tanto meno probabilmente le persone cambieranno le loro idee preconcette col progresso della loro esperienza. Quanto più si fa ottusa e complicata la vita moderna, tanto più le persone si sentono tentate ad attaccarsi a cliché che sembrano portare un certo ordine in ciò che sarebbe altrimenti incomprensibile. Così la gente può non solo perdere la vera comprensione della realtà, ma può avere fondamentalmente indebolita la capacità di intendere l'esperienza della vita dal costante uso di occhiali fumé" (Adorno, 1954, 390).

"Ma sarebbe vano sperare che la persona in sé contraddittoria e cadente non possa durare generazioni, che, in questa scissione psicologica, il sistema debba necessariamente saltare, che la menzognera sostituzione dello stereotipo all'individuale debba diventare di per sé intollerabile agli uomini." (Horkheimer-Adorno, 1947, 16).

1.6.7 Teoria critica vs. ricerca amministrativa

La teoria critica – che denuncia la contraddizione tra individuo e società come un prodotto storico della divisione di classe, e che si oppone alle discipline che rappresentano tale contraddizione come un dato naturale – quando analizza l'industria culturale, ne esplicita soprattutto la tendenza a trattare la mentalità delle masse come un dato immutabile, come un presupposto della propria esistenza.

Il radicale contrasto della teoria critica verso le discipline che, settorializzandosi, non riescono a interpretare i fenomeni sociali nella loro complessità, si manifesta anche nei confronti degli studi sui mass media che andavano sviluppandosi nella società americana.

Si è già osservato che, secondo la teoria critica, i metodi di ricerca empirica non penetrano l'oggettivazione dei fatti né la struttura o le implicazioni del loro fondamento storico, ma al contrario producono la frammentazione della totalità sociale "in una serie di 'oggetti' artificialmente demandati a varie scienze specializzate. La caratteristica primaria del fatto sociale, la sua dinamica storica, è la prima a venir meno" (Rusconi, 1968, 261). Ciò accade anche per l'analisi dell'industria culturale: se l'atteggiamento diffuso tra chi si occupa del settore è di mettere in guardia dal sottovalutarlo, è però incontrovertibile che "per amore del suo ruolo sociale vengono represse o perlomeno escluse, dalla cosiddetta sociologia della comunicazione, domande impiccianti sulle sue qualità, la sua verità o falsità, il valore estetico di ciò che essa comunica" (Adorno, 1967, 10).

La ricerca sui mezzi di comunicazione di massa appare fortemente inadeguata, perché si limita a studiare le condizioni presenti, finendo con l'inchinarsi al monopolio dell'industria culturale. Succede così che – al di là della facciata – la ricerca si occupi sostanzialmente di come manipolare le masse o di come raggiungere al meglio determinati scopi interni al sistema esistente. "Naturalmente nell'ambito del Princeton Project non sembrava esserci molto spazio per una ricerca sociale a carattere critico. La Fondazione Rockefeller, che era la committente, stabiliva espressamente che le ricerche andavano condotte entro i limiti del sistema radiofonico commerciale vigente negli Stati Uniti. Era perciò implicito che il sistema stesso, le sue conseguenze culturali e sociologiche e i suoi presupposti sociali ed economici, non dovevano essere analizzati" (Adorno, 1971, 261).

Secondo la teoria critica occorre invece mettere in discussione gli scopi: per esempio, se la ricerca "amministrativa" si pone il problema di come riuscire ad allargare, attraverso i media, l'ascolto della buona musica, la teoria critica sostiene che "non si dovrebbe studiare l'atteggiamento degli ascoltatori, senza considerare quanto tali atteggiamenti riflettano più ampi schemi di comportamento sociale e, ancor più, quanto vengono condizionati dalla struttura della società considerata come un insieme" (Adorno, 1950, 416). In una strategia di analisi così totalizzante, vengono rifiutati anche i metodi della ricerca amministrativa, le sue normali fonti di dati. "Ciò che era assiomatico secondo le norme prevalenti nella ricerca sociale, e precisamente procedere dalle reazioni dei soggetti come se esse fossero una fonte primaria di conoscenza sociologica, mi sembrava assolutamente superficiale ed errato" (Adorno, 1971, 261). Se l'industria culturale annulla ogni individualità e ogni pensiero di resistenza, se ciò che trionfa è lo pseudo-individualismo che in realtà maschera la supina accettazione dei valori imposti, fare affidamento sugli spettatori come attendibili fonti di conoscenze reali circa i processi comunicativi dell'industria culturale, significa velare ogni possibilità di comprensione. L'illusione dello pseudo-individualismo deve rafforzare "lo scetticismo riguardante ogni informazione di prima mano ricevuta dagli ascoltatori. Dobbiamo cercare di capirli meglio di quanto loro stessi si capiscano" (Adorno, 1950, 420).

Questo è un punto molto rilevante nella contrapposizione tra teoria critica e ricerca amministrativa: la teoria critica – sostiene Adorno – è in grado di "portare avanti il rapporto tra teoria e *fact-finding* – un rapporto di cui si sente continuamente l'urgenza ma che si continua a rinviare – senza con questo pretendere che la troppo astratta polarità tra i due aspetti possa modificarsi" (Adorno, 1962, XX).

Senza escludere l'indagine e la verifica empirica, ma sostenendo la necessità di inquadrarle nella comprensione della società come totalità, la teoria critica di fatto finisce col privilegiare l'approccio speculativo sul metodo empirico, anche perché – non va dimenticato – già in ogni singolo prodotto dell'industria culturale è possibile leggere in filigrana il modello del gigantesco e potente meccanismo economico.

I dati raccolti empiricamente non consentiranno altro che

di analizzare le relazioni interne al sistema produttivo, non le sue connessioni con la dinamica storica, cioè con la caratteristica costitutiva di ogni fenomeno sociale. Per esempio, la musica di massa, al pari di ogni altro prodotto dell'industria culturale, funziona come un "cemento sociale" ma questa logica inerente ai messaggi è "inaccessibile" ai loro fruitori (Adorno, 1941): la ricerca amministrativa invece trascura programmaticamente tale aspetto cruciale e si sviluppa entro i quadri istituzionali dell'industria culturale.

Il contrasto tra le due tendenze della ricerca comunicativa è dunque di fondo e nasce in primo luogo dal profilo globale della teoria critica, dalla sua polemica contro l'astensione che la sociologia empirica compie da ogni momento di autoriflessione sui propri metodi e princìpi. Da questa radicale diversità discende – come logica conseguenza – una differente concezione dei media stessi: per la teoria critica si tratta di strumenti della riproduzione di massa che, nella libertà apparente degli individui, ripropongono i rapporti di forza dell'apparato economico e sociale.

Dalla ricerca amministrativa essi sono interpretati invece come

> *strumenti usati per raggiungere determinati scopi. Questi possono essere vendere merci o innalzare il livello intellettuale della popolazione o migliorare la comprensione delle politiche governative: in ogni caso la ricerca ha il compito di rendere lo strumento comunicativo più comprensibile e conosciuto per chi lo vuole usare per una finalità specifica, in modo da facilitarne l'uso* (Lazarsfeld, 1941, 2).

Questa *irrilevanza degli scopi* – rispetto ai quali la ricerca comunicativa si pone come servizio che le agenzie amministrative, pubbliche o private, usano – da un lato è percepita da Lazarsfeld stesso come un elemento sul quale le obiezioni della teoria critica hanno presa, dall'altro lato è stata spesso interpretata successivamente come un'irrilevanza e insignificanza teorica.

Per quanto riguarda il primo punto, l'osservazione di Lazarsfeld è che non è possibile

> *perseguire un obiettivo specifico e studiare i mezzi per raggiungerlo, isolandolo dalla situazione storica globale entro cui l'obiettivo e la ricerca dei mezzi si pongono. I moderni mezzi di comunicazione sono divenuti strumenti così complessi che dovunque sono usati essi ottengono sulla gente effetti molto più rilevanti di quanto intenda ottenere chi li amministra; inoltre questi mezzi hanno di per se stessi una complessità tale da lasciare alle agenzie che li amministrano molta meno scelta di quanto esse credano di avere. L'idea della* ricerca critica *si contrappone alla pratica della ricerca amministrativa in quanto richiede che preliminarmente e aggiuntivamente a qualunque obiettivo specifico si voglia raggiungere, si debba analizzare il ruolo generale dei mezzi di comunicazione di massa nell'attuale sistema sociale* (Lazarsfeld, 1941, 9).

Ma in questa "interpretazione" di Lazarsfeld della teoria critica, è già implicita una dimensione "operativa", "applicativa" che se da un lato prefigura un'auspicabile integrazione tra le due tendenze, dall'altro lato però "tradisce" la coerenza interna dell'approccio speculativo della teoria critica. "Io consideravo che il compito adatto a me e che obiettivamente mi veniva assegnato fosse di *interpretare* i fenomeni: non accertare, setacciare e classificare i fatti e renderli disponibili come informazione [...]. Naturalmente, e in questo consiste il mio equivoco (ma me ne resi conto solo più tardi), non mi si chiedeva di capire la relazione tra musica e società, ma di fornire informazioni. Io sentivo una forte resistenza interiore a corrispondere a questa richiesta capovolgendo il mio modo di essere [...]. Tradurre le mie riflessioni in termini di ricerca era per me come risolvere la quadratura del cerchio" (Adorno, 1971, 257; 262; 265). Così, per esempio, Lazarsfeld descrive quattro livelli successivi nell'"applicazione" della teoria critica:

a. una teoria sulle tendenze di fondo che conducono verso quella che lui definisce una "cultura promozionale";
b. le analisi di fenomeni specifici per illustrare il loro contributo al rafforzamento della tendenza dominante;

c. le conseguenze che si manifestano sulla struttura della personalità;

d. le considerazioni sulle alternative possibili.

Ancora più indicativo della "interpretazione in chiave amministrativa" della teoria critica è un esempio di Lazarsfeld su come essa può stimolare la ricerca empirica:

se si studiano gli effetti della comunicazione, per quanto elaborati siano i metodi impiegati, si sarà in grado di studiare soltanto gli effetti dei materiali, radiofonici o stampati, attualmente diffusi. La ricerca critica sarà interessata soprattutto a quel materiale che invece non trova mai accesso ai canali di comunicazione di massa: quali idee e quali forme espressive sono eliminate prima di raggiungere il grande pubblico, o perché non sembrano abbastanza interessanti per la audience *più vasta oppure perché non garantiscono una resa sufficiente rispetto al capitale investito o perché le tradizionali forme di presentazione non vi sono adeguate?* (Lazarsfeld, 1941, 14).

Se – come si vede – la ricerca amministrativa più attenta e consapevole tende a "operativizzare" la teoria critica, snaturandola, gli equivoci non mancano però nemmeno dall'altra parte, soprattutto nell'interpretazione della ricerca amministrativa che gli epigoni della teoria critica hanno diffuso. Essa è stata presentata come teoricamente irrilevante, priva non solo di un'analisi adeguata sul contesto socioeconomico, ma anche di una visione complessiva sui problemi contingenti.[7]

In realtà l'appiattimento della ricerca sugli obiettivi pratici non ha sempre comportato assenza di teoria o scarsa problematizzazione dei fenomeni indagati: lo si è già visto a proposito del concetto di leader d'opinione (vedi 1.4.2) o riguardo alla necessità di utilizzare contemporaneamente tre diverse strategie di ricerca nell'analisi dell'ascolto radiofonico (vedi 1.4.1). Ma anche altri esempi lo testimoniano:

la radio può facilitare molte tendenze verso la centralizzazione, la standardizzazione e la formazione delle masse, *tendenze che sembrano prevalenti nella nostra società. Ma tra i molti sviluppi alternativi che ora possono essere prefigurati, assai pochi accadranno per un'"oscillazione della bilancia". Essi saranno piuttosto il risultato di potenti forze sociali che nei prossimi decenni influenzeranno la radio molto di più di quanto essa non le influenzerà. È vero che le innovazioni tecnologiche hanno una loro tendenza intrinseca a generare mutamento sociale. Ma per quanto riguarda la radio tutti gli elementi manifestano l'inverosimiglianza del fatto che essa abbia, di per se stessa, profonde conseguenze sociali nel prossimo futuro. La comunicazione radiofonica oggi in America è fatta per vendere merci: e gran parte degli altri possibili effetti della radio sono sommersi in un meccanismo sociale che enfatizza al massimo l'effetto commerciale. Non ci sono tendenze sinistre operanti nel mezzo radiofonico: esso fa tutto da sé. Un programma deve intrattenere il pubblico e dunque evita qualunque cosa sia così problematica da far nascere critiche sociali; un programma non deve allontanare gli ascoltatori e quindi alimenta i pregiudizi del pubblico; evita lo specialismo così che sia garantita un'*audience *più vasta possibile; al fine di piacere a tutti, cerca di evitare temi controversi. Si aggiunga a ciò l'incubo di tutti i produttori radiofonici, cioè che l'ascoltatore può sintonizzarsi quando vuole su un'altra stazione concorrente, e si ha l'immagine della radio come di una prodigiosa innovazione tecnologica con una forte tendenza conservatrice su tutte le questioni sociali.*

Se nel 1500 d.C. fosse stato fatto uno studio sulle conseguenze sociali della stampa, esso difficilmente avrebbe potuto prevedere tutti i cambiamenti che oggi attribuiamo alla sua invenzione. Nel quadro delle condizioni sociali di quel tempo, nemmeno l'analisi più esaustiva del nuovo mezzo di comunicazione avrebbe potuto condurre a previsioni utili. L'importanza assunta dalla stampa è largamente dovuta alla Riforma e alle grandi rivoluzioni occidentali nel XVI e XVII secolo.

Allo stesso modo, non possiamo sapere cosa significherà la radio negli anni a venire, perché non possiamo preve-

dere quali sviluppi sociali significativi sono imminenti. Possiamo solo essere sicuri che la radio da sola non modellerà il futuro. Ciò che noi, gente di oggi e di domani, faremo del nostro sistema sociale è ciò che definirà storicamente il ruolo della radio (Lazarsfeld, 1940, 332).

Gli esempi citati testimoniano di una ricerca amministrativa attenta – almeno in linea di principio – al contesto storico e sociale di sviluppo dei mezzi di comunicazione di massa, e capace anche di dare rilievo teorico al proprio modo di impostare i problemi. Al di là delle connessioni e dei rapporti storici tra i due filoni (Lang, 1979) – legami che pur esistono e sono significativi – mi sembra importante sottolineare come si è determinata, in un primo momento, una lettura riduttiva che ciascun approccio ha fornito dell'altro e, successivamente, un'accentuazione, in chiave ideologica, della loro opposizione. Ne è conseguita, per la teoria critica, la difficoltà a passare dal piano delle descrizioni generali del sistema complessivo dell'industria culturale a quello della analisi dei processi comunicativi quali effettivamente si riscontrano. Difficoltà accentuata dal fatto che per la teoria critica questo tipo di analisi – come momento autonomamente pertinente – è irrilevante o accessorio, essendo già implicito nella descrizione della dinamica fondamentale della società industriale capitalistica. Non è un caso, quindi, che nella teoria critica tutti gli accenni riguardanti la comunicazione la descrivono in termini molto affini a quelli della teoria ipodermica, cioè della "teoria comunicativa" più grezza e meno articolata.

Da parte della ricerca amministrativa invece, la consapevolezza di un necessario quadro di riferimento più vasto entro cui radicare lo studio di problemi specifici si è spesso attenuata, a causa (anche) della pressione che la natura istituzionale della ricerca esercitava verso gli aspetti metodologici e operativi del lavoro di indagine. Così da un lato si appiattiva la complessità dei fenomeni comunicativi su una teoria della società, dall'altro si esorcizzavano le connessioni tra questi fenomeni e le altre variabili sociali, con un tipo di ricerca che non era in grado di coglierle.

La distanza tra teoria critica e ricerca amministrativa ha finito così per allargarsi al di là della configurazione iniziale, e per cristallizzare una differenziazione teorica che invece era e rimane feconda e problematica. Lo stesso Adorno – pur sostenendo che "sembra essere difetto di ogni forma di sociologia empirica il dover scegliere tra attendibilità e profondità dei dati ottenuti" (1971, 278) – sintetizza la sua posizione nella polemica tra sociologia empirica e sociologia teoretica, "così spesso mal presentata, particolarmente in Europa", dicendo che "le indagini empiriche non sono soltanto legittime ma essenziali, perfino nel campo dei fenomeni culturali. Non bisognava però attribuire a esse autonomia o considerarle alla stregua di una chiave universale. Soprattutto, devono a loro volta concludersi in conoscenza teoretica. La teoria non è semplicemente un veicolo che diventi superfluo appena si disponga dei dati" (Adorno, 1971, 271).

Non è casuale quindi, che attualmente il superamento della contrapposizione avvenga – a mio avviso – lungo le seguenti due coordinate:

a. la prima è relativa ad alcuni problemi che *di fatto* impongono un tipo di concettualizzazione del campo mediologico che scavalca i termini del contrasto. Per esempio, la questione degli effetti a lungo termine dei media (vedi Capitolo 2) o il problema delle modalità con cui l'informazione di massa contribuisce a costruire l'immagine che della realtà sociale gli individui elaborano (vedi Capitolo 3);

b. la seconda coordinata è relativa al superamento di un dato che implicitamente accomunava teoria critica e ricerca amministrativa, cioè il loro riferirsi a una teoria informazionale dei processi comunicativi. A mano a mano che il paradigma della teoria dell'informazione è stato soppiantato nella *communication research* dalla presenza di altri riferimenti teorici (teoria semiotica, sociologia della conoscenza, psicologia cognitiva), nuovi oggetti di conoscenza si sono affermati e problemi tradizionali hanno potuto essere posti in termini diversi, modificando l'arroccamento degli approcci (vedi 1.9).

Ciascuno naturalmente valuta più adeguata una tendenza piuttosto dell'altra, ma la realtà complessiva della ricerca in materia di comunicazioni di massa oggi si presenta con la concreta prospettiva di approcci disciplinari sempre più articolati, variati e in via di integrazione.

1.7 La teoria culturologica

Mano a mano che la teoria critica diventava il polo di riferimento per gli studi che non si identificavano con l'impostazione della ricerca amministrativa, un'altra area di interessi e di riflessione, anch'essa opposta alla *communication research*, si veniva elaborando soprattutto nella cultura francese. Si tratta della cosiddetta "teoria culturologica": la sua caratteristica fondamentale è di studiare la cultura di massa, individuandone gli elementi antropologici più rilevanti e il rapporto che in essa si instaura tra il consumatore e l'oggetto di consumo.

La teoria culturologica, cioè, non riguarda direttamente i mass media né tantomeno i loro effetti sui destinatari: l'oggetto di analisi programmaticamente perseguito è la definizione della nuova forma di cultura della società contemporanea. L'autore e il testo che hanno "inaugurato" questo filone – Edgar Morin e il suo *L'Esprit du temps* (L'industria culturale) del 1962 – sono a questo proposito molto espliciti. La polemica contro l'oggetto di studio rappresentato dai media e contro la sociologia delle comunicazioni di massa (cioè essenzialmente la ricerca amministrativa) è netta: anche se i media veicolano e diffondono la cultura di massa,

> *di fatto, l'ottica indicante comunicazione di massa impedisce di cogliere il problema "cultura di massa" [...]. Le categorie utilizzate spezzano l'unità culturale implicita nelle comunicazioni di massa, eliminano i dati storici, pervenendo alla fine sia a un livello di particolarità difficilmente generalizzabile, sia a un livello di generalità inutilizzabile* (Morin, 1962, 191).

La distanziazione dalle teorie e dagli studi esposti nei paragrafi precedenti è inequivocabile: la ricerca comunicativa che si concentra su fattori limitati è fuorviante. La cultura di massa è "una realtà che non può essere sviscerata che con un metodo, quello della totalità. [...] Non è ammissibile credere di poter ridurre la cultura di massa a una serie di dati essenziali che permetterebbero di distinguerla dalla cultura tradizionale o umanistica. Non possiamo ridurre la cultura di massa *a uno o qualche dato essenziale*. Al contrario non possiamo accontentarci di fare come la sociologia che io chiamo burocratica, che si limita a studiare questo o quel settore della cultura di massa, senza cercare di approfondire quello che accomuna i vari settori. Io penso che dobbiamo cercare di vedere quella che chiamiamo 'cultura di massa' come un complesso di cultura, civiltà e storia" (Morin, 1960, 19).

L'obiettivo di Morin è elaborare una sociologia della cultura contemporanea, sottratta al falso dilemma che la sociologia tradizionale propone ogni volta che si sofferma sulla cultura di massa, cioè le sue qualità o le sue carenze. Occorre smettere di dibattere su questo punto per studiare finalmente questa realtà nuova. Di fatto però, ciò che Morin propone è una fenomenologia sistematica supportata da una ricerca empirica.

La cultura di massa forma un sistema di cultura, costituendosi come un insieme di simboli, valori, miti e immagini, che riguardano sia la vita pratica sia l'immaginario collettivo: tuttavia essa non è l'unico sistema culturale delle società contemporanee. Queste sono realtà policulturali nelle quali la cultura di massa "si fa contenere, controllare, censurare [...] e, nello stesso tempo, tende a corrodere e disgregare le altre culture [...]. Essa non è *autonoma* in senso assoluto, può imbeversi di cultura nazionale, religiosa o umanistica, e a sua volta penetrare la cultura nazionale, religiosa o umanistica. Essa non è la sola cultura del XX secolo. Ma è la corrente davvero di massa e nuova del XX secolo" (Morin, 1962, 8).

Nella cultura di massa (sistema occidentale interno alla cultura industriale, che invece ingloba anche altri sistemi statuali), l'oggetto è strettamente legato al suo carattere di prodotto industriale e al suo ritmo di consumo quotidiano:

dal vincolo produttivo-burocratico e tecnico derivano alcune conseguenze fondamentali che generano delle tendenze contrapposte le quali, a vari livelli, percorrono e qualificano l'intero processo della cultura di massa.

In primo luogo, si configura la contraddizione tra le esigenze produttive-tecniche di standardizzazione e la natura individualizzata e innovativa del consumo culturale. *È la struttura stessa dell'immaginario* che consente la mediazione tra gli opposti requisiti: i modelli-guida e le forme archetipiche dell'immaginario, i temi mitici, i personaggi-tipo costituiscono le strutture interne, costanti, che l'industria culturale usa. Se essa da un lato "riduce gli archetipi a stereotipi" (Morin, 1962, 19), dall'altro però non riesce a soffocare completamente l'invenzione perché anche lo standard ha bisogno dell'originalità: le tendenze alla decentralizzazione, alla relativa autonomia dei ruoli creativi, alla concorrenza, sono appunto il risultato della mediazione e dell'equilibrio tra le esigenze contrapposte. Tale equilibrio trova inoltre forme specifiche di manifestazione anche nei singoli media: per esempio nella stampa, il peso dell'apparato e della organizzazione burocratica è maggiore che in altri mezzi in quanto le spinte contrapposte dell'originalità e dell'individualità sono già introiettate nelle definizioni di "notizia" come novità, evento inatteso, fuori della norma, e nella frequenza quotidiana di diffusione.

Un carattere generale e complessivo della cultura di massa si specifica dunque ulteriormente quando si applica a un mezzo e un genere particolari: questo meccanismo rappresenta un punto di forza della cultura di massa stessa, garantendone l'elevata capacità di adattamento a pubblici e contesti sociali diversi.

L'opposizione tra processi di standardizzazione produttiva ed esigenze di individualizzazione si tempera in una specie di linea mediana: questo è un altro tratto saliente della cultura di massa. Il fatto che "la formula sostituisca la forma" si lega direttamente alla produzione di massa che, essendo destinata a un consumo di massa, impone la ricerca di un denominatore comune, di una qualità media per uno spettatore medio: "*sincretismo* è il termine più adatto a rendere la tendenza a omogeneizzare sotto un comune denominatore la diversità dei contenuti" (Morin, 1962, 29).

Il ruolo del sincretismo nella cultura di massa si lega ai fattori strutturali che la costituiscono: esso genera importanti conseguenze come ad esempio la tendenziale omogeneizzazione tra i due grandi settori della cultura di massa: l'informazione e la *fiction*. Per effetto del sincretismo, nell'informazione acquistano rilievo i *fatti di cronaca* – cioè la "frangia di reale dove l'inatteso, il bizzarro, l'assassinio, l'incidente, l'avventura, irrompono nella vita quotidiana" (Morin, 1962, 29) – mentre la finzione si colora di realismo, e gli intrighi romanzeschi hanno le apparenze della realtà. La definizione di ciò che fa notizia e il rilievo attribuito ai fatti di cronaca sono dunque la conseguenza – nel settore dell'informazione – di due tendenze profonde che percorrono la cultura di massa: da un lato la dinamica tra standardizzazione e innovazione, dall'altra il sincretismo e la contaminazione tra reale e immaginario.

Entrambe le tendenze si iscrivono nella ricerca dell'espansione dei consumi, ciò che comporta un'altra caratteristica fondamentale della cultura di massa: il nuovo pubblico che la fruisce. Essa infatti rappresenta l'unico terreno di scambio e di comunicazione per la classe che sta emergendo, cioè il nuovo salariato che progressivamente ingloba frange sempre più vaste delle classi sociali precedenti. Al di là delle differenziazioni (di prestigio, gerarchia, convenzioni ecc.) si delinea un terreno comune, un'identità che costituisce il sostrato della cultura di massa: è l'identità dei valori di consumo. Su questi valori la cultura di massa mette in comunicazione i differenti strati sociali. Essendo fondata su ed essendo portatrice di un'etica del consumo, la legge fondamentale della cultura di massa è quella del mercato e la sua dinamica risulta dal dialogo continuo tra produzione e consumo. Ma è un

> *dialogo ineguale. A priori, è un dialogo tra un prolisso e un muto. La produzione (il giornale, il film, la trasmissione ecc.) elargisce racconti, storie, si esprime attraverso un linguaggio. Il consumatore – lo spettatore – non ri-*

sponde che con reazioni pavloviane, col sì o il no, che decretano il successo o l'insuccesso (Morin, 1962, 39).

Si è già notato a proposito della teoria critica che questi "affreschi" generali sul sistema globalizzante della cultura di massa o dell'industria culturale, quando devono descrivere il tipo di processo comunicativo che sostiene e che si instaura in tale dinamica culturale, si richiamano sempre, implicitamente, alla teoria ipodermica. La sua "semplicità" è funzionale all'irrilevanza del problema comunicativo entro la complessità del quadro di fondo che si intende delineare: anche nella teoria culturologica questo elemento si presenta chiaramente.[8]

Tuttavia, nonostante le "reazioni pavloviane" del consumatore, la questione semplicistica se siano i mezzi di massa a creare il proprio pubblico o quest'ultimo a determinare il contenuto dei media, è fuorviante: "il vero problema è quello della *dialettica* tra il sistema di produzione culturale e i bisogni culturali dei consumatori" (Morin, 1962, 40). A differenza di altri e precedenti sistemi culturali che istituzionalizzavano una fase formale di apprendimento, l'efficacia della cultura di massa si basa sul suo adeguarsi alle aspirazioni e ai bisogni esistenti: secondo Morin, la cultura di massa trova il proprio terreno ideale là dove lo sviluppo industriale e tecnico crea nuove condizioni di vita che disgregano le precedenti culture e fanno emergere nuovi bisogni individuali. "I contenuti essenziali [della cultura di massa] sono quelli dei bisogni privati, affettivi (felicità, amore), immaginari (avventure, libertà) o materiali (benessere)" (Morin, 1962, 161): mano a mano che le trasformazioni sociali incrementano tali bisogni, essa si diffonde contribuendo a sua volta a radicare questo sistema di valori. La cultura di massa si pone così come un'etica del *loisir*: il consumo dei prodotti diventa insieme autoconsumo della vita individuale e autorealizzazione. La cultura di massa è una moderna religione della salvezza terrena che contiene in sé le potenzialità e i limiti del proprio sviluppo: da un lato essa indica il cammino che necessariamente ogni società dei consumi seguirà, ma dall'altro lato è vulnerabile a tutti i movimenti collettivi che si fanno portatori di esigenze metaindividuali e spirituali.

La cultura di massa infatti procura in forme fittizie tutto ciò che è espunto sistematicamente dalla vita reale: rendendo irreale una parte della vita dei consumatori, finisce per trasformare lo spettatore in un fantasma proiettando "il suo spirito nella pluralità degli universi immaginati o immaginari, [disperdendo] la sua anima negli innumerevoli doppi che vivono per lui. Così la cultura di massa opera in due direzioni inverse: da una parte i doppi vivono al nostro posto, liberi e sovrani; ci consolano della vita che ci manca, ci distraggono dalla vita che ci è data; dall'altra ci spingono all'imitazione, ci danno l'esempio della ricerca della felicità" (Morin, 1962, 172).

La cultura di massa finisce così per adattare a sé i già adattati e gli adattabili, in ogni situazione in cui le trasformazioni socio-economiche abbiano già preparato le condizioni favorevoli. Quando ciò avviene, essa può dispiegare il proprio ethos, il "superindividualismo privato".

In definitiva, "la cultura di massa contribuisce a indebolire tutti gli istituti intermediari - dalla famiglia alla classe sociale - per costituire un agglomerato di individui - la massa - al servizio della super-macchina sociale" (Morin, 1962, 178). Su questa nota - che richiama, in assonanza alle "reazioni pavloviane", altri aspetti tipici della teoria ipodermica - si chiude l'analisi di Morin, che ambisce a essere una sociologia della cultura contemporanea.

Al di là dell'assenza di sistematicità propria della teoria culturologica (anche se essa di fatto sviluppa un filo conseguenziale di indagine), le reazioni a essa suscitate, soprattutto in ambito francese, hanno rivendicato un atteggiamento più empirico, meno vago e generalizzante, verso questi problemi. "I mass media possono fungere da veicoli per i messaggi più diversi e incontrare i più svariati livelli di ricettività; i mass mediologi, giocando sull'effetto di alone, si accontentano di risvegliare il modello archetipo del condizionamento attraverso l'immagine pubblicitaria. Una sociologia che volesse reintrodurre una valutazione modesta del fenomeno nelle sue sfumature e nei suoi limiti è considerata fin dall'inizio come una scienza burocratica che si accosta alla lettera della società piuttosto che allo Spirito del Tempo" (Bourdieu-Passeron, 1963, 24). Alla "metafisica catastrofica" di questo approccio mediologico che "oscilla tra l'indimostrabile e il neanche-falso"[9] (Bourdieu-Passeron, 1963, 17), si oppongono problemi più "banali" ma che mettono in forse l'esistenza stessa di tale approccio: per esempio, il fatto che ogni mezzo di comunicazione ritaglia entro la "massa", degli insiemi specifici, dei pubblici mutevoli, che si accavallano; oppure il fatto che le esperienze di emittenti e riceventi differiscono e ciò in relazione alla struttura del gruppo di appartenenza; oppure ancora, il fatto che è erroneo "sostenere che il lettore ha accordato all'informazione un'importanza proporzionale ai millimetri quadrati che occupava sul giornale" (Bourdieu-Passeron, 1963, 31), o infine, la constatazione che il messaggio massmediatico non detiene intrinsecamente la capacità di eludere le difese della personalità del destinatario. Queste "banali" questioni segnano il cammino di un discorso massmediatico che più che profetico voglia essere oggetto e frutto di un'elaborazione scientifica: alla rivendicazione di un approccio totalizzante e unitario che la teoria culturologica – almeno in linea di principio – pone, la risposta è quella già percorsa dalla parte migliore della *communication research*.

Nonostante le diversità esistenti tra gli approcci fin qui descritti, la polarità tra le prospettive generalizzanti, globalizzanti e l'approccio empirico che cerca progressivamente di elaborare una teoria, rimane costante, anche se assai più problematica e ricca di spunti produttivi di quanto il dibattito ideologico sorto su di essa non l'abbia troppo spesso raffigurata.

1.8 La prospettiva dei "cultural studies"

La molteplicità delle prospettive che nel corso del tempo si sono elaborate sulle comunicazioni di massa aiuta a comprendere un aspetto di fondo della ricerca comunicativa, il suo essere fortemente esposta a discorsi "concorrenti", settoriali e talvolta corporativi, sullo stesso oggetto. Il "sapere pratico" dei professionisti della comunicazione (giornalisti, media-men, pubblicitari, responsabili televisivi ecc.) e il "sapere politico" delle istituzioni direttamente o indirettamente coinvolte nella gestione o nel controllo dei media sono due esempi di approcci "concorrenziali".

L'insieme di conoscenze prodotto dalla *communication research* si trovava e si trova "confrontato con gli altri approcci, che hanno fonti indipendenti e che sono variamente sostenuti da interessi economici, rivendicazioni all'autonomia professionale, esercizio del potere, sentimenti collettivi profondamente radicati, esperienze quotidiane. Non c'è da sorprendersi se le conoscenze e le teorie nella ricerca sui media sono attentamente valutate rispetto alla loro utilità e validità. La situazione [degli studiosi di comunicazioni di massa] è quella di esporre delle conoscenze su un'istituzione radicata, autoriflessiva, autorevole, che si trova essa stessa in una posizione di potenziale tensione con altre istituzioni ugualmente autorevoli, ben strutturate, che sono fonti di potere economico e politico. Pochi altri soggetti sono così esposti" (McQuail, 1980, 111).

Questo aspetto non costituisce solo un dato di fatto della ricerca mediologica, ma ha iniziato anche a porsi come problema da analizzare nel suo stesso ambito: in che modo si articolano i rapporti tra il sistema dei media e le altre strutture e istituzioni sociali? Quali riflessi di tale rapporto si sviluppano nel funzionamento e nei confronti dei media?

In altri termini, nella tendenza generale (che sta progressivamente caratterizzando la *communication research*) ad accentuare l'attenzione sulle strutture sociali e sul contesto storico in quanto fattori essenziali per comprendere l'azione dei media, un momento specifico che ha marcato peculiarmente tale indirizzo è rappresentato dai *cultural studies*. La teoria mediologica nota con questo nome si profila tra la metà degli anni cinquanta e i primi anni sessanta in Inghilterra, intorno al Centre for Contemporary Cultural Studies di Birmingham.

L'interesse dei *cultural studies* è rivolto soprattutto ad analizzare una forma specifica di processo sociale, relativa all'attribuzione di senso alla realtà, allo sviluppo di una cultura, di pratiche sociali condivise, di un'area comune di significati. Nei termini di tale approccio, la "cultura non è *una* pratica, né è semplicemente la descrizione della somma delle abitudini e costumi di una società. Essa passa attraverso *tutte* le pratiche sociali ed è la somma delle loro interrelazioni" (Hall, 1980, 60). L'obiettivo dei *cultural studies* è di definire lo studio della cultura propria della società contemporanea come un ambito di analisi concettualmente rilevante, pertinente e teoricamente fondato. Nel concetto di cultura rientrano sia i *significati* e i *valori* che sorgono e si diffondono nelle classi e gruppi sociali, sia le *pratiche* effettivamente realizzate attraverso cui valori e significati sono espressi e nelle quali sono contenuti. Rispetto a tali definizioni e modi di vita – intesi come costrutti collettivi – i mass media svolgono una funzione importante in quanto agiscono come elementi attivi di questi costrutti.

I *cultural studies* attribuiscono alla cultura un ruolo che non è meramente riflessivo né residuale rispetto alle determinazioni della sfera economica: un'adeguata sociologia delle comunicazioni di massa deve quindi porsi lo scopo di rendere conto della dialettica che si instaura tra il sistema sociale, la continuità e le trasformazioni del sistema culturale, il controllo sociale. Devono essere studiate le strutture e i processi attraverso i quali le istituzioni delle comunicazioni di massa sostengono e riproducono la stabilità sociale e culturale: ciò non avviene in modo statico, bensì adattandosi continuamente alle pressioni, alle contraddizioni che emergono dalla società, inglobandole e integrandole nel sistema culturale stesso.

Da questo punto di vista i *cultural studies* si differenziano da un altro filone della ricerca mediologica, cioè l'analisi economica dei media e della produzione culturale. Esso rappresenta un ambito più "classico", in cui la specificità della dimensione culturale-ideologica tende ad attenuarsi: la dinamica economica è proposta infatti come spiegazione necessaria, e anche sufficiente, per comprendere il processo degli effetti culturali-ideologici dei media. Le differenze tra le diverse pratiche culturali diventano indistinte, dal momento che ciò che interessa a questo tipo di approccio è l'aspetto più generale della forma di merce (Hall, 1980).

I *cultural studies* invece ascrivono all'ambito sovrastrutturale una specificità e una valenza costitutiva che vanno al di là dell'opposizione tra struttura e sovrastruttura. L'effetto ideologico complessivo della riproduzione del sistema culturale operata attraverso i mass media si evidenzia dall'analisi delle varie determinazioni (interne ed esterne al sistema della comunicazione di massa) che vincolano o liberano i messaggi dei media entro e attraverso le pratiche produttive. Di tali pratiche viene esplicitata soprattutto la natura standardizzata, riduttiva, che favorisce lo statu quo, ma anche insieme contraddittoria e variabile; la complessità della riproduzione culturale sale in primo piano, così come viene illustrata la connessione fondamentale tra il sistema culturale dominante e le attitudini degli individui. Il comportamento del pubblico è orientato da fattori strutturali e culturali che, d'altra parte, influenzano il contenuto dei media, proprio per la capacità di questi ultimi di adattamento e di inglobamento. Tali fattori strutturali favoriscono inoltre l'istituzionalizzazione di modelli "approvati" di uso dei media e di consumo dei costrutti culturali.

I *cultural studies* tendono a specificarsi in *due "applicazioni"* diverse: da un lato i lavori sulla produzione dei media in quanto sistema complesso di pratiche determinanti per l'elaborazione della cultura e dell'immagine della realtà sociale; dall'altro lato gli studi sul consumo della comunicazione di massa in quanto luogo di negoziazione tra pratiche comunicative estremamente differenziate.

Da quest'ultimo punto di vista, i *cultural studies* si distinguono (come accade rispetto all'economia dei media) da altri approcci, più o meno prossimi, in particolare da quello noto come "teoria cospirativa dei media". Essa collega i contenuti dei media alla finalità di controllo sociale perseguita dalle classi dominanti. La censura di alcuni temi, l'enfasi su altri, la presenza di messaggi evasivi, la delegittimazione dei punti di vista marginali o alternativi sono alcuni degli elementi che fanno dei mass media un puro e semplice strumento di egemonia e di cospirazione della *élite* del potere. Contro questa versione i *cultural studies* riaffermando la centralità dei costrutti culturali collettivi come agenti della continuità sociale, ne enfatizzano però la natura complessa ed elastica, dinamica e attiva, non puramente residuale o meccanica. Sottolineando ancora una volta il fatto che le strutture sociali esterne al sistema dei media e le specifiche condizioni storiche sono elementi essenziali per comprendere le pratiche mediologiche, i *cultural studies* ribadiscono la continua dialettica tra sistema culturale, conflitto e controllo sociale.

Sottraendosi al meccanicismo riduttivo che può talvolta caratterizzare l'approccio economico ai mass media, e anche al rigido funzionalismo che qualifica la "teoria cospirativa", il problema fondamentale dell'approccio dei *cultural studies* – nella sua formulazione più ampia e programmatica – è quello di analizzare sia la specificità delle diverse pratiche di produzione di cultura, sia le forme del sistema articolato e complessivo cui tali pratiche danno vita (Hall, 1980).

1.9 Le teorie comunicative

Una delle linee conduttrici di questo libro è che la storia e l'evoluzione della *communication research* sono state profondamente influenzate *anche* dal tipo di teoria comunicativa di volta in volta prevalente. È possibile, cioè, "leggere" la successione dei principali problemi posti alla ricerca, non solo in riferimento alle determinazioni del contesto storico-economico e politico, o al predominio di qualche specifico paradigma sociologico, ma anche in rapporto al grado di elaborazione dei modelli sui processi comunicativi.

I momenti più significativi nelle teorie fin qui esposte sono altrettanti episodi di una *contrapposizione costante* tra la pertinenza sociologica e quella specificamente comunicativa, che ha attraversato e attraversa la *communication research*. L'intreccio tra le due linee di riflessione è stato infatti sempre presente e la maggior spinta in un senso o nell'altro ha prefigurato alcuni momenti ed esiti specifici del campo. Lo stesso dibattito sulla crisi degli studi mediologici è stato profondamente segnato dalla polemica tra sociologia e semiotica, circa i rispettivi titoli e referenze scientifico-disciplinari a occuparsi di comunicazione di massa (per un esame e una interpretazione di quella polemica vedi Rositi, 1982).

Nel secondo e terzo capitolo cercherò di illustrare i temi e oggetti di ricerca che oggi concretamente propongono un superamento di conflitti e paralisi precedenti, realizzando – sia pure lentamente – una profonda trasformazione nel "corredo comunicativo" di cui dispone la ricerca. In questo paragrafo invece, dei tre elementi che formano il paradigma dominante negli studi mediologici – le prospettive sociologiche, il contesto socio-economico, le teorie comunicative – analizzo l'ultimo, relativo ai modelli teorici con cui è stato trattato il problema comunicativo.

È opportuno prima precisare un punto generale: nell'evoluzione della *communication research* si è posta ricorrentemente (e torna a porsi) la questione della legittimità di un approccio comunicativo ai media.

Come conseguenza della molteplicità dei "saperi" e delle competenze (professionali, istituzionali, politiche, scientifiche ecc.) che si applicano all'oggetto mass media, si tende a mettere in discussione la pertinenza e la legittimità di un modello di processo comunicativo. Per molti studiosi il risultato della predisposizione a considerare la comunicazione di massa *in primo luogo* come *comunicazione* (nel senso di "*trasferimento* ordinato di significati"; vedi Elliott, 1972) è una concezione eccessivamente astratta e astorica dei mass media.

> *Poiché le comunicazioni di massa sono fondamentalmente un fenomeno collettivo, il loro significato può essere valutato solo in termini di un modello della società e non ricorrendo a un modello dell'azione sociale unitaria, a cui assomigliano superficialmente e con cui esiste una qualche corrispondenza terminologica* (McQuail, 1981, 54).[10]

Chi sostiene che l'orientamento generale della ricerca comunicativa dovrebbe essere verso la teoria sociale esplicita assai chiaramente che *non c'è bisogno di una teoria delle comunicazioni di massa, ma di una teoria della società, per generare proposizioni-guida e ricerche in quest'area* (Golding-Murdock, 1978, 60).

Una simile posizione ottiene spesso la conseguenza di adottare implicitamente una teoria comunicativa ipersemplificata, di derivazione informazionale; l'irrilevanza attribuita alla componente comunicazionale introduce un elemento di distorsione a essa relativo, che si riflette anche su altri aspetti: il caso della "teoria cospirativa" è abbastanza significativo. Nel rifiutare la pertinenza comunicativa si è finito quindi per accettare il modello più semplificato che per lungo tempo è stato disponibile, quello derivante dalla teoria dell'informazione.

Al di là delle rivendicazioni di una disciplina o di un'altra a definire e qualificare il campo della ricerca mediologica, il problema essenziale, a mio avviso, non è di ribaltare il rapporto tra tendenza sociologica e pertinenza comunicativa, ma di trovare e approfondire tutti i possibili punti di integrazione, corrispondenza, traduzione e assimilazione tra queste due prospettive. Esse sono entrambe necessarie ma nessuna di loro, da sola, è sufficiente a definire la complessità dei temi e dell'oggetto di ricerca.

1.9.1 Il modello comunicativo della teoria dell'informazione

Storicamente si può osservare come a livello semantico i termini "comunicazione", "comunicare" si modifichino in modo sensibile: "gli usi che nel complesso significano 'condividere' passano progressivamente in secondo piano per lasciare posto agli usi linguistici centrati intorno al significato di 'trasmettere'" (Winkin, 1981, 14). La teoria della società di massa e la corrispondente "*bullett theory*" (vedi 1.2.2) della comunicazione rappresentano efficacemente questa tendenza, la cui espressione più consistente è fornita dalla teoria dell'informazione, o meglio, teoria matematica della comunicazione (Shannon-Weaver, 1949).

L'origine del modello si rintraccia nei lavori di ingegneria delle telecomunicazioni: Escarpit (1976) vi individua tre momenti fondamentali: uno studio di Nyquist del 1924, sulla velocità di trasmissione dei messaggi telegrafici, un lavoro del 1928 di Hartley sulla misura della quantità di informazione, e infine l'abbozzo pubblicato da Shannon nel 1948 sul Bell System Technical Journal, della teoria matematica dell'informazione, "che è, prima di tutto, una teoria del rendimento informazionale" (Escarpit, 1976, 19). Tutti questi studi sono finalizzati a migliorare la velocità di trasmissione dei messaggi, a diminuirne le distorsioni e le perdite di informazione, ad aumentare il rendimento complessivo del processo di trasmissione di informazione. Quest'ultima è intesa come una "proprietà statistica della sorgente dei messaggi [...], come misura di una situazione di equiprobabilità, di distribuzione statistica uniforme che esiste alla fonte [...], come valore di equiprobabilità tra molti elementi combinabili, valore che è tanto più grande quante più scelte sono possibili" (Eco, 1972, 14-15).

La teoria matematica della comunicazione è essenzialmente una teoria sulla *trasmissione* ottimale dei messaggi: lo schema del "sistema generale di comunicazione" proposto da Shannon, è il seguente:

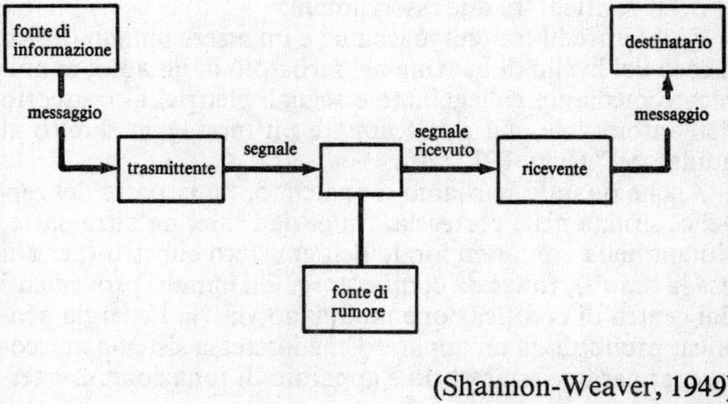

(Shannon-Weaver, 1949)

Il trasferimento di informazione si effettua dalla fonte al destinatario, mentre invece il trasferimento dell'energia vettrice avviene dal trasmittente al ricevente.

Lo schema illustra il fatto che in ogni processo comunicativo

> *esiste sempre una* fonte *o sorgente dell'informazione, dalla quale, attraverso un apparato* trasmittente, *viene emesso un segnale; questo segnale viaggia attraverso un* canale *lungo il quale può venire disturbato da un* rumore. *Uscito dal canale, il segnale viene raccolto da un* ricevente *che lo converte in un* messaggio. *Come tale, il messaggio viene compreso dal* destinatario (Eco, 1972, 10).

Questo schema analitico – in versioni diverse e con leggere variazioni terminologiche – costituisce una presenza costante negli studi comunicativi, probabilmente grazie anche alla sua applicabilità a fenomeni molto eterogenei. Infatti "ogni processo comunicativo si sviluppa secondo lo schema qui riprodotto sia che:

a. si verifichi tra due macchine (per esempio la comunicazione che avviene negli apparati detti omeostatici, i quali assicurano che una data temperatura non oltrepassi il limite fissato, predisponendo opportune correzioni della situazione termica alla fonte non appena ricevono un messaggio convenientemente codificato);

b. si verifichi tra due esseri umani;

c. si verifichi tra una macchina e un essere umano (tipico il caso del livello di benzina nel serbatoio di un auto, comunicato mediante galleggiante e segnali elettrici al cruscotto dell'automobile, sul quale appare un messaggio diretto al guidatore)" (Eco, 1972, 10).

Anche quando parliamo a qualcuno, "una parte del cervello, situata nella corteccia, funge da fonte; un'altra parte, situata nella zona temporale dell'emisfero sinistro (per chi usa la destra), funge da codificatore. Gli impulsi provenienti dal centro di codificazione modulano via via l'energia acustica, prodotta da un apparato che interessa sistema muscolare, apparato respiratorio e apparato di fonazione. L'energia modulata viene trasportata lungo una via costituita dall'aria-ambiente, e viene captata da un ricevitore costituito da orecchio esterno, timpano (che è un trasformatore d'energia), conduttore meccanico degli ossicini e orecchio interno, che avvia le modulazioni verso il centro di decodificazione mediante il nervo uditivo. Le modulazioni decodificate vengono allora ricevute dal destinatario, che è situato nella corteccia cerebrale dell'ascoltatore" (Escarpit, 1976, 30-31).

La funzionalità di tale modello comunicativo non è consistita ovviamente solo nella sua vasta applicabilità: essa si è focalizzata sul fatto che consentiva di individuare i fattori di disturbo della trasmissione di informazione, cioè il problema del rumore (fosse quest'ultimo dovuto a una perdita del segnale o a un'informazione parassitaria prodottasi nel canale). Si trattava di un punto rilevante, dato che la *finalità operativa* principale della teoria informazionale della comunicazione era proprio quella di far passare attraverso il canale il massimo di informazione con il minimo di distorsione e con la massima economia di tempo e di energia.

"Uno dei meriti di Shannon, ancora più grande di quello della misura dell'entropia, è di aver formulato quello che viene chiamato 'teorema del canale rumoroso'. Questo canale [...] è fondato su una migliore utilizzazione della codificazione: i difetti della catena energetica sono corretti attraverso miglioramenti al rendimento della catena informazionale" (Escarpit, 1976, 33), così da ottenere, mediante una codificazione ottimale, alti valori di fedeltà del canale. Si trattava cioè di arrivare a determinare il modo più economico, veloce e sicuro di *codificare* un messaggio, senza che la presenza del rumore ne rendesse problematica la trasmissione.

Si evidenzia così la presenza nello schema comunicativo, di un altro elemento, il codice.

Perché il destinatario possa comprendere il segnale nel modo esatto occorre che, sia al momento dell'emissione sia al momento della destinazione, si faccia riferimento a uno stesso codice. Il codice *è un sistema di regole che assegna a dati segnali un dato valore. Diciamo valore e non*

> *"significato", perché nel caso di un apparato omeostatico (rapporto tra due macchine) non si può dire che la macchina destinataria "comprenda il significato" del segnale (se non in senso metaforico): essa è stata istruita a rispondere in un dato modo a una sollecitazione data* (Eco, 1972, 11).

Su questo punto si apre una serie di profonde limitazioni esplicite e programmatiche della teoria dell'informazione, limitazioni rimosse dalla *communication research*, o la cui consapevolezza si è perduta per via, così da contribuire alla diffusione e al "successo" del modello comunicativo informazionale.

> *Nei testi dei teorici dell'informazione vi è una netta distinzione tra informazione come misura statistica della equiprobabilità degli eventi alla fonte, e significato. Shannon (1948) distingue il significato di un messaggio,* irrilevante per una teoria dell'informazione, *dalla misura dell'informazione che si può ricevere quando un dato messaggio, fosse pure un singolo segnale elettrico, viene selezionato tra un insieme di messaggi equiprobabili. Apparentemente il problema del teorico dell'informazione sembra essere quello di "mettere in codice" un messaggio secondo una regola di questo tipo: si trascriva*
>
> *A come 00*
> *B come 01*
> *C come 10*
> *D come 11*
>
> *ma in realtà il teorico dell'informazione non è immediatamente interessato alla correlazione tra segnali binari e il loro possibile contenuto alfabetico. Egli è interessato al modo più economico con cui trasmettere i propri segnali senza ingenerare ambiguità e neutralizzando rumori sul canale o errori di trasmissione […]. Il problema della teoria dell'informazione è la sintassi interna del sistema binario, non il fatto che le sequenze espresse dal sistema bi-*

nario possano esprimere come loro contenuto lettere alfabetiche o qualsiasi altra sequenza di entità (Eco, 1984, 264).
La teoria dell'informazione rappresenta un metodo di computo delle unità di segnale *trasmissibili e trasmesse e non un metodo di computo delle unità di significato* (Eco, 1972, 8).

In altri termini, per riprendere un esempio tratto da Escarpit (1976), la prospettiva dei teorici dell'informazione è simile a quella dell'impiegato delle poste che deve trasmettere un telegramma: rispetto a mittente e destinatario, che sono interessati al significato del messaggio che si scambiano, il suo punto di vista è diverso. Il significato di ciò che trasmette gli è indifferente in quanto il suo ruolo è quello di far pagare un servizio in modo proporzionale alla lunghezza del testo, cioè alla trasmissione di una "quantità di informazione".

Il codice di cui si interessa la teoria dell'informazione – e che rende possibile la trasmissione di informazione – serve a ridurre l'equiprobabilità iniziale alla fonte, stabilendo un sistema di ricorrenze. È un sistema puramente sintattico, un sistema organizzante che non contempla nella propria pertinenza il problema del significato del messaggio, cioè la dimensione più specificamente comunicativa.

L'informazione – come misura statistica della equiprobabilità degli eventi alla fonte, come entità misurabile in termini puramente quantitativi – non è confondibile con il significato, cioè con il valore attribuito sulla base di un codice che fa corrispondere agli elementi informativi altre entità (correlate per convenzione), che di fatto non vengono trasmesse.

Se per la teoria dell'informazione sono rilevanti gli aspetti legati al significante, alle sue caratteristiche – in particolare la resistenza alla distorsione provocata dal "rumore", la facilità di codificazione e decodificazione, la velocità di trasmissione – per tutto ciò che invece riguarda l'aspetto comunicazionale non si può prescindere dall'osservazione che "il messaggio, per il destinatario umano, acquista un significato e può avere molti sensi possibili [...]. Il destinatario *trae il senso* da attribuire al messaggio, dal *codice*, non dal messaggio stesso [...]; è solo interagendo col codice che il messaggio si riempie. Possiamo anzi dire che, sino all'apparizione del codice, non esistono neppure significanti, ma solo segnali. I significanti esistono in quello spazio in cui il codice è già individuato [...] Naturalmente il codice, in questo caso, non è più solo il sistema che organizza i significanti (o i segnali) ma è un sistema di appaiamento ed equivalenze. Il codice appaia un sistema di significanti a un sistema di significati" (Eco, 1972, 21).

A limitare la teoria dell'informazione non è però solo la diversa accezione del concetto di codice (sintassi interna della sequenza di segnali vs. correlazione tra elementi di sistemi diversi), quanto soprattutto l'evacuazione sistematica della dimensione relativa alla significazione.

Tra le due accezioni di "comunicazione" - il *trasferimento* di informazione tra due poli, la *trasformazione* da un sistema all'altro (Eco, 1984) - la teoria informazionale privilegia definitivamente la prima. In tal modo essa può costituire un metodo "per l'indagine sempre più accurata della forma dell'espressione sotto il suo aspetto di segnale fisico, ma non può avere che valore orientativo (suggerendo metafore o, nel caso migliore, possibili omologie) per una teoria comunicativa più comprensiva che non può essere che una *semiotica generale*" (Eco, 1972, 26).

Questo fondamentale limite euristico del modello informazionale rappresenta un punto molto importante:[11] rilevato e discusso da molti autori ed esplicitato nella stessa teoria dell'informazione, nell'ambito degli studi mediologici - a mio avviso - esso non è stato considerato abbastanza, soprattutto negli effetti complessivi che tale impostazione teorica ha avuto sulla ricerca. È successo come se l'esigenza di disporre di una teoria comunicativa che non espungesse programmaticamente l'aspetto della significazione nel processo comunicativo (dimensione che non pare del tutto irrilevante nemmeno nel campo delle comunicazioni di massa), costituisse un inutile ingombro per gli studi sulle comunicazioni di massa. Sembrava trattarsi cioè, di una direzione di ricerca che allontanava gli obiettivi prioritari orientati sociologicamente e centrati sul rapporto tra media e società, quasi che esso potesse svolgersi totalmente al di fuori di qualsiasi meccanismo di costruzione di significato.

Ovviamente ciò non implica – come qualche interpretazione sembra suggerire – "caricare" sulla ricerca mediologica la storia della riflessione filosofica, linguistica o semiotica intorno al problema della significazione. Ogni ambito disciplinare ha una propria autonomia e si pone finalità conoscitive specifiche: la sociologia dei media, e in generale la ricerca sulle comunicazioni di massa, sono cose diverse dalle discipline citate prima.

Ciò che voglio sottolineare è solo il fatto che anche per la stessa *communication research* non è del tutto irrilevante o indifferente la funzionalità che riveste o che vi svolge una teoria adeguata dei processi comunicativi. Funzionalità e rilevanza che sicuramente non possono essere garantite da un modello teorico così gravemente lacunoso come quello informazionale. Da questo punto di vista la *communication research* appare percorsa da curiose incongruenze: da un lato si affanna, per esempio, a puntualizzare le numerose e rilevanti differenze tra i processi comunicativi di massa e quelli interpersonali (McQuail, 1975), ma dall'altro non ritiene pertinente dotarsi di un modello teorico della comunicazione che non sia così squilibrato sull'aspetto della trasmissione a danno di quello della significazione. Se è vero che nella teoria dell'informazione "il significato che viene comunicato [...] non conta, ma conta il numero di alternative necessario a definire l'evento senza ambiguità" (Eco, 1972, 14), è altrettanto vero che per lo studio delle comunicazioni di massa è invece di qualche rilievo il fatto che destinatore e destinatario non compiono distinzioni e valutazioni solo in termini di probabilità del segnale, ma anche e soprattutto in termini di senso di ciò che si comunica e dell'atto stesso di comunicare.

Nonostante che "ogni processo di comunicazione tra esseri umani [presupponga] un sistema di significazione come propria condizione necessaria" (Eco, 1975, 19), per lungo tempo nella *communication research* il modello informazionale è stato il vero paradigma dominante, è stato raramente messo in questione e più spesso invece utilizzato: e in questo, tradizione empirica e ricerca critica sono andate di pari passo.

Nel ricercare i motivi di tale tendenza, si possono avanzare tre spiegazioni.

La prima riguarda la diffusione del modello informazionale oltre l'ambito specifico in cui era sorto. Gli aspetti più "tecnici" della teoria matematica della comunicazione (il concetto di entropia, lo stesso concetto di informazione) sono scomparsi o sono stati accantonati, mentre è rimasta la forma complessiva dello schema che - grazie alla sua essenzialità e semplicità - è divenuto uno schema comunicativo generale. In questo "allargamento" un ruolo rilevante è stato svolto dall'assunzione da parte della linguistica jakobsoniana del modello informazionale; c'è stato un "allineamento" della terminologia linguistica jakobsoniana sulla teoria matematica della comunicazione.

> *Bisogna riconoscere che, sotto certi aspetti, i problemi dello scambio dell'informazione hanno trovato da parte degli ingegneri una formulazione più esatta e meno ambigua, un controllo più efficace delle tecniche utilizzate, insieme a delle possibilità di quantificazioni significative* (Jakobson, 1963, 8).
>
> *Il principio dicotomico che sottostà a tutto il sistema dei tratti distintivi nel linguaggio fu rivelato gradualmente dalla linguistica e trovò la sua conferma nell'impiego, da parte dei tecnici della comunicazione, del sistema di numerazione binaria. Quando essi definiscono l'informazione selettiva di un messaggio come il numero minimo di decisioni binarie che consentono al ricevente di ricostruire ciò che egli deve estrarre dal messaggio, sulla base dei dati che sono già a sua disposizione, enunciano una formula realistica perfettamente applicabile al ruolo dei tratti distintivi nella comunicazione linguistica* (Jakobson, 1961, 66).

Pur senza appiattire la linguistica sulla teoria matematica della comunicazione, Jakobson propone un'integrazione e un cammino parallelo tra le due discipline, individuando numerosi punti di contatto come per esempio, l'approccio linguistico al problema della informazione semantica e la definizione di Shannon dell'informazione come "ciò che resta costante attraverso tutte le operazioni reversibili di codificazione o di traduzione", insomma come "la classe di equivalenze di tutte queste traduzioni" (Jakobson, 1961, 74).

La lettura jakobsoniana della teoria dell'informazione generalizzandola ne attenua la specificità: ne deriva un modello comunicativo che focalizza il modo in cui l'informazione si propaga secondo un codice comune e uniforme, all'interno della relazione funzionale d'emissione/ricezione, riducendo la ricezione al senso letterale del messaggio (Jacques, 1982). L'attività comunicativa viene rappresentata come trasmissione di un contenuto semantico fisso tra due poli essi stessi definiti, incaricati di codificare o decodificare il contenuto secondo le restrizioni di un codice a sua volta fisso. La legittimazione e diffusione date dalla linguistica jakobsoniana alla versione "addolcita" della teoria informazionale hanno indubbiamente costituito uno dei motivi della sua "fortuna" di teoria comunicativa adeguata e abbastanza indiscussa.

La seconda spiegazione consiste nella sua funzionalità rispetto al "tema principe" della *communication research*, quello sugli effetti. Il tema era concettualizzato implicitamente secondo uno schema trasmissivo, a cui ben si adattava la rappresentazione in termini lineari del processo comunicativo. Per certi versi, anche la teoria psicologica-sperimentale (vedi 1.3) sui fattori selettivi dell'*audience* e sulla struttura ottimale dei messaggi persuasivi, può essere letta come omologa alla variabile del "rumore" che "intralcia" il processo di trasmissione.

È soltanto quando il modello semiotico esplicita la significazione intrinseca al processo comunicativo, che il problema degli effetti viene formulato diversamente, attraverso la variabile della decodifica e dei sistemi di conoscenze e competenze che la orientano. Ciò determina – insieme ad altri "spostamenti" quali l'influenza delle problematiche legate alla sociologia della conoscenza, il mutare di "clima d'opinione" (vedi 1.4.3) – il passaggio alla questione degli effetti di lungo termine dei media. Ma fino a che il problema degli effetti era di sapere ciò che provocava la *trasmissione* a livelli di massa di un messaggio, il modello informazionale era sufficiente: "il modello emittente/ricevente si presta molto bene alle analisi sperimentali, a quantificazioni su ampia scala, in breve, a metodi di controllo e di descrizione maggiormente simili a quelli delle scienze fisiche" (Sari, 1980, 443).

La terza spiegazione del successo e della durata della teoria informazionale, risiede, a mio parere, nel generale orientamento sociologico della *communication research* e nella parte svolta dalla teoria critica e dagli altri filoni da essa derivanti.

L'orientamento sociologico ha fatto sì che la problematica più specificamente comunicativa passasse in secondo piano rispetto alle grandi questioni di fondo (essenzialmente il rapporto media/società): d'altra parte, nella teoria critica un modello comunicativo è già del tutto iscritto entro l'analisi del funzionamento sociale in un'epoca di capitalismo avanzato. L'industria culturale esaurisce in sé e predetermina a livello strutturale qualunque dinamica comunicativa, completamente sussunta dalla logica della riproduzione sociale.

Questi tre motivi insieme hanno reso l'abbandono della teoria informazionale un processo laboriosissimo, lento, in parte ancora da completare e ulteriormente complicato da altri due elementi frenanti.

Il primo è che intorno a una teoria così focalizzata sul processo trasmissivo, è stato possibile – non a caso – costruire una metodologia sempre più perfezionata ed elaborata di analisi del contenuto dei messaggi, evidentemente molto funzionale alla necessità *operativa* di lavorare su ipotesi che richiedono l'analisi di campioni talvolta quantitativamente assai ampi di messaggi.[12] Lo stesso non si può dire dei modelli comunicativi elaborati successivamente, e questo è il secondo elemento.

Essi pongono *teoricamente* il problema fondamentale della significazione e del rapporto dinamico che intorno a tale "nodo" si instaura tra destinatore e destinatario. Nel radicale mutamento di prospettiva, l'operatività metodologica su vasti campioni da esaminare risulta carente, e dal punto di vista della funzionalità della ricerca, ciò rappresenta un grave handicap.

Il cambio di modello del processo comunicativo appare oggi parzialmente presente *di fatto* nei problemi sui quali si sta orientando la *communication research*, quasi più di quanto non sembri esplicitamente acquisito nella sua consapevolezza teorica. La via per giungere alla situazione attuale è passata attraverso due fasi, che si possono individuare nel modello semiotico-informazionale e successivamente in quello semiotico-testuale.

1.9.2 Il modello comunicativo semiotico-informazionale

La valenza trasmissiva propria della teoria informazionale focalizzava l'attenzione più verso l'efficienza del processo comunicativo che non verso la sua dinamica. L'interesse conoscitivo per le diverse componenti della relazione comunicativa nei media era subordinato all'attenzione verso la capacità diffusiva della comunicazione di massa di trasmettere a un vasto pubblico gli "stessi" contenuti. Con queste premesse non è casuale che il problema degli effetti inteso come modalità di decodifica e interpretazione dei messaggi sia emerso recentemente e soprattutto all'esterno della tradizione mediologica.

È stata l'influenza su di essa di altre discipline a provocare il mutamento sostanziale del paradigma comunicativo: si è realizzato una specie di innesto del problema della significazione – o meglio, la rivendicazione in linea di principio, della sua pertinenza nei processi comunicativi di massa – sul precedente schema informazionale. Ne è risultato quello che Eco-Fabbri (1978) definiscono il modello semiotico-informazionale: la sua differenza più rilevante dal precedente schema è che ora la linearità della trasmissione è vincolata al funzionamento dei fattori semantici, introdotti mediante il concetto di *codice*. Si passa cioè dall'accezione di comunicazione come *trasferimento* di informazione a quella di *trasformazione* da un sistema all'altro. Il codice garantisce la possibilità di tale trasformazione.

La nozione di codice - intesa in questo modello come correlazione tra gli elementi di sistemi diversi - muta quindi profondamente rispetto alla teoria dell'informazione. Conseguentemente, acquista rilievo teorico e come oggetto di ricerca empirica il problema della *decodifica*, cioè del processo con cui i componenti dei pubblici costruiscono un senso da ciò che ricevono dalla comunicazione di massa.

La teoria dell'informazione elaborava esplicitamente l'analisi delle condizioni ottimali di trasmissibilità dei messaggi; ora invece si sottolinea che gli effetti e le funzioni sociali dei media non possono prescindere dal modo in cui si articola - entro il rapporto comunicativo - il meccanismo di riconoscimento e di attribuzione di senso, che di tale rapporto è parte essenziale.

Il modello semiotico-informazionale rappresenta la relazione comunicativa nel modo seguente:

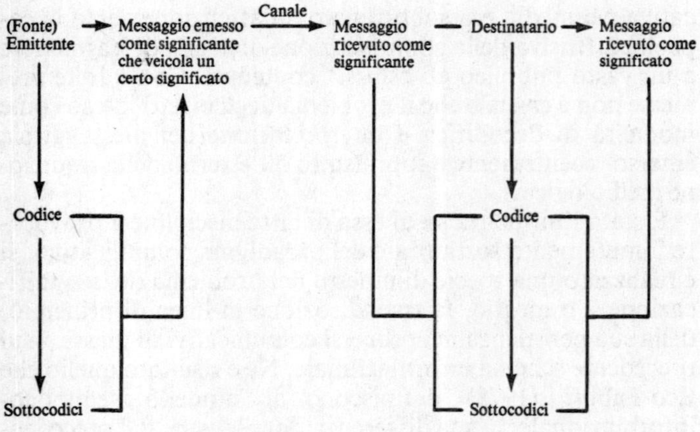

(Eco-Fabbri e altri, 1965)

Tra il messaggio inteso come forma significante che veicola un certo significato, e il messaggio ricevuto come significato, si apre uno spazio estremamente composito e articolato. In esso entra in gioco – dal punto di vista semiotico – il grado in cui destinatore e destinatario condividono le competenze relative ai vari livelli che fondano la significazione del messaggio; dal punto di vista sociologico, in tale spazio prendono forma le variabili legate ai fattori di mediazione tra individuo e comunicazioni di massa (rete di piccoli gruppi, flusso a più livelli, ruoli di leadership d'opinione, abitudini e modelli di consumo dei mass media ecc.). Le correlazioni tra i due ordini di motivi delimitano le possibilità della cosiddetta "*decodifica aberrante*" (Eco-Fabbri e altri, 1965): in essa i destinatari attuano un'interpretazione dei messaggi difforme dalle intenzioni dell'emittente e dal modo in cui egli prevedeva sarebbe avvenuta la decodifica.

A seconda delle diverse situazioni socio-culturali, esiste una diversità di codici, ovvero di regole di competenza e di interpretazione. E il messaggio ha una forma significante che può essere riempita con diversi significati, purché esistano diversi codici che stabiliscono diverse regole di correlazione tra dati significanti e dati significati. E qualora esistano codici di base accettati da tutti, si hanno differenze nei sottocodici (Eco-Fabbri, 1978, 561).

A differenza del modello psicologico-sperimentale che evidenziava tutti gli "ostacoli" che si frapponevano a una comunicazione lineare, capace di ottenere gli effetti voluti dall'emittente, il modello semiotico-informazionale pone come elemento *costitutivo* della comunicazione la sua intrinseca natura di processo negoziale alla cui determinazione concorrono simultaneamente diversi ordini di fattori.

Questa natura negoziale è legata a un duplice vincolo: da un lato l'articolazione dei codici, dall'altro la specifica situazione comunicativa dei media. Da un lato cioè, tra i soggetti emittenti e riceventi ci può essere per esempio carenza totale di codice, disparità di codice, ipercodifica o ipocodifica, interferenze circostanziali, delegittimazione dell'emittente, e così via (Eco-Fabbri, 1978). Dall'altro lato, l'asimmetria dei ruoli comunicativi nella comunicazione di massa e l'insieme complesso di fattori sociali in cui essa si realizza, configurano una situazione dove la comprensione è strutturalmente "problematica", cioè non identificabile aprioristicamente con le intenzioni comunicative dell'emittente. All'opposto della teoria critica, si ribadisce l'impossibilità di "inferire in modo diretto e lineare delle regole di riconoscimento (degli 'effetti di senso') a partire della grammatica di produzione. Quest'ultima definisce un *campo di possibili effetti di senso*, ma il problema di sapere qual è concretamente la grammatica di riconoscimento applicata a un testo in un momento specifico resta indecidibile alla sola luce delle regole di produzione" (Veron, 1978, 11).

Il valore euristico del modello semiotico-informazionale è molto rilevante: esso indica alla ricerca mediologica, che è indispensabile inglobare nella strategia di analisi, la mediazione dei meccanismi comunicativi sul determinarsi degli effetti macrosociali. La mediazione simbolica dei media non è solo il risultato di operazioni meccaniche di diffusione su larga scala, di contenuti simili: essa è invece il risultato di vari dispositivi operanti nel nucleo fondamentale costituito dalla relazione comunicativa, e che danno forme, contenuti ed esiti diversi a tale relazione. Occorre però osservare che l'influenza del modello sull'andamento effettivo della *communication research* è stata inferiore al suo rilievo teorico: esso ha dato luogo a un interessante filone di studi sulla comprensione e comprensibilità dei messaggi.[13] È mancato però l'aggancio con il problema degli effetti (parametro di verifica del successo per qualunque teoria nella *communication research*): il passaggio dallo studio della comprensione e decodifica su singoli messaggi in condizioni sperimentali, all'elaborazione di conseguenti ipotesi estensive sugli effetti sociali dei media, si è rivelato arduo, impraticabile.

Il modello semiotico-informazionale si è così trovato "confinato" nell'ambito dell'analisi dei messaggi, dei loro codici, della struttura comunicativa. Un momento fondamentale nella revisione della teoria comunicativa si affermava senza che tuttavia la sua importanza per la ricerca mediologica venisse pienamente esplicitata né la sua influenza adeguatamente dispiegata. In una certa misura, anche il modello successivo presenta la stessa "marginalità", pur se alcune convergenze iniziano tuttavia a manifestarsi in modo più chiaro.

1.9.3 Il modello semiotico-testuale

Rispetto al precedente, il modello semiotico-testuale rappresenta uno strumento più adeguato per interpretare problemi specifici della comunicazione di massa. In particolare, a differenza di prima, ora si sottolinea che

> *parlare di un messaggio che arriva, formulato sulla base di un dato codice, e che viene decodificato sulla base dei codici dei destinatari, costituisce una semplificazione terminologica che può indurre in errore. In effetti la situazione è la seguente:*
> a. *i destinatari non ricevono messaggi singoli riconoscibili, ma* insiemi testuali;
> b. *i destinatari non commisurano i messaggi a codici riconoscibili come tali, ma a* insiemi di pratiche testuali, *depositate (all'interno o alla base delle quali è senza dubbio possibile riconoscere sistemi grammaticali di regole, ma solo a un ulteriore livello di astrazione metalinguistica);*
> c. *i destinatari non ricevono mai un solo messaggio: ne ricevono molti, sia in senso sincronico che in senso diacronico* (Eco-Fabbri, 1978, 570).

Lo spostamento è rilevante: il paradigma semiotico-informazionale – mettendo in primo piano il rapporto tra codifica e decodifica (anche se in termini più complessi che non un semplice rispecchiamento tra le due attività) – esplicitava un meccanismo comune sia alla comunicazione interpersonale che a quella di massa. Il modello semiotico-testuale riesce a descrivere, invece, in termini semiotici alcuni tratti strutturali specifici della comunicazione di massa.

Il modello semiotico-informazionale metteva in rilievo, del processo comunicativo, soprattutto l'elemento dell'agire interpretativo operato sui messaggi (mediante i codici): così facendo, la disimmetria dei ruoli di emittente e ricevente non veniva sufficientemente considerata (se non nella forma del *feed-back*, che è però un aspetto relativo alla direzione della trasmissibilità dei messaggi). Nel modello semiotico-testuale, questo limite appare superato: non sono più i "messaggi" a essere veicolati nello scambio comunicativo (ciò che presupporrebbe una posizione paritaria tra emittente e riceventi) ma piuttosto è la relazione comunicativa che si costruisce intorno a "insiemi di pratiche testuali".

Non si tratta soltanto di una differenza terminologica ma di uno spostamento concettuale che permette di considerare – in termini comunicativi – le conseguenze di un dato strutturale dei media, cioè l'asimmetria tra i ruoli di emittente e ricevente. Da questa asimmetria, che caratterizza storicamente l'organizzazione delle comunicazioni di massa, deriva la diversa qualità delle competenze comunicative di emittenti e riceventi (saper-fare vs. saper-riconoscere) e la articolazione differenziata (tra emittenti e riceventi) dei criteri di pertinenza e di significatività dei testi dei mass media.

Occorre precisare meglio l'osservazione che nella comunicazione di massa i destinatari non ricevono singoli messaggi riconoscibili come tali sulla base di codici conosciuti, ma insiemi di pratiche testuali.

La distinzione presuppone i concetti di *cultura grammaticalizzata* e *cultura testualizzata*.

La cultura in generale può essere rappresentata come un insieme di testi; ma dal punto di vista del ricercatore è più esatto parlare della cultura in quanto meccanismo che crea un insieme di testi e parlare dei testi in quanto realizzazione della cultura. Un connotato essenziale della caratterizzazione tipologica della cultura può considerarsi il modo in cui essa si definisce da sé. Se è proprio di certe culture il rappresentarsi come un insieme di testi *regolati [...], altre culture modellizzano se stesse come un sistema di* regole *che determinano la creazione dei testi.*

Si potrebbe dire, con altre parole, che nel primo caso le regole si definiscono come una somma di precedenti [...]; in casi di orientamento alle regole, il manuale ha le sembianze di un meccanismo generativo; nelle condizioni di un orientamento sul testo [...] nasce la crestomazia (raccolta di citazioni, di "brani scelti") (Lotman-Uspenskij, 1973, 51).

La distinzione – elaborata dalla semiotica della cultura – pone come grammaticalizzata la cultura colta, "che definisce cioè le proprie regole di produzione (a metalinguaggio esplicitato e riconosciuto da un'intera comunità discorsiva" (Fabbri, 1973, 65), e come testualizzata la cultura delle comunicazioni di massa, in cui sono le pratiche testuali che si impongono, si diffondono e si costituiscono come modelli, filoni, generi.

La natura testualizzata dell'universo delle comunicazioni di massa ha profonde conseguenze sulle modalità di fruizione dei media stessi: è probabile che la competenza interpretativa dei destinatari, più che su codici esplicitamente appresi e riconosciuti in quanto tali, si fondi e si articoli soprattutto su aggregati di testi già fruiti. Anche per gli emittenti – accanto alla conoscenza dei codici – è probabile che operi una competenza testuale orientata sul valore (il successo) dei precedenti, su "ricette" e "formule" assestate. Nella comunicazione di massa, l'orientamento al testo già fruito o già prodotto è dunque un criterio comunicativo "forte", vincolante; ciò conduce, soprattutto per i destinatari, a una competenza interpretativa nella quale il richiamo ai precedenti e il confronto intertestuale hanno un'elevata vischiosità.

Il dato sociologico relativo al modello storico e istituzionale con cui gli apparati dei media si sono organizzati (flusso unidirezionale, centralizzazione, palinsesti e formati rigidi) si lega, in termini di meccanismi comunicativi, a particolari elementi rintracciabili e descrivibili nel modello semiotico-testuale. In altre parole, questo modello consente di individuare il modo in cui un dato strutturale degli apparati *si trasforma* in un meccanismo comunicativo e il modo in cui attraverso questa mediazione incide sui processi di interpretazione, di acquisizione di conoscenza, e in definitiva sugli effetti dei mass media.

È un esempio importante di come un paradigma comunicativo – lungi dall'ostacolare la prospettiva sociologica – può fornirle le necessarie mediazioni lungo le quali si iscrivono gli effetti sociali dei media (mediazioni che uno schema lineare e trasmissivo della comunicazione saltava). Non si tratta quindi di confondere, sovrapporre o annullare le varie pertinenze disciplinari che si "disputano" il territorio della *communication research*, quanto invece di esplicitare e approfondire (se ci sono) le possibili integrazioni.

Un altro esempio viene dall'informazione quotidiana di massa. La sostanziale somiglianza delle *routines* produttive nei diversi media di informazione (vedi Capitolo 3), non solo provoca un'omogeneità di fondo nella copertura informativa, ma si correla anche all'effetto che ne deriva sui sistemi di conoscenze dei destinatari (in quanto – almeno tendenzialmente – le persone condividono la stessa agenda di informazioni). Questo effetto è però mediato dal modo in cui nell'interpretazione dei testi i meccanismi di trattamento della conoscenza strutturano l'immagine del mondo che i destinatari traggono dal genere informativo (vedi per esempio Larsen, 1980, 1983). Analogamente, il problema della tematizzazione che i mass media operano su alcune questioni sociali dando loro particolare rilievo può essere affrontato in un approccio complementare sia esaminando perché avviene la tematizzazione e su quali argomenti, sia analizzando i modi e le strategie comunicative che – in termini di semiotica-testuale – differenziano la tematizzazione da altri generi di informazione (vedi per esempio Rositi, 1982, Agostini, 1984).

È probabile che le connessioni tra i due punti di vista possano risultare utili a ciascuno di essi.

Un secondo aspetto specifico dei fenomeni comunicativi di massa, focalizzato dal modello semiotico-testuale, riguarda il "ruolo del destinatario" nella costruzione e nel funzionamento comunicativo di un testo. La semiotica e l'analisi del discorso hanno particolarmente studiato la dinamica interattiva tra destinatore e destinatario, legata a e iscritta nella struttura testuale,[14] mostrando come quest'ultima contempli i percorsi interpretativi che il ricevente deve attualizzare.

Nella relazione comunicativa dei mass media, tale aspetto assume un rilievo particolare perché essi istituzionalizzano una sorta di "pratica a tentoni".

> *Una delle caratteristiche specifiche delle strategie comunicative di massa è certo la non-conoscenza delle regole di comunicazione da parte di tutti i suoi utenti e dei contesti in cui i testi vengono recepiti. Di qui una radicale difficoltà nell'uso regolato delle norme applicabili alle diverse situazioni interattive, per decidere la selezione delle opzioni comunicative disponibili. È la "premeditazione dello sconosciuto"* (Fabbri, 1973, 69). *Le comunicazioni di massa [...] sono il luogo dove il minimo di* impredicibilità *del messaggio si accompagna al massimo di* imprevisione *sulla ricezione di questo* (Fabbri, 1973, 89).

L'asimmetria dei ruoli comunicativi produce un particolare rilievo degli elementi che nelle strategie testuali riguardano i destinatari, il loro lavoro interpretativo, le conoscenze che gli emittenti posseggono su di essi. "L'emittente anticipa la comprensione del ricevente. Sceglie la forma del messaggio che sia accettabile al destinatario e nel far questo [...] risulta che la codificazione è influenzata dalle condizioni della decodifica. L'informazione stessa si trasforma dal fatto di essere scambiata" (Jacques, 1982, 172). Al contrario di ciò che descriveva il modello informazionale, il locutore non determina i propri messaggi tenendo conto soltanto dell'informazione che vuole trasmettere, ma si fonda necessariamente sulle congetture circa le conoscenze, le capacità, lo stato dei suoi destinatari. Come si vedrà nel Capitolo 3, si tratta di un elemento assai rilevante nella dinamica produttiva e comunicativa dei media, evidenziato teoricamente appunto dalla teoria semiotico-testuale e che deve ora trovare approfondimenti e articolazioni specifiche nella ricerca.

Un esempio è l'analisi del ruolo che giocano nella strutturazione dei testi mass mediatici le conoscenze sul pubblico possedute dagli emittenti, oppure l'analisi del modo in cui tali sistemi di conoscenza si riflettono sulla dinamica comunicativa, oppure lo studio di come essi si formano e si sedimentano, il loro grado di elasticità, e così via. Tutti questi punti definiscono uno degli aspetti meno studiati nella *communication research* e insieme di grande rilievo, sul quale occorre avviare un rilevante lavoro di indagine. Le procedure tradizionali con le quali è stata affrontata la questione ("pubblici secondari", immagini istituzionali, ricerche di mercato ecc.) confermano un certo grado di "isolamento dalla realtà, di mancanza di interesse nel sapere come è fatta realmente l'*audience*, qualche elemento di profezia autorealizzantesi, e talvolta l'intenzione di regolare il pubblico per conformarlo alle immagini che di esso ha il comunicatore" (McQuail, 1975, 181). Emittente e ricevente hanno l'uno dell'altro un'immagine che essi si costruiscono, modificano e a cui attribuiscono rilevanza: "ma fanno ciò in un modo piuttosto autistico, senza molto riferimento all'altro e tendono a cadere negli stereotipi, il destinatore con uno stereotipo del pubblico e il destinatario con immagini stereotipate di ciò che ci si deve aspettare dai media" (McQuail, 1975, 167).

Ci sono dunque questioni intrinseche alla logica comunicativa dei discorsi mediologici, le cui risposte sono rilevanti per il tema degli effetti e delle influenze sociali: l'asimmetria dei ruoli comunicativi, con conseguente differenziazione di competenza comunicativa tra emittente e riceventi, rende la regolazione interlocutiva – assente nella situazione di comunicazione di massa (a livello trasmissivo) – fortemente predeterminata nel testo. In esso quindi, sono accentuati in primo luogo gli aspetti che si riferiscono al destinatario-modello (cioè al *tipo* di destinatario previsto dall'emittente e che il testo prefigura), in secondo luogo gli elementi di conoscenza condivisa presupposti dal testo, infine il carattere quasi-normativo delle condizioni di accettabilità dei testi stessi (stabilite dal loro inserirsi in formati rigidi). Quest'ultimo elemento si lega al ruolo fondamentale che rivestono i generi nella comunicazione di massa, sia nelle loro varie forme di riconoscimento che nella dinamica di trasformazione interna al loro sistema complessivo.[15]

Dal punto di vista delle teorie comunicative nella ricerca mediologica, la situazione attuale si presenta come un tipico momento di transizione. Il modello comunicativo di origine informazionale è ormai apertamente messo in crisi da vari fattori: dalla presenza di quadri generali di riferimento più ampli di quello "amministrativo"; dal conseguente mutamento delle problematiche ritenute primarie; dalla progressiva "sterilità" della ricerca empirica di basso profilo; dalla contemporanea presenza di approcci disciplinarmente differenziati sul concetto di comunicazione.

L'*intreccio* di tali fattori ha consentito, a mio avviso, l'avvio di un confronto (sia pure brusco e polemico) tra la *communication research* e le altre discipline comunicative. La sua prosecuzione costituisce oggi un problema estremamente complesso e delicato che richiede molta cura soprattutto a livello di disegno di ricerca e di scelte metodologiche. Probabilmente soltanto attraverso stadi intermedi di integrazione si evita il pericolo che la pertinenza sociologica della ricerca sui mass media si trovi negata dall'attenzione esclusiva alla reale complessità dei meccanismi di comunicazione, e che, d'altra parte, l'attenzione semiotica su di essi sia ritenuta insignificante da una ricerca mediologica che finisce per studiare i processi di comunicazione come se non fossero tali.

1.10 Conclusioni

Lungo tutto il capitolo ho cercato di descrivere, per grandi linee, lo sviluppo della *communication research* seguendo tracce che si sono incrociate, consolidate, attenuate, recuperate: è una storia infatti "piena di tentativi di ripudiare vecchi approcci, di iniziarne di nuovi e di dirigere l'attenzione su aspetti lasciati inesplorati" (Elliott, 1974, 249). Attraverso questo faticoso cammino si sta delineando oggi una situazione che consente di spostare "il centro di gravità della ricerca comunicativa dall'uso di un metodo alla sostanza di problemi che richiedono metodologie diverse per la loro valorizzazione" (Bauer, 1964b, 517).[16]

La nuova situazione è ancora tutt'altro che consolidata e affermata: per lungo tempo formalmente ai margini del dibattito sociologico (pur essendone sostanzialmente influenzata), da sempre attraversata da molteplici identità disciplinari, eterogenea per natura ed esposta a forti sollecitazioni pratiche esterne, la ricerca mediologica rischia infatti di perpetuare divergenze e conflittualità interne che, pur fondate, hanno per lungo tempo oscurato le esigenze di integrazione e di sistematicità e le effettive trasformazioni che in questo senso si stavano verificando.

In bilico tra eliminazione del problema comunicativo e ignoranza dei nessi strutturali tra media e organizzazione sociale, questo settore di studi ha oscillato – a seconda delle prospettive disciplinari – tra insignificanza e contraddittorietà.

Da un lato l'esclusiva pertinenza sociologica trascura i problemi comunicativi enfatizzando il rilievo delle strutture organizzative e dei processi sociali. Dall'altro lato, l'esclusivo interesse per i processi comunicativi neglige il rapporto media/società ed enfatizza la centralità dei dispositivi comunicazionali. Questa polarità – che riproduce parzialmente l'opposizione tra ricerca critica e ricerca amministrativa – attraversa (sovrapponendosi e variamente intersecandosi con quella opposizione) la *communication research*, accentuandone il carattere di area tematica disomogenea, percorsa da prospettive concorrenti.

Questa situazione, a mio avviso, tende a nascondere l'evoluzione profonda in atto nella ricerca, rischiando di rallentarla. Ciò si riscontra ad esempio nella polemica contro i tentativi di elaborare una teoria comunicativa. Secondo McQuail "i mass media sono un fenomeno troppo complesso per essere rappresentato da un modello di tipo convenzionale [e inoltre] per molti aspetti, le attività sociali chiave da studiare non sono prevalentemente 'comunicative', se non nel senso che tutti i rapporti sociali dipendono dalla comunicazione" (McQuail, 1981, 54). Le comunicazioni di massa sono "in gran parte caratterizzate da ineguaglianza, solipsismo, irrazionalità e disfunzionalità [...] e le attività coinvolte possono spesso apparire piuttosto diverse a partecipanti 'situati' in modo differente" (*ibid.*).

Oltre alla asimmetria dei ruoli di destinatore e destinatario, altri aspetti fondamentali dei media – secondo questa posizione – ne sconsigliano un approccio essenzialmente comunicativo: infatti emittenti e riceventi costituiscono gruppi sociali strutturati differentemente. Nel caso degli emittenti, si tratta di gruppi con livelli organizzativi formali, gerarchie, coesione fortemente condizionata da valori professionali condivisi e da efficaci sistemi di sanzioni e ricompense. I destinatari invece, pur presentando una situazione strutturata in cui i legami di gruppo e i sistemi di riferimento sono articolati e in parte condivisi, non posseggono forme di aggregazione comparabili con quelle degli emittenti e inoltre è difficile che l'*audience* abbia una percezione collettiva di se stessa (McQuail, 1975).

Ma non si tratta solo di questo: la forte struttura organizzativa che qualifica gli emittenti nei media implica che spesso

> *i comunicatori non sono impegnati nel comunicare, e quando lo sono, essi non stanno necessariamente comunicando in primo luogo con il pubblico come concepito normalmente, ma con pubblici molto specifici che possono essere costituiti da colleghi, potenziali inserzionisti o membri di altre istituzioni. Sarebbe difficile, tenuto conto di ciò, rappresentare il processo di comunicazione di massa mediante qualunque semplice modello comunicativo* (McQuail, 1975, 177).

Lo studio dei mass media dovrebbe dunque riguardare essenzialmente il loro ruolo di diffusori delle strutture dominanti di potere e la loro capacità di generare un effetto di conformazione dell'*audience*. Solo a questo livello macrosociale si può cogliere il significato della comunicazione di massa.

Questa tendenza – originatasi in parte dal funzionalismo implicito nell'"eredità" della teoria critica – sta diventando la forma aggiornata con cui nell'ambito complessivo degli studi mediologici, si ripropongono "antiche" contrapposizioni. Ed è in rapporto a simili tendenze che uno dei compiti più difficili e decisivi è oggi quello di individuare e sviluppare ogni possibile convergenza tra le diverse pertinenze scientifiche che si esercitano sull'oggetto di studio mass media. Se ognuna di esse confina la rilevanza delle altre fuori dai problemi ritenuti essenziali e prioritari, viene ostacolato proprio quello sforzo di aggregazione che sembra invece in procinto di configurarsi in alcuni ambiti (vedi Capitoli 2 e 3). Ma c'è anche un altro aspetto: se la ricerca non si concentra sui possibili rapporti, connessioni e mediazioni tra i diversi approcci, il risultato implicito nell'asserita "fondamentalità" di una pertinenza sulle altre, è la "sopravvivenza" - come nel caso citato sopra - della "vecchia" rappresentazione lineare-trasmissiva del processo comunicativo. Dietro il funzionalismo che individua l'oggetto primario di analisi nella macro-funzione di controllo sociale svolta dai media, c'è un'idea di comunicazione che confonde l'unidirezionalità del processo di trasmissione per la semplicità dell'agire comunicativo, ed è presupposto inoltre un concetto di cultura che implica una completa e omogenea condivisione della mappa cognitiva da parte di tutti i membri di una società, con un iperdeterminismo che è ampiamente contraddetto da ricerche svolte in altri campi (vedi Sankoff, 1980).

Non si tratta di ribaltare il rapporto tra tendenza sociologica e tendenza comunicativa nell'attuale ricerca mediologica, ma di trovare e approfondire le integrazioni, i richiami e le assimilazioni tra le due prospettive.

Non occorre nemmeno inventare tali punti di contatto, perché sono già "sfiorati" ed "evocati" da alcune delle aree di ricerca più recenti. A esse è dedicata un'illustrazione abbastanza approfondita nei prossimi due capitoli. In questo ho cercato, invece, di dare un quadro sintetico dei principali momenti e sviluppi teorici negli studi sulle comunicazioni di massa; se qualche aspetto è rimasto escluso, lo è stato per l'eterogeneità del campo e per il taglio interpretativo che muove questo lavoro.

PARTE SECONDA
NUOVE TENDENZE DELLA RICERCA:
MEDIA E COSTRUZIONE DELLA REALTÀ

2. LO STUDIO DEGLI EFFETTI A LUNGO TERMINE

2.1 Premessa

Il secondo e il terzo capitolo illustrano le tendenze attuali della *communication research*, capaci di superare l'*impasse* del dibattito ideologico e nello stesso tempo di proporre su problemi specifici integrazioni possibili tra ambiti disciplinari diversi. Nonostante la grande varietà di temi oggi presenti all'attenzione degli studiosi, quelli che meglio svolgono questo ruolo "trainante" non sono molti: personalmente i più complessi e significativi mi sembrano da un lato la questione degli effetti dei media, dall'altro il problema di come essi costruiscono l'immagine della realtà sociale. I due temi sono strettamente legati e alcune questioni affrontate dall'uno risultano utili per la corretta impostazione dell'altro.

Prima di approfondire il punto iniziale è opportuno accennare a come si è determinato il passaggio alla nuova impostazione.

Per lungo tempo lo studio sugli effetti è rimasto legato a quello che Schulz (1982) definisce il "Transfermodell der Kommunikation". Esso implica le seguenti premesse:

a. *i processi comunicativi sono* asimmetrici*: ci sono un soggetto attivo che emette lo stimolo e un soggetto piuttosto passivo che viene colpito da questo stimolo e reagisce;*
b. *la comunicazione è* individuale, *un processo che riguarda innanzi tutto singoli individui e che è da studiare su questi individui;*

c. *la comunicazione è* intenzionale, *l'introduzione del processo da parte del comunicatore avviene intenzionalmente ed è, in genere, diretta a uno scopo; il comunicatore mira a un determinato effetto;*
d. *i processi comunicativi sono* episodici: *inizio e fine della comunicazione sono temporalmente limitati e i singoli episodi comunicativi hanno un effetto isolabile e indipendente* (Schulz, 1982, 52).

Questo paradigma risulta oggi profondamente modificato, alcuni dei suoi assunti sono stati abbandonati o trasformati: si è passati cioè dagli effetti intesi come *mutamenti a breve termine*, agli effetti intesi quali *conseguenze di lungo periodo*.

Si è acquistata la consapevolezza che "le comunicazioni non mediano *direttamente* il comportamento esplicito; piuttosto esse *tendono a influenzare il modo con cui il destinatario organizza la propria immagine dell'ambiente*" (Roberts, 1972, 361) [sottolineatura mia].

Le principali differenze tra vecchio e nuovo paradigma di ricerca sugli effetti sono le seguenti: *a.* non più studi di casi singoli (soprattutto "campagne"), ma copertura complessiva dell'intero sistema dei media focalizzata su determinate aree tematiche; *b.* non più dati ricavati essenzialmente dalle interviste al pubblico, ma metodologie integrate e complesse; *c.* non più l'osservazione e la misurazione dei cambiamenti di attitudine e di opinione, ma la ricostruzione del processo con cui l'individuo modifica la propria rappresentazione della realtà sociale (Noelle Neumann, 1983).

Nell'evoluzione che il problema degli effetti sta seguendo da qualche tempo, muta in primo luogo il *tipo di effetto* che non riguarda più le attitudini, i valori, i comportamenti del destinatario, ma è un *effetto cognitivo*, sui sistemi di conoscenze che l'individuo assume e struttura stabilmente, a causa del suo consumo di comunicazioni di massa. In secondo luogo cambia il quadro temporale: non più effetti puntuali, legati all'esposizione al singolo messaggio, ma effetti cumulativi, sedimentati nel tempo. Ciò sottolinea il carattere processuale della comunicazione che va analizzata sia nella sua dinamica interna che nei suoi rapporti con altri processi comunicativi, precedenti o contemporanei. La durata dell'arco temporale entro cui tali effetti si rendono percepibili (e sono in qualche modo misurabili) è quindi assai estesa. Si evidenzia l'interazione e l'interdipendenza *permanenti* dei fattori che entrano in gioco nel processo di influenza, e questo aspetto – a mio avviso – fonda la via interdisciplinare che tale impostazione di ricerca sta imboccando.

Il mutamento di prospettiva nella problematica – assai tradizionale e "classica" – degli effetti, si può spiegare in vari modi: innanzitutto, esso si connette alla già osservata ciclicità del clima d'opinione circa la "potenza" della comunicazione di massa (vedi 1.4.3): uno dei testi che ha marcato il mutamento si intitola significativamente "Return to the Concept of Powerful Mass Media" (Noelle Neumann, 1973).

A ciò si aggiunge un elemento interno alla logica "amministrativa" di gran parte della *communication research*, il fatto cioè che la teoria degli "effetti limitati" risultava funzionale sia ai grandi apparati di comunicazione di massa sia all'immagine professionale dei giornalisti, in quanto contribuiva a "difendere" gli uni e gli altri da controlli e pressioni sociali eccessive, che si sarebbero invece inevitabilmente accentuati qualora si fosse accreditata l'idea di un'influenza massiccia dei media sul pubblico (Noelle Neumann, 1983). Il passaggio a un paradigma diverso è diventato più facile con l'attenuazione di questo elemento che contribuisce a spiegare il successo e la durata della teoria sugli "effetti limitati".

Ma ci sono altri due fattori: *a.* il recente orientamento più marcatamente sociologico della *communication research*, con l'influenza crescente della sociologia della conoscenza (vedi 1.8); *b.* il "definitivo" abbandono della teoria informazionale della comunicazione, funzionale per parte sua – anche se non da sola – a concettualizzare come unici effetti significativi quelli misurabili, visibili, comportamentali, che si manifestano in quanto reazione a uno stimolo.

La sociologia della conoscenza, focalizzandosi sul rilievo e sul ruolo dei processi simbolici e comunicativi come presupposti della sociabilità, diventa progressivamente una delle tematiche-guida nella fase attuale della ricerca: non è un caso quindi che, parallelamente, la tematica degli effetti si identifichi nella prospettiva dei processi di costruzione della realtà. Come succede spesso nella ricerca mediologica, questo spunto non è del tutto nuovo, ma compare, sia pure in forme frammentarie e discontinue, più volte nella letteratura: ne sono un esempio i lavori di Walter Lippmann (1922) e di Lazarsfeld (1940), dai quali traspare nettamente la consapevolezza della difficoltà di rilevazione ma anche dell'indubbia esistenza di effetti molto importanti relativi all'acquisizione di conoscenze e di rappresentazioni della realtà.

Una tappa fondamentale del tentativo di spostare l'attenzione della ricerca verso questo tipo di effetti è costituita dalle critiche di Lang e Lang (1962) al paradigma degli "effetti limitati". Essi osservano che la situazione comunicativa propria delle "campagne" (elettorali, presidenziali, informative ecc.), è tale da enfatizzare l'effetto di stabilità e di rafforzamento e da "scoraggiare" invece la visibilità di altri tipi di influenze. Ma oltre al carattere specifico della situazione comunicativa di molti degli studi sugli effetti, "c'è qualcosa nel modo in cui il problema è stato affrontato che può oscurare alcune delle modalità con cui i mass media sono efficaci" (Lang-Lang, 1962, 682).

Per esempio, l'indice principale per misurare gli effetti non può essere la quantità di consumo e di attenzione prestata alla comunicazione di massa: occorre anche avere qualche misura sul contenuto e sul significato di ciò a cui ci si espone. Inoltre, il contesto della "campagna" ostacola la possibilità di considerare un tipo diverso di impatto dei media, quello cumulativo, legato a un'esposizione quotidiana, normale, continuata.

Del resto, già negli studi sugli "effetti limitati", sono contenuti spunti significativi per la ridefinizione del problema, in particolare il fatto che l'efficacia dei media – anche nella situazione di "campagna" – consiste spesso nella loro capacità di modificare l'immagine di ciò che è o non è importante, dei temi e problemi primari nel contesto della competizione elettorale.

I mass media dunque esercitano l'influenza che hanno, in quanto sono qualcosa di più che un semplice canale attraverso il quale la politica dei partiti è presentata all'elettorato. Nel filtrare, strutturare ed enfatizzare determinate attività pubbliche, il contenuto dei media non è limitato a trasmettere ciò che i portavoce proclamano e quello che i candidati affermano [...] Non solo durante la campagna, ma anche durante i periodi intermedi, i media forniscono delle prospettive, modellano le immagini dei candidati e dei partiti, aiutano a promuovere i temi sui quali verterà la campagna e definiscono la specifica atmosfera e area di rilevanza e reattività che segna ogni particolare competizione elettorale (Lang-Lang, 1962, 689).

Per quanto riguarda il secondo fattore, è evidente che il passaggio degli "effetti limitati" agli "effetti cumulativi" implica l'abbandono del modello trasmissivo della comunicazione, per un modello centrato sul processo di significazione. È da questo punto di vista infatti, che i media svolgono un ruolo di costruzione della realtà ("creating a second-hand reality"; *ibid.*). L'influenza dei media viene postulata in quanto essi ci aiutano a "strutturare l'immagine della realtà sociale, nel lungo periodo, a organizzare nuovi elementi di tale immagine, a formare nuove opinioni e credenze" (Roberts, 1972, 377).

*Molto di ciò che la gente conosce sulla vita politica viene appreso di seconda-mano o di terza, attraverso i media. Essi strutturano un contesto politico molto reale ma che noi possiamo conoscere solo "da lontano" [...]. Oltre a ciò, i media strutturano anche una realtà più vasta, non-locale, dalla quale è difficile sottrarsi [...]. C'è qualcosa di invadente (*obtrusive*) riguardo a ciò che i media presentano, qualcosa che rende la loro influenza cumulativa* (Lang-Lang, 1962, 694).

Non si è più nel campo degli effetti intenzionali, legati a un contesto comunicativo limitato nel tempo e caratterizzato da scopi volti a ottenere tali effetti: ora si passa a effetti in certa misura latenti, impliciti nel modo in cui determinate distorsioni nella produzione dei messaggi si riverberano sul patrimonio cognitivo dei destinatari. Al centro della problematica degli effetti oggi si pone, dunque, il rapporto tra l'azione costante dei mass media e l'insieme di conoscenze sulla realtà sociale, che dà forma a una determinata cultura e vi agisce dinamicamente. In questo rapporto sono rilevanti tre caratteristiche dei media: la cumulazione, la consonanza, l'onnipresenza (Noelle Neumann, 1973).

Il concetto di *cumulazione* si riferisce al fatto che la capacità dei media di creare e sostenere la rilevanza di un tema è il risultato complessivo (ottenuto dopo un certo tempo) del modo in cui funziona la copertura informativa nel *sistema* di comunicazioni di massa. Non effetti puntuali, cioè, ma conseguenze legate alla ripetitività della produzione di comunicazioni di massa.

La *consonanza* è legata al fatto che nei processi produttivi dell'informazione i tratti comuni e le somiglianze tendono a essere più significative e numerose delle differenze (vedi Capitolo 3), ciò che porta a messaggi sostanzialmente più simili che non dissimili.

Il concetto di *onnipresenza* infine, riguarda non solo la diffusione quantitativa dei media, ma anche il fatto che il sapere pubblico - l'insieme di conoscenze, opinioni, atteggiamenti, diffuso dalla comunicazione di massa - ha una qualità particolare: è pubblicamente noto che esso è pubblicamente noto.

Ciò rafforza la *disponibilità all'espressione e alla visibilità* dei punti di vista diffusi dai media, e quindi il potere di conformazione che tale visibilità ha su coloro che non hanno ancora elaborato una propria posizione. Il risultato finale, spesso, è che la distribuzione effettiva dell'opinione pubblica si regola su e si adatta a quella rispecchiata dai media, secondo uno schema di profezia autoverificantesi. In sintesi, dunque, la nuova problematica degli effetti analizza i processi e i modi con i quali i mezzi di comunicazione di massa "stabiliscono le condizioni della nostra esperienza del mondo al di là delle sfere di interazioni nelle quali viviamo" (Fishman, 1980, 12).

2.2 L'ipotesi dell'agenda-setting

Nell'ambito dei mutamenti descritti nel paragrafo precedente, un posto di rilievo è occupato dall'ipotesi dell'*agenda-setting*. Essa sostiene che

> *in conseguenza dell'azione dei giornali, della televisione e degli altri mezzi di informazione, il pubblico è consapevole o ignora, dà attenzione oppure trascura, enfatizza o neglige, elementi specifici degli scenari pubblici. La gente tende a includere o escludere dalle proprie conoscenze ciò che i media includono o escludono dal proprio contenuto. Il pubblico inoltre tende ad assegnare a ciò che esso include, un'importanza che riflette da vicino l'enfasi attribuita dai mass media agli eventi, ai problemi, alle persone* (Shaw, 1979, 96).

Questa formulazione classica dell'ipotesi, si iscrive nella linea che va da Lippmann ai Lang, a Noelle Neumann: "l'ipotesi dell'agenda-setting non sostiene che i media cercano di persuadere [...]. I media, descrivendo e precisando la realtà esterna, presentano al pubblico una lista di ciò intorno a cui avere un'opinione e discutere [...]. L'assunto fondamentale dell'agenda-setting è che la comprensione che la gente ha di gran parte della realtà sociale è mutuata dai media" (Shaw, 1979, 96, 101).

Come afferma Cohen, se è vero che la stampa "può non riuscire per la maggior parte del tempo nel dire alla gente cosa pensare, essa è sorprendentemente in grado di dire ai propri lettori intorno a quali temi pensare qualcosa" (1963, 13).

Prima di esporre alcuni esempi di ricerche condotte in questo ambito, è opportuno precisare gli aspetti generali dell'ipotesi.

In primo luogo, anche se presento l'agenda-setting come un insieme integrato di assunti e di strategie di ricerca, in realtà l'omogeneità si trova più a livello di enunciazione generale dell'ipotesi che non nell'insieme di riscontri e verifiche empiriche, anche a causa di una certa disomogeneità metodologica. L'ipotesi dell'agenda-setting allo stato attuale è quindi più un nucleo di spunti e di conoscenze parziali, suscettibile di essere ulteriormente articolato e integrato in una teoria generale sulla mediazione simbolica e sugli effetti di realtà operati dai mass media, che non un definito e stabile paradigma di ricerca.

Tale aspetto si lega alla seconda osservazione: questa ipotesi sulle influenze a lungo termine è un buon terreno di integrazioni praticabili verso altre tendenze di ricerca. In particolare, dato che l'effetto di cui si parla riguarda l'insieme strutturato di conoscenze assorbite dai media, i diversi fattori che nella produzione di informazione determinano le "distorsioni involontarie" nelle rappresentazioni diffuse dai media (vedi Capitolo 3), assumono rilievo anche rispetto all'ipotesi dell'agenda-setting. "Nella misura in cui il destinatario non è in grado di controllare l'accuratezza della rappresentazione della realtà sociale, *sulla base di qualche standard al di fuori dei media*, l'immagine che egli si viene formando mediante questa rappresentazione finisce per essere distorta, stereotipata o manipolata" (Roberts, 1972, 380). L'ipotesi pone dunque il problema di una *continuità a livello cognitivo*, tra le distorsioni che si originano nelle fasi produttive dell'informazione e i criteri di rilevanza, di organizzazione delle conoscenze, che i fruitori di tale informazione assorbono e fanno propri.

Già Galtung-Ruge (1965) – pur partendo da un problema diverso – avevano osservato qualcosa di simile quando affermavano che i criteri di rilevanza adottati dai giornalisti per selezionare gli eventi da trasformare in notizie, percorrevano tutto il processo che dall'avvenimento arriva fino al lettore. Allo stesso modo in cui le *routines* produttive e i criteri di rilevanza nella loro applicazione costante formano il quadro istituzionale e professionale entro cui è percepita dai giornalisti la *notiziabilità* (vedi 3.3) degli eventi, così la costante enfatizzazione di certi temi, aspetti e problemi, forma una cornice interpretativa, uno schema di conoscenze, un *frame*, che si applica (più o meno consapevolmente) per dare senso a ciò che osserviamo.

In altri termini, "i media forniscono qualcosa di più che non solo un certo numero di notizie. Essi forniscono anche le categorie in cui i destinatari possono facilmente collocarle in modo significativo" (Shaw, 1979, 103). Si vedrà più avanti l'aspetto metodologico legato a questa e altre possibili integrazioni dell'ipotesi di agenda-setting: essa dà luogo a un settore di ricerca specifico ma nello stesso tempo al centro di una serie di altre questioni.

Infine, l'ipotesi sottolinea il divario esistente tra la quantità di informazioni, conoscenze, interpretazioni della realtà sociale apprese dai media e le esperienze di "prima mano", personalmente e direttamente vissute dagli individui.

> *È andata crescendo nelle società industriali a capitalismo maturo, a causa sia della differenziazione e complessificazione sociale, sia* anche *del ruolo centrale dei mass media, la presenza di fette e "pacchetti" di realtà che i soggetti non esperiscono direttamente né definiscono interattivamente a livello di vita quotidiana, ma che "vivono"* esclusivamente *in funzione di o attraverso la mediazione simbolica dei mezzi di comunicazione di massa* (Grossi, 1983, 225).

Sottolineando questa crescente *dipendenza cognitiva* dai media, l'ipotesi dell'agenda-setting postula un impatto diretto – anche se non immediato – sui destinatari, che si configura secondo due livelli: *a.* l'"ordine del giorno" dei temi, argomenti, problemi, presenti nell'agenda dei media; *b.* la gerarchia di importanza e di priorità con cui tali elementi sono disposti nell'"ordine del giorno".

"La maniera di gerarchizzare gli eventi o i temi pubblici importanti, da parte di un soggetto, assomiglia alla valutazione che i media operano degli stessi problemi, ma solo se l'agenda dei media è misurata su un periodo di tempo lungo, come un effetto cumulativo" (Shaw, 1979, 102). La precisazione, unitamente al fatto di limitare l'influenza all'ambito cognitivo, da un lato spiega il successo dell'ipotesi, dall'altro sta alla base della sua *impasse* metodologica e delle difficoltà di una verifica empirica che voglia superare la genericità della formulazione iniziale. Ciò impone soprattutto il ricorso a metodi e approcci che esulano dagli strumenti usati di solito per la verifica (analisi di contenuto e questionari). Finora infatti si apre una curiosa contraddizione: rispetto all'ipotesi dell'agenda-setting, le problematiche dei processi di mediazione simbolica e dei meccanismi di costruzione della realtà, sono estremamente pertinenti, così come è cruciale l'intero quadro della sociologia della conoscenza. Tuttavia nel corpus di ricerche, le tracce di tali pertinenze teoriche sono pressocché assenti, così come appare debole la consapevolezza dell'utilità di altre discipline (psicologia cognitiva, semiotica testuale). Si è di fronte, cioè, a una direzione di analisi sorta in una matrice di tipo sociologico-politologico, che individua problemi per i quali la complementarietà dei modelli teorici è di fatto indispensabile, ma che nella pratica di ricerca non ha ancora sviluppato adeguatamente tale consapevolezza.

2.3 Alcuni dati sull'effetto di agenda-setting

Nel premettere che in questo paragrafo sono esposti solo alcuni risultati delle ricerche più significative, si può anticipare che nel loro complesso i dati sembrano attestare un certo livello di effetto di agenda, anche se non in modo così "rigido" come l'iniziale formulazione dell'ipotesi lasciava intendere.

L'esposizione è organizzata secondo il tipo di problema che le ricerche citate focalizzano maggiormente.

2.3.1 Il differente potere di agenda dei diversi media

Una ricerca di McClure e Patterson (1976) sulla campagna presidenziale americana del 1972,[1] evidenzia un'importante precisazione da apportare all'ipotesi: per i consumatori di informazione televisiva l'aumento di consumo non si traduce in un maggior effetto di agenda-setting, mentre ciò avviene per i forti consumatori di informazione stampata. "In ogni analisi dei dati del 1972, la comparazione tra l'influenza dell'informazione televisiva e il potere di altri canali di comunicazione politica (giornali, spot pubblicitari) mostra che l'esposizione alle notizie televisive ha avuto invariabilmente gli effetti minori sul pubblico [...]. C'è una conferma limitata all'ipotesi dell'agenda-setting. Su alcuni, ma non tutti, i temi, i livelli di esposizione ai mass media mostrano una diretta influenza da agenda-setting. Normalmente, comunque, l'effetto diretto si correla al consumo di giornali locali e non ai notiziari televisivi" (McClure-Patterson, 1976, 24; 28).

I due mezzi sono dotati di un differente potere di influenza: le notizie televisive sono troppo brevi, veloci, eterogenee e "affastellate" in un formato temporale limitato, sono cioè troppo frammentarie, per avere un significativo effetto di agenda. Le caratteristiche produttive dei notiziari televisivi non permettono dunque un'efficacia cognitiva duratura, mentre al contrario l'informazione stampata possiede ancora la capacità di indicare efficacemente la diversa rilevanza dei problemi presentati. "L'informazione stampata fornisce ai lettori un'indicazione *forte, costante* e *visibile* di salienza" (McClure-Patterson, 1976, 26), mentre *normalmente* quella televisiva tende ad appiattire il rilievo e il significato di quanto è trasmesso.

Si tratta di un punto di integrazione tra l'approccio di agenda-setting e altri tipi di ricerca: a mio avviso infatti, le modalità di mediazione simbolica dei media possono essere meglio comprese estendendo l'analisi alle costrizioni e condizioni produttivo-professionali che vincolano la costruzione dei testi diffusi dalla comunicazione di massa. Come su questo terreno gli studi di "newsmaking" (vedi Capitolo 3) si sbarazzano di ogni teoria "cospirativa" (vedi 1.8), così eventuali sopravvalutazioni dell'effetto di agenda-setting vengono "frenate" dallo studio sui caratteri costitutivi e produttivi dell'informazione televisiva quotidiana.

La diversa efficacia di agenda-setting tra informazione televisiva e stampata è confermata anche da un lavoro più esteso e dettagliato di Patterson-McClure (1976) circa l'impatto della televisione sulle conoscenze degli elettori. I temi sostanziali del confronto politico sono sistematicamente penalizzati a favore degli elementi di competizione, del "folclore" politico, dell'andamento della campagna dei candidati in lizza. "Le reti televisive sottovalutano, minimizzano i temi elettorali. Molti dei giudizi dei candidati sui temi principali sono interamente ignorati. Quando non lo sono, raramente costituiscono il solo argomento della notizia. Più spesso, quando le reti riportano qualcosa su un argomento, la notizia è caricata di molti 'fronzoli' per renderla visivamente interessante. Ne risulta una copertura dei temi così superficiale da essere priva di significato" (Patterson-McClure, 1976, 36).

L'informazione televisiva quotidiana fornisce quindi una situazione di apprendimento impossibile: il pubblico è assediato da informazioni frammentarie, del tutto inadatte a formare un quadro cognitivo adeguato alle scelte che l'elettore è chiamato a compiere.

A conclusioni simili giunge uno studio sulla copertura di una rete televisiva americana alla Convention democratica di Miami Beach del 1972 (Paletz-Elson, 1976). L'enfatizzazione delle controversie, degli aspetti insoliti, l'accentuazione posta sui candidati principali (a discapito dell'attività dei delegati), la penalizzazione dei temi discussi e della stessa discussione, l'accento posto sugli elementi di conflitto e di drammatizzazione, sono fattori che contribuiscono in modo determinante a far sì che tali caratteristiche vengano attribuite più alla natura dell'evento politico che non alla logica della sua rappresentazione televisiva.

La ricerca di Patterson (1980) sull'elezione presidenziale americana del 1976, fornisce un'ulteriore conferma.[2] "Nel coprire la campagna presidenziale del 1976, la stampa ha puntato l'obiettivo sulla battaglia combattuta dai candidati nella gara per la presidenza, relegando in secondo piano i problemi più generali di politica e di leadership nazionali [...]. Vincere o perdere, strategie e organizzazione, comizi e tattiche sono stati i temi dominanti dei notiziari quotidiani. La sostanza dell'elezione, invece, ha ricevuto un'attenzione molto limitata. Soltanto il 30% della copertura concerneva le posizioni politiche dei candidati, le loro capacità personali e di governo, il loro curriculum privato e pubblico, l'informazione di base sulle *issues*, l'appoggio dei gruppi per i candidati e le promesse elettorali degli stessi" (Patterson, 1980, 270).

Due le conclusioni che si possono trarre: i vari media hanno una capacità differenziata di stabilire l'ordine del giorno degli argomenti pubblicamente rilevanti. La televisione sembra essere meno influente dell'informazione stampata.

La seconda conclusione riguarda i temi e gli aspetti privilegiati nella copertura informativa delle campagne elettorali: controversie, competizione, "folclore politico" vanno a detrimento dell'informazione più significativa e importante.

Le conseguenze non sono da poco: "il potere di redigere l'agenda delle elezioni è il potere di *stabilire il contesto* in cui i candidati presidenziali sono valutati. Martellando giorno per giorno il tema della disoccupazione, mentre si tace su quello dell'integrazione razziale, i mass media spingono la disoccupazione al vertice dell'agenda della campagna e relegano l'integrazione razziale al fondo. L'effetto può essere decisivo: un'elezione combattuta sulla disoccupazione sarà molto diversa da una combattuta sulla integrazione; in alcuni casi persino il risultato finale può essere diverso. I notiziari televisivi giocano una parte in questo processo di agenda-setting" (Patterson-McClure, 1976, 75). La giocano soprattutto in rapporto al *profilo basso* di agenda: intendo cioè, non tanto la capacità di focalizzare temi e argomenti precisi, delimitati, un ordine del giorno gerarchizzato (effetto più consono all'informazione stampata), quanto invece la capacità più indifferenziata (ma ugualmente rilevante) di enfatizzare certi aspetti generali a detrimento di altri (gli aspetti competitivi e formali, di "retroscena" vs. gli elementi sostanziali di una strategia politica).

In altri termini, l'incapacità dell'informazione televisiva quotidiana a fornire strumenti cognitivi adeguati per una razionale scelta politica non cancella il fatto che la televisione, con la sua informazione frammentata, *fornisce complessivamente una rappresentazione* della politica, per esempio come un'arena in cui si succedono continuamente pseudo-colpi di scena, in cui i temi si scacciano l'un l'altro dall'attenzione della gente senza che si possa ben capire la fine che fanno.

L'analisi dell'agenda del mezzo televisivo porta dunque da un lato a constatarne l'inadeguatezza a stabilire un insieme di precise conoscenze nel pubblico (*profilo alto* di agenda), ma dall'altro sottolinea invece l'immagine politica complessiva che esso fornisce: si tratta pur sempre di un effetto di agenda-setting, centrato non su nozioni specifiche, articolate e definite nella loro rilevanza, quanto invece su ambiti simbolici più vasti e generici. Lo studio sulla capacità differenziale di agenda dei diversi media, consente di articolare anche *qualità* diverse di influenza.

Due osservazioni per concludere il paragrafo: la prima riguarda un ulteriore dispositivo di agenda-setting, oltre al "profilo basso" e a quello "alto": l'omissione, la non-copertura di certi temi, l'intenzionale copertura dimessa o penalizzata che certi argomenti ricevono. Questo tipo di agenda-setting funziona certamente per tutti i media, al di là delle differenze tecniche, giornalistiche, di linguaggio, per il semplice fatto che l'accesso a fonti alternative a quelle che garantiscono la costante fornitura di notizie è quanto mai difficile e oneroso (vedi 3.5.2).

Ci possono essere tra i differenti media modi diversi di generare l'effetto di agenda-setting per omissione, ma tutti in qualche misura vi incorrono e certamente anche il *sistema* informativo nel suo complesso.

La seconda osservazione riguarda la corretta impostazione del confronto tra le capacità di agenda-setting dei media: esso va posto secondo le *specifiche modalità* di ciascun mezzo a generare tale effetto, più che non secondo una capacità (o incapacità) assoluta a generarlo. Anche il mezzo televisivo – *in determinate condizioni e secondo caratteri suoi propri* – può ottenere effetto di agenda-setting. La copertura televisiva determina una particolare salienza in circostanze quali la rottura della programmazione ordinaria per informare su eventi "straordinari", l'uso di una presentazione visiva efficace e coinvolgente sugli eventi notiziati, la copertura dal vivo, in diretta, di un evento. Questi tratti comunicativi e condizioni tecniche attribuiscono un particolare rilievo all'informazione televisiva e quindi una sua maggior potenzialità a ottenere effetti di agenda-setting. L'uso dei *visuals* (cioè degli eventi pubblici programmati in modo tale da trovare ampio spazio e immediata copertura in diretta nei telegiornali: per esempio il viaggio in Cina di Reagan, le celebrazioni in Normandia ecc.) testimonia appunto la consapevolezza che anche il mezzo televisivo ha un suo particolare e specifico effetto di agenda.

2.3.2 Effetti cognitivi vs. predisposizioni?

Nella già citata ricerca di McClure-Patterson (1976), si afferma molto chiaramente che "l'agenda-setting è verosimilmente un effetto indiretto mediato dalle precedenti disposizioni degli elettori destinatari dei messaggi" (1976, 28). D'altra parte Shaw afferma non solo che "la ricerca sull'agenda-setting riconosce che gli attributi psicologici e sociali degli elettori determinano il loro uso politico dei media" (1979, 99), ma anche che "l'agenda-setting riconosce l'importanza dei contatti interpersonali nel determinare l'impatto definitivo del contenuto dei media sul pubblico. L'agenda-setting usa i fattori interpersonali per aiutare a spiegare le condizioni nelle quali gli effetti da agenda-setting sono più pronunciati" (1979, 97).

Si tratta indubbiamente di un punto delicato: da una parte c'è la volontà di inserire la problematica più "tradizionale" sugli effetti (percezione, esposizione, memorizzazione selettive) entro l'ipotesi dell'agenda-setting, esplicitandone la complementarietà, dall'altra parte c'è anche la difficoltà di costruire una teoria su effetti puramente cognitivi, distinti dalla componente valoriale.

I media – sostiene l'ipotesi dell'agenda-setting – sono efficaci nel costruire l'immagine della realtà che il soggetto viene strutturando. Tale immagine – che è semplicemente una metafora che rappresenta la totalità di tutta l'informazione sul mondo che ogni individuo ha trattato, organizzato e stivato – può essere pensata come uno standard rispetto al quale l'informazione nuova viene confrontata per darle il suo significato. Tale standard include il quadro di riferimento e i bisogni, valori, credenze e aspettative che influenzano ciò che il destinatario trae da una situazione comunicativa" (Roberts, 1972, 366). In questo quadro quindi, la formazione dell'agenda del pubblico diventa il risultato di qualcosa di molto più complesso che non la "semplice" strutturazione di un ordine del giorno di temi e problemi da parte dei media.

Alcuni dati lo confermano: nella citata ricerca di McClure-Patterson (1976) viene fatto l'esempio delle notizie sui negoziati di pace di Parigi.

Con la forte copertura verso la fine della campagna elettorale del 1972, che faceva intendere che la pace era a portata di mano, il tema del Vietnam cominciò a volgersi in favore di Nixon. La sua politica estera nel sud-est asiatico sembrava giustificata, e tali notizie erano ben accolte dai suoi sostenitori. Essi erano pronti ad accentuare la salienza del tema. Era del tutto diverso, invece, per i sostenitori di McGovern: infatti ogni aumento nella salienza del tema del Vietnam avrebbe prodotto per questi ultimi una notevole dissonanza cognitiva.[3] *In effetti si poteva prevedere che più i sostenitori di McGovern erano esposti alla copertura informativa sugli accordi di pace, più essi probabilmente avrebbero* ridotto *la salienza del problema. I dati confermano tali previsioni. Sul tema del Vietnam, il potere di agenda-setting dei mass media era chiaramente mediato dalle abitudini degli elettori a sostenere uno dei candidati. I sostenitori di Nixon erano recettivi verso l'enfasi dei media; quelli di McGovern no. Rispetto alle notizie televisive, più i sostenitori di McGovern erano esposti alla copertura delle reti, più essi* abbassavano *la salienza del problema Vietnam. I dati sembrano indicare che sui mutamenti di rilevanza dell'elettore, la preferenza per un candidato esercitava un'influenza più forte che non l'esposizione ai media* (McClure-Patterson, 1976, 26).

Lo stesso problema dei rapporti tra effetti cognitivi e strutture valoriali è evidenziato da uno studio sulle elezioni danesi del 1971 (Siune-Borre, 1975).[4] In esso si rileva che il ruolo dei media è stato incisivo nel modificare le priorità dei temi nella consapevolezza del pubblico ("l'aumento della salienza dei temi del Mercato comune, dell'economia e della politica fiscale [...] va in parallelo con la promozione di questi tre temi nei mass media [...]. Il declino o la stagnazione di argomenti come i problemi sociali, l'educazione e cultura, i problemi dell'ambiente, è in parallelo con la relativa penalizzazione di essi nei media" (Siune-Borre, 1975, 67): *tuttavia* risulta anche che il pubblico è altrettanto riluttante a scartare completamente i propri temi preferiti per adottare semplicemente il profilo tematico presentato dai media ("temi come la politica degli alloggi o quella ambientale permangono nell'elettorato anche se a essi era stato dato poco rilievo nella campagna radiotelevisiva") (Siune-Borre, 1975, 68).

Si delinea così una tendenza alla *persuasione temperata dalla persistenza*: le attitudini personali dei destinatari sembrano agire nel senso di integrare l'agenda soggettiva con quella proposta dai media.

A questo riguardo c'è da considerare anche un altro elemento nella formulazione "classica" dell'ipotesi di agenda-setting. Si presume cioè che

> *l'influenza dei media di informazione sia la stessa riguardo a tutti i tipi di temi. Tale assunzione è implicita nel disegno di queste ricerche perché solo in base a essa ci si può aspettare che l'intera lista di* issues *nell'agenda dei media possa "trasferirsi" nell'agenda del pubblico mantenendo lo stesso ordine di priorità tra gli argomenti. Questo passaggio è il test di verifica dell'effetto di agenda-setting usato da quasi tutti gli studi in questo ambito di ricerca* (Zucker, 1978, 227).

Contro quest'assunto implicito viene avanzata l'ipotesi di una maggior articolazione interna all'effetto di agenda-setting: la capacità di influenza dei media sulla conoscenza di ciò che è importante e rilevante varia secondo i temi trattati.

Su alcuni essa è maggiore che su altri: la discriminante che distingue le *issues* "influenzabili" da quelle che lo sono meno, è la loro "centralità" (Zucker la definisce *obtrusiveness*). "Minore è l'esperienza diretta che la gente ha di una determinata area tematica, più essa dipenderà dai media per avere le informazioni e i quadri interpretativi relativi a quell'area. La gente non ha bisogno dei mass media per avere esperienza dell'aumento dei prezzi. Queste condizioni, quando esistono, invadono la vita quotidiana delle persone" (Zucker, 1978, 227). La diretta, immediata e personale esperienza di un problema, lo rende sufficientemente saliente e significativo, da sfumare sullo sfondo l'influenza cognitiva dei media. La variabile della "centralità" deve quindi essere considerata uno dei fattori di mediazione dell'agenda-setting.

Questo tema della mediazione è toccato da una ricerca sulla funzione di agenda-setting svolta dal quotidiano *l'Unità* (Bechelloni, 1982). Rispetto allo scopo di capire se il quotidiano riesce o no a "orientare la 'percezione del mondo' dei lettori, ottenendo che tutta una serie di problemi sia da essi avvertita secondo un ordine di importanza simile o prossimo all'ordine istituito dal giornale stesso" (Bechelloni, 1982, 286), lo studio evidenzia che i temi di rilevanza nazionale coperti nella prima pagina dell'*Unità* sono ampiamente citati dai lettori come questioni all'ordine del giorno, "vale a dire che un argomento fortemente valorizzato sul quotidiano ha quasi tutte le probabilità di esserlo altrettanto nell'agenda del lettore, mentre un argomento bassamente valorizzato può anche, *a condizioni e secondo logiche che andrebbero individuate, essere situato dal lettore stesso in zone di maggior centralità*" (Bechelloni, 1982, 288) [corsivo mio].

Rispetto alle limitazioni che pongono all'effetto di agenda-setting la centralità del tema per l'individuo e le sue predisposizioni, è possibile ipotizzare anche altri tipi di correlazioni che potrebbero attenuare le limitazioni stesse: in ogni caso, il problema di integrare l'ipotesi sull'influenza cognitiva dei media, con le precedenti acquisizioni della ricerca sugli effetti, rimane decisivo per l'evolversi della ricerca in questo settore.

2.3.3 Quali conoscenze e quali pubblici per l'effetto di agenda-setting?

Dalla sommaria esposizione di dati e risultati, appare abbastanza evidente che l'ipotesi dell'agenda-setting è in realtà più complessa di quanto la sua formulazione iniziale lasciasse prevedere.

Un tentativo di assumere tale complessità è rappresentato da una ricerca di Benton-Frazier (1976) nella quale si articola in modo più preciso il concetto di "conoscenze assimilate" dai destinatari, analizzando che genere di nozioni viene appreso e a quali livelli esse si collocano. Non è più sufficiente quindi osservare se c'è apprendimento di informazioni e su quali temi, ma occorre anche analizzare i tipi di informazioni diffuse e "passate" da un'agenda all'altra.

Il disegno della ricerca – svolta su temi economici – distingue tre livelli di conoscenze: *a.* il primo è il più superficiale e include semplicemente il "titolo" dell'area tematica (per esempio: economia, inquinamento, burocrazia, politica ecc.); *b.* il secondo livello individua conoscenze più articolate, per esempio i diversi aspetti di un problema, le sue cause, le soluzioni proposte (disoccupazione, inflazione, alto prezzo delle materie prime, riduzione dei tassi di interesse ecc.); *c.* il terzo livello individuato dagli autori riguarda informazioni ancora più specifiche, quali le argomentazioni favorevoli o contrarie alle soluzioni avanzate, i gruppi sostenitori delle diverse strategie economiche ecc.

"Il primo obiettivo della ricerca era di verificare l'ipotetica funzione di agenda-setting dei media, al secondo e terzo livello. Gli studi precedenti si sono focalizzati esclusivamente sul primo livello, cioè i 'nomi' dei temi" (Benton-Frazier, 1976, 263).[5]

I dati ottenuti manifestano un effetto d'agenda anche per il secondo e il terzo livello di conoscenze, in particolare per i fruitori dell'informazione stampata, mentre nel caso degli spettatori televisivi, il grado di correlazione tra le agende è basso. C'è da osservare però, che anche i forti consumatori di informazione televisiva presentano un effetto di agenda sul secondo e terzo livello, che si lega tuttavia ai giornali.

"La televisione sembra giocare un ruolo secondario, poco significativo, nello stabilire l'agenda ai livelli 2 e 3, che implicano una conoscenza più approfondita dei temi economici. Allorché si articola l'ipotesi dell'agenda-setting su diversi livelli del processo di acquisizione delle informazioni, i dati ottenuti indicano ruoli differenti per i vari media" (Benton-Frazier, 1976, 270).

L'interesse del tentativo di Benton-Frazier, a mio parere, consiste soprattutto nell'articolare i livelli di conoscenza sui quali può realizzarsi qualche effetto dei media: a questo proposito, in prospettiva, un'attenzione verso gli attuali studi di psicologia cognitiva e di analisi del discorso, sembra utile per l'esigenza di maggior specificità dell'agenda-setting. Questa direzione di lavoro si lega anche alle osservazioni citate in 2.3.2 circa la variabile della "centralità" del tema.

Si diceva che la "centralità" probabilmente limita l'effetto di agenda: tale correlazione acquista maggior rilievo se si specifica meglio in rapporto a quali diversi livelli di conoscenza si rileva l'effetto di agenda. Se infatti ci si riferisce – per esempio – ai livelli più articolati di conoscenza delle *issues*, è possibile pensare che essi risultino comunque influenzati dall'agenda dei media, al di là della centralità del tema per l'individuo. In altri termini, l'impatto della variabile "centralità del tema" decresce con la progressiva articolazione dei livelli di conoscenza ai quali si definisce l'agenda del pubblico.

Si tratta ovviamente di una correlazione tutta da verificare, ma che sembra indicativa della complessità che l'ipotesi dell'agenda-setting rivela non appena si passa dalla sua formulazione programmatica a un'analisi più approfondita.

Un'altra faccia della complessità riguarda la valutazione dell'effetto di agenda su pubblici qualitativamente e istituzionalmente differenziati. In luogo di considerare un'agenda media di un pubblico generico, un recente studio (Cook-Tyler e altri, 1983) si pone l'obiettivo di valutare gli effetti cognitivi di una inchiesta televisiva (sugli abusi e le frodi esistenti entro i programmi federali di assistenza medica domiciliare) presso il pubblico generico, i leader di alcuni gruppi di interesse (associazioni di pensionati, di assistenza ecc.) e alcuni esponenti governativi dei dipartimenti pubblici direttamente interessati all'argomento dell'inchiesta.[6] Relativamente all'*audience* generica, i risultati manifestano un chiaro effetto di agenda-setting: "coloro che hanno visto [la trasmissione] ritengono più di prima che il programma di aiuto domiciliare è importante, che l'aiuto governativo a esso è indispensabile e che il problema degli abusi è rilevante" (Cook e altri, 1983, 24). Rispetto ai "pubblici specifici" invece, l'influenza non appare omogenea: i responsabili governativi manifestano un effetto di agenda, mentre i gruppi di interesse no. Nel primo caso risultano modificate la percezione della rilevanza del problema, la convinzione che sia necessaria un'azione politica sulla questione e soprattutto l'opinione circa la percezione che il pubblico generico ha dell'importanza del tema.

Al di là di questo tentativo di specificare l'influenza cognitiva secondo la collocazione istituzionale di settori diversi di pubblico, è evidente che il problema - intrecciato ai precedenti - accentua l'esigenza di staccarsi dalla formulazione originale dell'ipotesi dell'agenda-setting. La diffusione omogenea di questo tipo di effetto sembra assai problematica, così da richiedere sia una più attenta impostazione metodologica sia un'approfondita riflessione teorica.

Ciò conduce a una considerazione generale, cioè che complessivamente le verifiche più "corpose" dell'ipotesi derivano da una sua applicazione "monolitica". Un esempio è fornito da uno dei primi studi in materia (McCombs-Shaw, 1972), sulla campagna elettorale presidenziale del 1968. Secondo il disegno della ricerca, si poneva a ciascun soggetto la richiesta di illustrare quali fossero, nel periodo della rilevazione, i temi-chiave, indipendentemente da ciò che i candidati presidenziali asserivano (la domanda del questionario era la seguente: "Quale tema la interessa di più in questi giorni? Indipendentemente da ciò che asseriscono i candidati, quali sono le due o tre cose principali sulle quali, secondo lei, il governo dovrebbe fare qualcosa?" (McCombs-Shaw, 1972, 178). I risultati presentano "una relazione molto forte tra l'enfasi collocata dai media sui temi della campagna [...]

e le valutazioni degli elettori circa la salienza e l'importanza dei diversi argomenti. Ma mentre i tre candidati presidenziali [Nixon, Humphrey, Wallace] si differenziavano molto rispetto al peso dato ai temi, i giudizi dei votanti sembrano riflettere un miscuglio della copertura dei media. Ciò suggerisce che gli elettori prestano qualche attenzione a tutta l'informazione politica *indipendentemente* dal fatto che provenga da o riguardi uno specifico candidato preferito" (McCombs-Shaw, 1972, 181). La differenza di tale conclusione da quelle riportate, ad esempio, in 2.3.2, è fortemente vincolata all'impostazione metodologica che esplicitamente richiedeva indicazioni e valutazioni composite, indifferenti agli schieramenti partitici e alle attitudini di voto degli intervistati. Ciò evidenzia i rischi insiti nelle verifiche dell'agenda-setting che si basano su misure aggregate di dati e che prescindono dalle correlazioni con i meccanismi di esposizione, percezione, memorizzazione selettive che – quando invece sono considerate – sembrano influire sull'effetto stesso di agenda-setting. La scelta di usare una valutazione complessiva e composita dell'agenda dei media, oppure al contrario, di avvalersi di dati disaggregati per singolo mezzo – (oltre al fatto di considerare, oppure no, le abitudini di consumo e gli orientamenti politici dei soggetti) – può condurre dunque a risultati piuttosto diversi.

Come affermano McCombs-Shaw (1972), la spiegazione di un effetto di agenda-setting appare plausibile soprattutto se essa si limita a fondarsi su dati e correlazioni globali.

Al termine di questa breve rassegna di ricerche si può quindi tentare di indicare alcuni punti problematici e sviluppi possibili che oggi si aprono alla ricerca sugli effetti a lungo termine dei mass media.

2.4 Limiti, problemi e aspetti metodologici nell'ipotesi dell'agenda-setting

Qualche problema e limite interno all'ipotesi di agenda-setting è già stato accennato nel paragrafo precedente: l'esigenza che inizia a sentirsi acutamente in questo settore è il bisogno di una strategia teorica di ricerca che sostituisca l'empirismo tattico finora seguito (McCombs, 1981). "Mentre la ricerca di agenda-setting, al pari di gran parte della ricerca, risente di insufficienze metodologiche, i suoi problemi fondamentali sono di tipo concettuale" (Lang-Lang, 1981, 448). In questo paragrafo cercherò appunto di delinearli sommariamente, insieme alle integrazioni disciplinari che appaiono più proficue.

2.4.1 Le agende dei diversi media

Si è già osservato che un aspetto di rilievo nell'ipotesi è la diversa capacità di media differenti a generare influenza di tipo cognitivo. Ciò conduce al problema del modo di rilevazione delle agende dei media considerati. Nella maggior parte dei casi, essa è basata su una misura che aggrega gli elementi di contenuto dei diversi mezzi; talvolta invece questo procedimento è accompagnato da una disaggregazione dei dati, così da correlare l'agenda di uno specifico mezzo con quella dei destinatari che ne sono forti consumatori. Indubbiamente questa procedura è molto importante se si vuole tener conto delle specificità comunicative che caratterizzano e distinguono la stampa dalla radio, dalla televisione, e che presumibilmente influiscono sulla capacità di generare effetti di agenda. L'uso di misure aggregate tende invece ad annullare queste specificità.

Nonostante la consapevolezza dell'utilità dei dati disaggregati, rimane ancora vera la constatazione che

> *la decisione di rilevare operativamente l'agenda dei media o considerando ciascun mezzo separatamente oppure usando misure aggregate di tutti i media, non ha ricevuto l'attenzione che merita [...]. La stampa e gli altri mass media differiscono parzialmente nella loro scelta di quale specifico tema enfatizzare maggiormente. Ne deriva che se l'agenda dei destinatari è formata dai media, lo specifico mezzo di cui ci si occupa rappresenta una variabile importante. Si dovrebbero aggregare le agende dei media*

solo quando si è in presenza di una correlazione molto elevata tra i diversi mezzi (De George, 1981, 221).

Ma rispetto a questa indicazione metodologica, diventa importante anche la scelta dei temi sui quali verificare l'effetto di agenda e, conseguentemente, del *frame* temporale (vedi 2.4.3). Per esempio, l'opportunità di usare per l'agenda dei media dati aggregati varia molto secondo se si desidera verificare l'effetto di agenda-setting durante una campagna elettorale o invece sulla copertura in periodi normali di alcune grandi tematizzazioni (droga, inquinamento, emergenza morale, terrorismo ecc.). In un caso più che nell'altro, l'omogeneità della copertura informativa può essere strutturalmente rilevante e vincolata, ciò che appunto permette di usare dati aggregati senza perdere troppo in attendibilità: per altri contesti comunicativi invece, ciò non accade.

Per quanto riguarda poi la comparazione tra media, "anche se la conclusione dell'efficacia differenziata [tra stampa e tv] sembra dominare, l'incomparabilità nelle tecniche di misurazione e le difficoltà nella formulazione dell'ipotesi, affliggono questo tipo di ricerca. Gran parte del problema è metodologico: è difficile, se non impossibile, citare due studi che usino la stessa metodologia" (Eyal, 1981, 226).

Ciò spiega parzialmente una certa divergenza nelle conclusioni sul differenziale di efficacia di agenda. Rispetto ai risultati citati in 2.3.1 (che sottolineano la maggior efficacia dell'informazione stampata su quella televisiva) e a conferma della necessità di impostare il problema secondo l'analisi delle *modalità specifiche* di ciascun mezzo a generare effetti d'agenda, McCombs (1976) sostiene un'efficacia *temporalmente graduata e differenziata* dei vari media.

I giornali sono i primi promotori nell'organizzare l'agenda del pubblico. Essi definiscono ampiamente l'ambito dell'interesse pubblico, ma i notiziari televisivi non sono del tutto privi di influenza. La televisione ha un certo impatto a breve termine sulla composizione dell'agenda del pubblico. Forse il modo migliore per descrivere e distin-

guere tali influenze è di chiamare il ruolo dei giornali "agenda-setting" e quello della televisione "enfatizzazione" (o spot-lighting). *La natura fondamentale dell'agenda sembra spesso essere organizzata dai giornali, mentre la televisione essenzialmente riordina o risistema i temi principali dell'agenda* (McCombs, 1976, 6).

Sulla base di questa "divisione del lavoro" di influenza, McCombs (1977) delinea – nel caso di una campagna elettorale – due fasi temporalmente distinte: nel suo primo periodo il ruolo giocato dalla stampa è rilevante, al contrario di quello della televisione; a mano a mano che si avvicina il giorno delle elezioni, le parti si invertono e la televisione sembra acquisire maggior peso nel ribadire i temi salienti.[7]

Oltre alla necessità di valutare comparativamente l'efficacia di agenda secondo le peculiarità di ciascun mezzo, c'è anche il problema di un confronto omogeneo. Di solito è considerata l'informazione televisiva dei notiziari, mentre spesso per la stampa sono considerati sia i quotidiani sia alcuni settimanali. In alcuni casi quindi, la comparabilità dei dati viene limitata dalla disomogeneità dei generi informativi presi in considerazione. Nella misura dell'agenda dei media occorre dunque adottare espliciti e chiari parametri di identificazione dei generi informativi che consentano una comparazione bilanciata tra mezzo e mezzo. A sua volta ciò implica anche un'attenta valutazione del modo in cui evolvono e si modificano i generi mediologici nel campo dell'informazione. Nel momento in cui si pone il problema della diversa efficacia di agenda-setting di un mezzo rispetto a un altro, ci si riferisce a una serie di fattori relativi alle tecnologie comunicative, ai formati informativi di ciascun mezzo, ai generi considerati.

Da questo punto di vista risulta cruciale anche il fatto che i media hanno diverse soglie di rilevanza (vedi Capitolo 3) rispetto ai temi: questi ultimi cioè, non sono tutti ugualmente rilevanti allo stesso modo per ogni mezzo.

"Alcuni temi nascono da condizioni che *toccano direttamente quasi tutti* nella stessa maniera [...]. Un tipo diverso di tema riguarda quelle situazioni i cui effetti sono *esperiti selettivamente* [...]. Infine ci sono quegli sviluppi i cui effetti sono *generalmente assai lontani* da quasi tutti [...]. Queste tre categorie hanno soglie di percepibilità assai diverse e la natura dell'influenza esercitata dai media varia corrispondentemente" (Lang-Lang, 1981, 452).

Un esempio della connessione tra: *a.* criteri di rilevanza applicati dai media; *b.* soglia di visibilità dei temi; *c.* effetti di agenda diversamente articolati come risultanza del rapporto tra *a.* e *b.*, è dato dalla cosiddetta *tematizzazione*.

Con questo termine si intende la trasformazione e la trattazione di un certo numero di eventi e fatti distinti, in un unico ambito di rilevanza, che viene appunto tematizzato. La tematizzazione è una procedura informativa che rientra nell'ipotesi dell'agenda-setting, rappresentandone una modalità particolare: tematizzare un problema significa infatti, metterlo all'ordine del giorno dell'attenzione del pubblico, darvi il rilievo adeguato, sottolinearne la centralità e la significatività rispetto al flusso normale dell'informazione non-tematizzata.

La sua funzione è di "selezionare ulteriormente [...] i grandi temi su cui concentrare l'attenzione pubblica e mobilitarla verso decisioni. Ciò che dunque distingue un tema da un evento o da una classe di eventi cui sia già stata assegnata rilevanza e maggior impegno comunicativo, è, in questa accezione, non solo il raccogliere una serie di eventi e per una consistente durata, entro una rubrica *ad hoc* (specifica, temporalmente e spazialmente limitata), ma il far convergere questa stessa serie di eventi nell'indicazione di un *problema* che abbia significato pubblico e che reclami una soluzione (o decisione)" (Rositi, 1982, 139).

Rispetto alla strategia comunicativa della tematizzazione, finalizzata a ottenere effetti di agenda-setting, si ripropone il problema della diversa efficacia tra stampa e televisione. Se è vero che l'informazione stampata si organizza intorno alla memoria degli avvenimenti, mentre quella televisiva è più centrata sull'attualità, si può ipotizzare per la stampa un ruolo di "produzione di informazione seconda o *informazione tematizzata*" (Marletti, 1982, 210), che amplia la notizia, contestualizzandola e approfondendola. Essa consente o consentirebbe di andare oltre l'evento singolo, per inserirlo sia nel suo contesto sociale, economico, politico, sia in un quadro interpretativo che lo collega ad altri accadimenti e fenomeni.

Ma nel processo della tematizzazione sembra implicita anche un'altra dimensione, che non è legata soltanto alla quantità di informazioni e al tipo di conoscenze che producono tematizzazione su un evento: è la natura pubblica del tema, la sua rilevanza sociale. Non è suscettibile di tematizzazione qualsiasi evento o problema, ma solo quelli che esplicitano una rilevanza politico-sociale. I mass media quindi, tematizzano entro confini che essi non definiscono, su un territorio che essi non delimitano ma che semplicemente riconoscono e dissodano.

Rispetto all'effetto di agenda-setting, la tematizzazione si presenta dunque come una possibilità limitata dalla selezione degli argomenti passibili di essere tematizzati. Mentre, in linea di principio, è possibile pensare a un effetto di agenda-setting su qualunque serie di argomenti, purché sia estensivamente coperta dai media, la tematizzazione (con conseguente agenda-setting) dovrebbe essere possibile solo in ambiti già provvisti di una loro rilevanza "istituzionale".

Il caso specifico della tematizzazione – come esempio di una direzione particolare di ricerca nell'ambito più ampio dell'ipotesi di agenda-setting – indica uno sviluppo che l'ipotesi sta avviandosi a percorrere, cioè il problema di come nasce un tema entro i meccanismi complessi dell'informazione di massa, di quali sono le forze, i processi e le condizioni che ne limitano o ne enfatizzano la visibilità sociale. "Nell'analizzare il ruolo dei mass media riguardo a come si strutturano i temi di una campagna o le controversie in un periodo, si deve andare al di là del cercare una semplice corrispondenza tra il trattamento di certi temi nella stampa e la misura in cui il pubblico è consapevole, informato e interessato su di essi" (Lang-Lang, 1981, 453). L'ipotesi dell'agenda-setting, cioè, si estende a ricevere le necessarie integrazioni e suggestioni dallo studio sulle condizioni sociali, professionali e tecniche di trasformazione degli eventi in notizie e temi (vedi Capitolo 3).

2.4.2 La natura e i processi dell'agenda-setting

La procedura standard di questo tipo di ricerca prevede una comparazione tra l'agenda dei media e l'agenda del pubblico: una misura aggregata del contenuto dei mezzi di comunicazione viene confrontata con una misura aggregata delle conoscenze possedute dai destinatari. L'aspetto maggiormente trascurato – e invece cruciale per un'articolazione soddisfacente dell'ipotesi – riguarda le modalità di "passaggio", di trasformazione da un'agenda all'altra. Si è già visto in 2.3.2 l'obiezione mossa da Zucker (1978) all'assunto, implicito nell'ipotesi, di un "trasferimento" omogeneo da un'agenda all'altra. Ma non è questo il solo aspetto problematico.

> *L'ipotesi dell'agenda-setting si sviluppa da un interesse generale verso il modo in cui la gente organizza e struttura la realtà circostante. La metafora dell'agenda-setting è una macro-descrizione di questo processo [...]. Essa poggia su alcune assunzioni e interrogativi specifici circa il tipo di strategie attivate dai soggetti nello strutturare il proprio mondo. Per esempio,* la tipica misura della agenda dei media – che articola i temi secondo la frequenza delle loro menzioni – si basa sul presupposto che la frequenza con cui un tema o un argomento compare è un'indicazione rilevante usata dai destinatari per valutarne la salienza (McCombs, 1981, 211), [sottolineatura mia].[8]

L'assunto mi sembra particolarmente riduttivo rispetto alla complessità dei fenomeni cognitivi coinvolti.

Misurare la rilevanza di un argomento (e presupporre che essa sia percepita) solo in base al numero di volte con cui è citato, è più il risultato di una procedura metodologica vincolata allo strumento di rilevazione dell'agenda dei media (l'analisi di contenuto), che non della riflessione teorica sul problema.

Concettualizzare soltanto la variabile della frequenza quale indice della percezione di salienza dei temi appare ampiamente insufficiente. L'idea che un'alta frequenza definisca una forte salienza, è legata a un modello comunicativo ipersemplificato, pre-semiotico: il presupposto che la frequenza dell'esplicitazione di un argomento nei media sia l'indicazione usata dai destinatari per rilevarne la significatività, implica un'idea di messaggio in cui tutti gli elementi necessari per la sua comprensione e interpretazione vi sono contenuti esplicitamente.

Le ricerche sui processi di comprensione e di messa-in-discorso – negli ambiti della psicologia cognitiva e della semiotica testuale – procedono in una diversa direzione, sottolineando che per l'interpretazione e la comprensione di un testo sono essenziali anche elementi che non vi sono esplicitamente menzionati. Per essere in grado di trattare l'informazione contenuta nel testo, il destinatario deve combinare l'informazione in entrata con quella già stivata in memoria:

> *la prima parte di un testo (o anche solo i primi elementi lessicali in esso) attivano una scena schematica,*[9] *in cui molti elementi sono ancora lasciati, per così dire, in bianco; le seguenti parti del testo vanno a riempire questi spazi bianchi (o almeno alcuni di questi), introducendo nuove scene, cambiandone e sovrapponendone altre in vario modo, secondo legami causali, temporali ecc. Chi interpreta si costruisce man mano un mondo possibile mentale, ove inserisce i nuovi dettagli che il testo gli viene fornendo, modificando, ove necessario, le precedenti scene che si era costruito. Un testo coerente è un testo in cui le varie parti contribuiscono alla creazione di un'unica scena, in genere molto complessa. È importante sottolineare che la natura finale di questo "mondo testuale" molto spesso dipende da aspetti delle scene che non sono mai esplicitamente menzionati nel testo. Ciò ci riconduce al ruolo e all'importanza che le conoscenze extralinguistiche giocano nell'interpretazione testuale, e alla necessità di un modello teorico che permetta di dare ragione del sistema inferenziale richiesto per la comprensione del testo* (Violi, 1982, 93).

Questo orientamento ribadisce lo spostamento di tendenze che si sta verificando - senza un progetto unitario ma in modo quasi generalizzato - in molto ambiti di indagine relativi, in senso lato, ai problemi comunicativi, e che tocca anche il campo specifico di cui ci si sta occupando. È evidente infatti che un'ipotesi che riguarda esplicitamente la capacità dei media di fornire ai riceventi sistemi strutturati di conoscenze (non solo l'ordine del giorno dei temi ma anche la sua gerarchia interna), non può ignorare del tutto il problema di *come* avviene tale passaggio, di quali meccanismi comunicativi, interpretativi, di comprensione e memorizzazione, stanno a fondamento e garanzia del verificarsi di tale effetto. Non è più il problema della decodifica aberrante che "stravolge" l'insieme di conoscenze trasmesse dai media, e nemmeno quello di come la percezione e l'esposizione selettiva modificano il contenuto fruito rispetto a quello trasmesso. Trattandosi di effetti a lungo termine, che esorbitano dal singolo episodio comunicativo, il problema per l'ipotesi di agenda-setting è di avere un modello sufficientemente attendibile e complesso in grado di spiegare come l'informazione nuova assorbita dai media si *trasforma* in elementi dell'enciclopedia dei destinatari, cioè dell'insieme delle loro conoscenze sul mondo.

Indubbiamente l'ipotesi di agenda-setting non si confonde con questo modello, ma deve disporne: non può limitarsi, come principio di spiegazione, al presupposto della frequenza, che non è in grado di spiegare e giustificare il realizzarsi di un effetto cognitivo così complesso e rilevante.

Questo è uno dei punti di maggior interesse e di più feconda produttività dell'ipotesi stessa, anche se per questa via, la sua immediata operatività e verifica empirica articolata risultano ancora lontane.

Una traccia di quest'impostazione "allargata" dell'agenda-setting si trova in alcuni lavori di Findahl-Höijer (1975) e di Larsen (1980; 1983). Quest'ultimo in particolare, cerca di ampliare l'ambito dell'ipotesi, includendovi l'analisi delle procedure di trattamento e di ricordo dell'informazione (*news memory, discourse processing*). Lo scopo è di delineare alcuni tratti fondamentali del processo di apprendimento che ha luogo nell'effetto di agenda-setting: i risultati (provvisori e limitati dalla scarsità degli studi attuati, ma pur tuttavia significativi) indicano che le strategie di trattamento dell'informazione seguite dai destinatari riguardano soprattutto l'identificazione delle macrostrutture nei notiziari, e che queste ultime sono ciò che è ricordato meglio. In altri termini, la sensatezza di un testo, di un discorso, di un insieme di proposizioni, non è legata soltanto al suo essere coerente nella connessione tra frase e frase, ma anche al suo essere globale, nel fatto cioè di possedere una unità, un "tema conduttore". La macrostruttura è derivata dalla informazione rappresentata nelle diverse proposizioni che compongono un testo e tale derivazione si realizza attraverso macroregole quali la soppressione (di dettagli irrilevanti), la generalizzazione e la "costruzione" (in cui per esempio, le azioni-componenti definiscono un'azione complessiva) (van Dijk, 1983). Ma se si tien conto che i processi di comprensione non riguardano solo la comprensione dei testi ma anche quella degli stati di cose descritti dai testi, diventa chiaro che tali processi implicano in modo cruciale ampi strati di conoscenze sul mondo, precedentemente acquisiti. "Usare [questa] conoscenza nel processo di comprensione del discorso, significa essere in grado di correlare il discorso stesso a qualche struttura di conoscenza preesistente che quindi fornisce a esso un modello di situazione" (van Dijk-Kintsch, 1983, 337).

È probabile – e alcune ipotesi sulle procedure di comprensione e memorizzazione dei testi lo pongono come un assunto centrale – che vi siano delle strategie di uso delle conoscenze, cioè che in luogo di una "più o meno cieca attivazione di tutta la conoscenza possibile [nella comprensione di un testo, l'uso della conoscenza] sia strategico, dipendendo dagli scopi dell'individuo, dalla quantità di conoscenza disponibile dal testo e dal contesto, dal livello di trattamento o dal grado di coerenza necessario per la comprensione, che sono appunto criteri per l'uso strategico della conoscenza" (van Dijk-Kintsch, 1983, 13).

Il ruolo preminente delle macrostrutture nella comprensione e memorizzazione dei testi informativi, non è l'unico risultato indicato nel lavoro di Larsen (1983): per quanto riguarda infatti la funzione delle conoscenze già stivate in memoria, sembra attuarsi una dinamica del processo di comprensione e di ricordo, che restringe in parte il senso dell'ipotesi di agenda-setting.

La conoscenza acquisita precedentemente circa gli eventi, i cui aggiornamenti formano il notiziario, sembra incidere secondo due direzioni:

a. la memorizzazione si concentra più sull'informazione già acquisita che non su quella nuova. La familiarità con l'argomento ne accresce cioè la facilità di memorizzazione.

b. Tra l'informazione nuova, sembra privilegiata quella cronologicamente più recente (gli ultimi sviluppi di un fatto) piuttosto che quella che amplia le conoscenze (cioè l'informazione di sfondo).

Ne consegue – in base a queste due procedure di memorizzazione e di stivaggio di informazione – che risulterebbe accentuata (ed eventualmente aggiornata) quella parte di conoscenza sul mondo già per qualche verso acquisita (Larsen, 1983).

A riprova del fatto che l'ipotesi dell'agenda-setting contiene elementi che la spingono a confrontarsi con i problemi della comprensione e della memorizzazione, stanno anche due diversi modelli esplicativi che MacKuen e Coombs (1981) illustrano a proposito dell'impatto dell'informazione nuova acquisita tramite i media.

Il primo modello – dell'*attenzione* – suggerisce che la ricettività del destinatario all'informazione nuova varia proporzionalmente all'attenzione per l'informazione presentata e alla sua capacità cognitiva di trattarla adeguatamente, comprenderla, inserirla negli schemi di conoscenza acquisita.

Il secondo modello – dell'*inquadramento cognitivo* – sostiene invece che i soggetti più attenti, interessati, con maggior competenza cognitiva, sono anche i meno ricettivi all'influenza, in quanto dotati di un sistema di conoscenze già ben articolato e radicato.

In conclusione – al di là del fatto che ci sono diversi livelli e procedure di comprensione e che ci sono molti modi in cui un testo può essere compreso – rimane la constatazione che è lungo le linee di ricerca qui appena accennate che alcuni problemi concettuali dell'ipotesi di agenda-setting si stanno ulteriormente elaborando e articolando. La natura cumulativa di tale effetto cognitivo dei media è infatti difficilmente analizzabile se si rimane completamente estranei alla problematica dei processi semiosici di comprensione, elaborazione e memorizzazione delle conoscenze diffuse dai discorsi dei mass media.

2.4.3 Il parametro temporale nell'ipotesi dell'agenda-setting

S'è detto più volte che l'influenza della comunicazione di massa è ora studiata come effetto a lungo termine: si pone quindi il problema di individuare l'arco temporale ottimale per verificarne l'esistenza o meno. "Intuitivamente la variabile temporale apparirebbe cruciale, ma una rassegna della letteratura in proposito indica che essa non è stata trattata come tale. La questione dell'appropriato *frame* temporale per l'agenda-setting deve essere ancora elaborata" (Eyal-Winter-DeGeorge, 1981, 212).

Complessivamente in questo tipo di ricerca si distinguono cinque diversi parametri temporali:

a. il *frame* temporale, cioè l'intero periodo di rilevazione dei dati delle due agende (media e pubblico), l'estensione globale del tempo in cui si attua la verifica dell'effetto;

b. l'intervallo temporale (*time-lag*), cioè il periodo che trascorre tra la rilevazione della variabile indipendente (la copertura informativa dei media) e quella dipendente (l'agenda del pubblico);

c. la durata di rilevazione dell'agenda dei media, cioè il periodo complessivo di copertura informativa durante il quale si raccoglie l'agenda, per mezzo dell'analisi di contenuto. Nel caso di campagne elettorali, spesso è la durata dell'intera campagna;

d. la durata di rilevazione dell'agenda del pubblico, cioè il periodo durante il quale è rilevata la conoscenza che il pubblico ha degli argomenti più significativi;

e. la durata dell'effetto ottimale, cioè il periodo entro il quale si determina la massima associazione tra l'enfatizzazione dei temi da parte dei media e il loro rilievo nelle conoscenze del pubblico (Eyal-Winter-DeGeorge, 1981).

Appare immediatamente evidente che ciascuno di questi parametri è molto difficile da determinare: quale è l'intervallo migliore tra la misurazione di un'agenda e quella dell'altra? Quanto tempo deve passare prima che l'effetto di agenda si manifesti o, al contrario, prima che si attenui e svanisca? Quale è la durata migliore per rilevare l'agenda dei media?

Sono interrogativi privi di una risposta teoricamente fondata e motivata; eppure essi influiscono probabilmente tutti in misura notevole sui risultati che si possono ottenere.

Dall'insieme della ricerca finora svolta, inoltre, non giungono indicazioni univoche e teoricamente soddisfacenti: il *frame* temporale può andare da due settimane a tre anni o più; alcuni studi presentano sovrapposizione tra la rilevazione dell'agenda dei media e quella del pubblico, con conseguente assenza di *time-lag*, mentre in altri casi c'è un *time-lag* di cinque o nove mesi. Uno studio di Stone-McCombs (1981) indica in un periodo variabile dai due ai sei mesi il tempo necessario per un tema di media rilevanza nazionale, a essere registrato tra quelli importanti per il pubblico: la conclusione è comunque solo indicativa e orientativa.

Anche il periodo di determinazione dell'agenda dei media è molto variabile, andando dall'analisi di contenuto di una sola settimana a molti mesi di rilevazione. Un altro aspetto cruciale, la cui determinazione è ancora imprecisa, riguarda l'intervallo di tempo a partire dal quale misurare la conoscenza dei temi nel pubblico: trattandosi per definizione, di effetti cognitivi e cumulativi, si può pensare che essi rimangano rilevabili anche dopo un certo periodo di tempo. In questo caso, tuttavia, diventa difficile attribuirli alla copertura informativa del periodo in cui è stata rilevata l'agenda dei media, piuttosto che al fatto che la fruizione di comunicazioni di massa nel periodo del *time-lag* interferisce probabilmente con l'agenda-setting. "Il numero di altri fattori all'opera nel periodo di costruzione [dell'agenda] con effetti di potenziale rinforzo sulla salienza del tema, dovrebbe renderci cauti sulla direzione di qualsiasi effetto dei media" (Lang-Lang, 1981, 450).

D'altra parte, rispetto al problema della determinazione ottimale del *time-lag*, è pertinente anche la scelta dell'evento sul quale misurare l'effetto di agenda (campagna elettorale vs. evento specifico vs. insieme di temi particolari la cui copertura dura un periodo prolungato, per esempio la trattativa per il disarmo ecc.). Infatti, le *issues* "variano rispetto alla quantità di tempo necessaria per collocarle in una posizione di rilievo nell'opinione pubblica. Un embargo petrolifero spinge improvvisamente il tema della scarsità delle fonti di energia e della politica di risparmio energetico, nelle agende del pubblico. Una fuoriuscita di greggio rende importante il tema dell'inquinamento ambientale, mentre possono occorrere anni perché il tema della moralità nel governo diventi preminente nella consapevolezza del pubblico.

"Dato che ogni *issue* ha la propria dinamica temporale, esaminare più di un tema alla volta può risultare problematico" (Eyal-Winter-DeGeorge, 1981, 216). Una verifica negativa di effetto d'agenda può semplicemente corrispondere al fatto che i tempi di influenza delle diverse *issues* non sono sincroni.

D'altra parte occorre anche considerare che "dopo pochi anni che un argomento è in posizione rilevante nei media, la maggior parte della gente si è già fatta un'idea su di esso ed è quindi meno in grado di essere influenzata rispetto a quando l'*issue* è diventata rilevante nei media per la prima volta" (Zucker, 1978, 237). Le conoscenze cioè, sono già entrate a far parte dell'enciclopedia dei destinatari, mentre le domande dei questionari o delle interviste nella rilevazione dell'agenda del pubblico chiedono di menzionare soprattutto l'informazione nuova, recentemente acquisita attraverso l'esposizione ai media in un periodo di tempo non troppo lontano.

Infine, sui temi coperti dai media in maniera costante, l'attenzione tende ad affievolirsi e l'informazione è più difficile da recepire, tranne che nei momenti di salienza di una "continuing story".

Va notato, per concludere, che nonostante l'agenda-setting sia un'ipotesi sull'influenza cumulativa e sugli effetti a lungo termine, in realtà la ricerca si è spesso limitata a un contesto comunicativo specifico, quello della "campagna", tradendo così in un certo senso le premesse iniziali. Ovviamente buone ragioni metodologiche giustificano questo dato di fatto, ma in ogni caso - come detto in 1.4.3 - la situazione comunicativa della "campagna elettorale" è per molti aspetti incongrua rispetto alla ricerca di effetti cognitivi sedimentati. È evidente però che appena si abbandonano i limiti temporali formalmente definibili e riconoscibili di una campagna presidenziale, i problemi illustrati in questo paragrafo si fanno difficili e complessi. È quasi impossibile, allo stato attuale, fornire indicazioni conclusive sull'aspetto metodologico del *frame* temporale nella ricerca di agenda-setting: le osservazioni citate concordano nel ritenere che la strada da seguire sia di analizzare indipendentemente mezzi di comunicazione diversi e *issues* differenti, usando modelli di *frame* temporale variati.

2.4.4 Altre questioni in agenda

Prima di accennare brevemente ad alcuni problemi che - insieme ai precedenti - prefigurano i possibili "inneschi" con approcci di ricerca diversi, vi sono altre caratteristiche da esplicitare.

Si possono distinguere tre tipi di agenda del pubblico o, come affermano McLeod-Becker-Byrnes (1974), tre tipi di salienza:

a. l'agenda intrapersonale (o salienza individuale), che corrisponde a ciò che l'individuo ritiene essere i temi più importanti: è una rilevanza personale assegnata a un problema dalla persona, nei termini del proprio insieme di priorità;

b. l'agenda interpersonale (salienza comunitaria), cioè i temi dei quali e sui quali l'individuo parla e discute con altri: essa definisce quindi una rilevanza intersoggettiva, cioè l'attuale quantità di importanza assegnata a un tema entro una rete di rapporti e di comunicazione interpersonale;

c. il terzo tipo di agenda è relativo alla percezione che un soggetto ha dello stato dell'opinione pubblica (*perceived community salience*; De George, 1981): è la salienza percepita, cioè l'importanza che l'individuo pensa gli altri attribuiscano al tema; corrisponde a un "clima d'opinione" e può rientrare nelle cosiddette tematizzazioni.

Nella maggior parte dei casi, le ricerche focalizzano soprattutto il primo tipo di agenda – intrapersonale – essendo quello più prossimo all'esistenza di un effetto causale diretto tra conoscenze diffuse dai media e rilevanza attribuita dall'individuo alle varie *issues*. È anche il tipo di agenda più facilmente rilevabile con le metodologie normalmente impiegate (questionari, interviste). La configurazione degli altri due tipi di agenda – oltre a porre alcuni dei problemi visti nei paragrafi precedenti – richiederebbe anche l'apprestamento di strumenti di rilevazione diversi. È evidente comunque che a seconda del tipo di agenda del pubblico che si sceglie di focalizzare, alcune delle numerose variabili che entrano in gioco in un'ipotesi sostanzialmente così complessa come questa, divengono più rilevanti di altre: per esempio, la variabile della "centralità" del tema (vedi 2.3.2 e 2.4.1) riguarda più l'agenda intrapersonale che non quella interpersonale.

Un'altra tripartizione si riferisce al modello dell'effetto di agenda (Becker-McCombs-McLeod, 1975). L'influenza cognitiva può essere infatti elaborata nelle seguenti forme:

a. modello della consapevolezza: riguarda soltanto la presenza o assenza di un tema nell'agenda del pubblico;

b. modello della salienza: riguarda la presenza di alcuni temi, due o tre, e consente qualche indicazione sulla loro importanza relativa. In questo modello però non si cerca l'esatta replica di tutta l'agenda dei media da parte del pubblico;

c. modello delle priorità: esso riguarda la completa gerarchia in un insieme più completo di temi, da parte degli individui, e implica il confronto tra tale gerarchia e l'attenzione prestata dai media ai temi gerarchizzati.

Tali differenziazioni sono il sintomo dell'esigenza di articolare il nucleo forte dell'ipotesi di agenda-setting, in direzioni più specifiche, in modo simile alla distinzione tra livelli diversamente complessi di conoscenze acquisite (Benton-Frazier, 1976, vedi 2.3.3). Il fatto che per questa via l'ipotesi si complichi e la sua verifica diventi sempre più "ardua", è una delle due tensioni più rilevanti cui è sottoposta questa tendenza di ricerca.

L'altra è rappresentata – a mio parere – dal richiamo che su di essa si esercita da aree vicine: ecco un esempio di convergenza possibile. Tra le critiche costruttive che i Lang (1981) muovono all'ipotesi di agenda-setting, c'è quella di "attribuire ai media nello stesso tempo troppa e troppo poca influenza. L'intera questione di come si originano le *issues* è trascurata né vi è alcun riconoscimento del processo di costruzione delle agende o del processo attraverso cui un oggetto che ha afferrato l'opinione pubblica per il fatto di essere una notizia importante, dà luogo a un tema politico" (Lang-Lang, 1981, 448). L'agenda-setting ha quindi bisogno di allargare i propri riferimenti teorici fino a inglobare il tema di cosa è e come nasce una *issue*, altrimenti senza una definizione e delimitazione chiara di questa parte del proprio oggetto di ricerca, essa diventa così onnicomprensiva da rendersi poco significativa. Anche a questo proposito la ricerca esistente palesa dislivelli e disomogeneità. I temi infatti sono stati di volta in volta concettualizzati come:

a. "preoccupazioni" (*concerns*) cioè le cose di cui le persone sono individualmente preoccupate;

b. "percezione dei problemi-chiave", cioè le questioni che il governo dovrebbe affrontare e risolvere;

c. "esistenza di alternative politiche" tra le quali la gente deve scegliere;

d. "controversie pubbliche";

e. "ragioni o motivi soggiacenti a una spaccatura politica" (Lang-Lang, 1981).

La prossimità e parziale sovrapposizione tra queste accezioni è solo uno dei problemi relativi alla determinazione del concetto di "tema": l'altro aspetto cruciale è che i temi hanno uno sviluppo molto eterogeneo nella loro "vita comunicativa", mal rappresentato dalla pura e semplice ricerca di correlazioni positive tra agende dei media e del pubblico. Per esempio, si è già accennato al fatto che non tutti i temi hanno la stessa visibilità e la stessa soglia di rilevanza per i destinatari: rispetto a questa condizione di partenza, il "lavorìo" operato dai media per portare in agenda temi diversamente visibili, rappresenta una fase di grande importanza ma di esito incerto, legato a molteplici variabili.

Si può ipotizzare dunque che più che lineare, il processo di "costruzione di agenda sia un processo collettivo con un certo grado di reciprocità" (Lang-Lang, 1981, 465).

Alcune fasi in particolare, sembrano essere rilevanti:

1. i media enfatizzano un evento, un'azione, un gruppo, una personalità ecc., così che passa in primo piano. Tipi diversi di temi richiedono quantità e qualità differenti di copertura per attirare l'attenzione. Questa è la fase della *focalizzazione*, ma è solo la prima, necessaria ma di per sé non sufficiente a determinare l'influenza cognitiva;

2. l'oggetto focalizzato dall'attenzione dei media deve essere *inquadrato*, deve essere interpretato alla luce di un qualche tipo di problema che esso rappresenta: è la fase del *framing*, cioè dell'"imposizione" di un quadro interpretativo a ciò che è stato coperto intensivamente;

3. nella terza fase, si crea un *legame* tra l'oggetto o evento, e un sistema simbolico, cosicché l'oggetto diventa parte di un panorama sociale e politico riconosciuto; è la fase in cui i media sono decisivi nel legare eventi discreti, discontinui, in una vicenda costante, che si sviluppa senza soluzione di continuità;

4. infine, il tema acquista peso se può personificarsi in individui che se ne facciano "portavoce". La possibilità di dare forma all'agenda sta in gran parte nella loro abilità di dirigere l'attenzione dei media, in un processo di enfatizzazione che ripropone l'intero ciclo di fasi.

L'importanza di questa indicazione risiede – secondo me – nel fatto di esplicitare alcuni legami fondamentali tra *a.* la logica interna al funzionamento dell'informazione di massa, *b.* i criteri di rilevanza che la strutturano, *c.* i processi simbolici che presiedono all'attività comunicativa, *d.* le influenze cognitive che, attraverso mediazioni complesse tra tutte queste variabili, possono realizzarsi sull'individuo.

Il cammino dell'ipotesi di agenda-setting sembra quindi

orientato ad articolare la propria formulazione iniziale da un lato verso l'approfondimento sulla dinamica interna di un effetto peculiarmente cognitivo e cumulativo, dall'altro lato verso la verifica più precisa della continuità tra logica produttiva negli apparati di informazione e meccanismi di acquisizione delle conoscenze da parte dei destinatari.

Se è vero che "l'evidente semplicità della formulazione dell'agenda-setting spiega gran parte della sua attrattiva" (Lang-Lang, 1981, 448), spero che risulti altrettanto chiaro come la fecondità conoscitiva di questa direzione di lavoro passa attraverso l'integrazione delle molte suggestioni che essa implicitamente già contiene.

3.
DALLA SOCIOLOGIA DEGLI EMITTENTI AL "NEWSMAKING"

3.1 Premessa

La seconda area della ricerca comunicativa recente, che offre molti punti di contatto con i temi esposti nei precedenti capitoli, è quella degli studi sugli emittenti e sui processi produttivi nelle comunicazioni di massa. Quest'ultimo ambito solo da qualche anno si è costituito come un vero e proprio filone di indagine. La sua rilevanza si lega anche al fatto che esso fornisce l'opportunità concreta di saldare i due principali indirizzi della ricerca, quello sociologico e quello specificamente comunicativo, rappresentando in questo senso un esempio già parzialmente realizzato del superamento disciplinare tante volte auspicato per la ricerca mediologica. Inoltre, alcuni spunti contenuti nel capitolo precedente illustrano le convergenze in atto tra la ricerca sugli emittenti e sulla logica produttiva nei media da un lato, e quella sugli effetti a lungo termine dall'altro lato, manifestando quindi altre connessioni da approfondire.

Infine, uno dei risultati significativi di questo ambito di ricerca è stato di de-ideologizzare l'analisi e il dibattito sulle comunicazioni di massa in generale e sul settore dell'informazione in particolare, favorendo nel contempo un'attenzione maggiore per le evidenze fornite dal lavoro di ricerca. Occorre precisare, comunque, che all'interno di un approccio che dovrebbe essere rivolto a tutta la produzione di comunicazione di massa, gli sforzi di analisi si sono rivolti nella stragrande maggioranza dei casi al campo dell'informazione, data la sua rilevanza e centralità. Dunque di fatto – tranne alcune eccezioni – la sociologia degli emittenti riguarda essenzialmente i produttori di notizie. Da questo punto di vista quindi, il capitolo tratta temi e argomenti specifici di un ambito particolare della *communication research*, mentre per altri versi esso testimonia delle mutazioni più significative che la percorrono nella sua interezza.

L'oscillazione tra illustrare i risultati di questo tipo di ricerca e trarne indicazioni generali riguardo a problemi complessi è lo scotto da pagare al fatto di scegliere un esempio specifico per "leggervi" le manifestazioni di una tendenza che ingloba la ricerca comunicativa nel suo complesso.

3.2 Gli studi sugli emittenti: dal "gatekeeper" al "newsmaking"

Se per l'insieme della ricerca mediologica si può concordare con Golding-Murdock che sostengono che non c'è stato uno sviluppo lineare da un approccio limitato a un paradigma onnicomprensivo, ma al contrario un insieme di prospettive in concorrenza tra loro per "dominare" il campo (Golding-Murdock, 1978), per quanto riguarda gli studi sugli emittenti, un andamento lineare e progressivo verso conoscenze più articolate c'è stato. Ciò forse è dovuto all'assenza di paradigmi teorici diversi in concorrenza reciproca: l'approccio infatti è stato ed è essenzialmente di tipo sociologico (può variare semmai la metodologia di ricerca: dal questionario all'osservazione).

Gli ostacoli che invece hanno limitato questo ambito sono stati di diverso ordine: da un lato la natura amministrativa di buona parte della *communication research* ha contribuito a smorzare l'interesse conoscitivo del tema. Infatti gli studi sugli emittenti "sono stati confinati, complessivamente, ai livelli più bassi delle operazioni produttive dei media [...]. I livelli più alti della pianificazione economica e della programmazione politica rimangono praticamente inesplorati; le questioni più ampie e rilevanti sono poste raramente e ci sono stati pochissimi tentativi sistematici di studiare l'emittente che occupa una posizione cruciale in una rete sociale, con la possibilità di rifiutare e di selezionare l'informazione in consonanza con la gamma di pressioni che si esercitano in un dato sistema sociale" (Halloran, 1969, 7).

Dall'altro lato ha influito anche il modello comunicativo informazionale che enfatizzando lo studio del messaggio e degli effetti, trascurava quello sui comunicatori. Non è un caso, quindi, che la rilevanza dello studio sugli emittenti si precisa a mano a mano che questi due fattori vengono superati: parallelamente al radicarsi della centralità sociale dei media e al mutamento (lento e non definitivo) di teoria comunicativa, lo studio degli emittenti si sviluppa da alcuni concetti semplici ad articolazioni più complesse tra variabili che non riguardano solo la logica produttiva interna ai media. Due sono stati gli approcci che hanno caratterizzato questo sviluppo: il primo – legato alla sociologia delle professioni – ha studiato gli emittenti dal punto di vista delle loro caratteristiche sociologiche, culturali, degli standard di carriera che essi seguono, dei processi di socializzazione che subiscono e così via. In questa prospettiva, cioè, sono studiati alcuni fattori "esterni" all'organizzazione del lavoro, che influenzano i processi produttivi dei comunicatori.

Un esempio è dato dalla ricerca di Cantor (1971) sui produttori televisivi di Hollywood, nella quale l'autrice analizza i rapporti tra *background* sociale, addestramento professionale, ruoli produttivi, gruppi di riferimento, richieste organizzative e restrizioni operative. Entro questo tessuto di variabili, si individua una tipologia del ruolo professionale di produttore televisivo (fondata su elementi quali il reclutamento, la socializzazione e la carriera professionale, gli scopi perseguiti, i valori condivisi) e si osserva come essa si correla alle costrizioni dei processi produttivi. Risulta, per esempio, che mentre i produttori hanno piena autorità su sceneggiatori e attori per quanto riguarda la realizzazione, le loro decisioni sono invece subordinate ai dirigenti dei network per i quali i programmi vengono prodotti (a loro volta, ovviamente, vincolati alle esigenze degli sponsor e degli indici di ascolto). Il produttore si percepisce come un "middleman", costretto a muoversi tra costanti negoziazioni sia verso lo staff che verso il network, per giungere a un prodotto accettabile per tutti.

Il secondo approccio invece è rappresentato dagli studi che analizzano la *logica dei processi* con cui è prodotta la comunicazione di massa e il tipo di organizzazione del lavoro entro cui avviene la "costruzione" dei messaggi. Tali determinazioni - assai complesse - appaiono decisive rispetto al prodotto finito, sia esso un notiziario o una serie di telefilm.

Per i motivi accennati in 3.1, mi soffermerò su questa seconda prospettiva di studio, di cui illustro ora le tappe più significative.

3.2.1 La ricerca sui *gatekeepers*

Il concetto di *gatekeeper* (selezionatore) venne elaborato da Kurt Lewin in uno studio del 1947 sulle dinamiche interattive nei gruppi sociali, in particolare rispetto ai problemi legati al mutamento di abitudini alimentari. Identificando i "canali" nei quali fluisce la sequenza di comportamenti relativi a un certo campo, Lewin osserva che alcune zone nei canali possono funzionare da "cancello", da "portiere": "la costellazione delle forze prima e dopo la zona filtro è decisamente diversa, in modo tale che il passaggio o il blocco dell'unità attraverso l'intero canale dipende in grande misura da ciò che succede nella zona filtro. Ciò accade non solo per i canali dell'alimentazione ma anche per la sequenza di un'informazione attraverso i canali comunicativi in un gruppo" (Lewin, 1947, 145).

Le zone filtro sono controllate o da sistemi oggettivi di regole o da *gatekeepers*: in questo caso un individuo o un gruppo ha "il potere di decidere se lasciare passare o bloccare l'informazione" (*ibid.*).

White (1950) usò questo concetto per studiare lo sviluppo del flusso di notizie entro i canali organizzativi degli apparati di informazione, e soprattutto per individuare i punti che funzionano da "cancelli", che determinano se l'informazione passa o viene scartata. Lo studio di un caso - l'osservazione di come agisce "Mr. Gates", un giornalista con 25 anni di esperienza che opera in una città del Midwest di 100.000 abitanti e che ha il compito di selezionare, dalla grande quantità di dispacci d'agenzia che arriva ogni giorno, le notizie da pubblicare sul giornale - permette di comprendere come avviene il processo di selezione, sia quantitativamente che qualitativamente.

Circa nove dispacci di agenzia su dieci vengono eliminati e solo uno su dieci trova la via per comparire come notizia sul giornale. Inoltre, anche se i motivi in base ai quali il selezionatore compie le proprie scelte cestinando la maggior parte delle agenzie, possono apparire fortemente soggettivi, in realtà se si osserva il tipo di storie (con relative proporzioni) fornite dalle agenzie e quelle scelte da "Mr. Gates", esse appaiono quasi identiche. Solamente in tre categorie c'è uno scarto percentuale di due punti, tra i dispacci di agenzia e le notizie "passate" dal giornalista addetto.

La ricerca di White mostra che "delle 1333 spiegazioni del rifiuto di una notizia, quasi 800 le attribuivano alla mancanza di spazio e circa 300 citavano sovrapposizione con storie già selezionate o mancanza di interesse giornalistico o di qualità di scrittura. Altri 76 casi riguardavano eventi in aree troppo lontane dal giornale e quindi presumibilmente prive di interesse per il lettore [...]. Statisticamente queste *norme professionali sopravanzavano la distorsione soggettiva* per quanto riguarda le spiegazioni fornite dal giornalista e riportate da White" (Hirsch, 1977, 22). Anche ricerche successive ribadiranno che nella selezione e nel filtro delle notizie, le norme occupazionali, professionali e organizzative sembrano essere più forti delle preferenze personali.

Il merito di questi primi studi è stato di individuare *dove*, in quali punti dell'apparato, l'azione di filtro viene esercitata *esplicitamente* e *istituzionalmente*. White analizza l'attività di *gatekeeping* nello specifico senso di selezione: successivamente questo tipo di ricerca conosce altre due fasi, centrate sul ruolo dell'apparato come istituzione sociale, e su un approccio sistemico. In altri termini, viene superato il carattere individualistico dell'attività del *gatekeeper*, accentuando in particolare l'idea della selezione come processo gerarchicamente ordinato e collegato a una rete complessa di *feed-back*.

"Le decisioni del *gatekeeper* non vengono realizzate tanto sulla base di una valutazione individuale di notiziabilità, quanto in rapporto a un insieme di valori che includono criteri sia professionali sia organizzativi, quali l'efficienza, la produzione di notizie, la velocità" (Robinson, 1981, 97).

Ampliando il problema dalla selezione del *gatekeeper* al controllo del processo informativo nel suo complesso, diventa molto importante il *come* viene esercitato tale filtraggio: "nella trasmissione del messaggio attraverso i canali, può essere coinvolto molto di più che non il semplice rigetto o accettazione [...]. Il *gatekeeping* nei mass media include tutte le forme di controllo dell'informazione, che possono determinarsi nelle decisioni circa la codificazione dei messaggi, la selezione, la formazione del messaggio, la diffusione, la programmazione, l'esclusione di tutto il messaggio o di sue componenti" (Donohue-Tichenor-Olien, 1972, 43).[1]

Su questo tema, le ricerche concordemente chiariscono che nella selezione i riferimenti impliciti al gruppo di colleghi e al sistema delle fonti prevalgono su quelli al proprio pubblico. Mentre quest'ultimo è poco conosciuto dai giornalisti, il contesto professionale-organizzativo-burocratico circostante esercita un'influenza decisiva sulle scelte dei *gatekeepers*:[2] l'ormai classico studio di Breed (1955) sul controllo sociale nelle redazioni – analizzando i meccanismi con i quali è mantenuta la linea editoriale-politica dei giornali – accerta che essa (raramente esplicitata e discussa) viene appresa "per osmosi" e viene imposta soprattutto mediante il processo di socializzazione dei giornalisti all'interno della redazione. La fonte principale di aspettative, orientamenti e valori professionali non è il pubblico ma il gruppo di riferimento costituito dai colleghi o dai superiori. Breed individua sei motivi che inducono conformità all'orientamento del giornale: *a.* l'autorità istituzionale e le sanzioni; *b.* i sentimenti di obbligazione e stima verso i superiori; *c.* le aspirazioni alla mobilità professionale; *d.* l'assenza di fedeltà di gruppo contrapposte; *e.* la natura piacevole del lavoro; *f.* il fatto che la notizia è diventata un valore.

Tutti questi fattori agiscono incrementando la formazione e la funzione del gruppo di riferimento. Il risultato è che il giornalista, nella sua attività quotidiana, "invece di aderire a ideali sociali e professionali, ridefinisce i propri valori sul livello più pragmatico del gruppo redazionale" (Breed, 1955, 335).

L'insieme di questi studi - oltre alla ricerca di Breed si possono ricordare quelle di Gieber (1956) su sedici "telegraph editors" e di Stempel (1964) sull'uso dell'Associated Press da parte di venti quotidiani americani - ha sottolineato complessivamente la necessità di integrare l'analisi del ruolo di *gatekeeper* in quella dell'insieme dei ruoli produttivi e dell'organizzazione burocratica, di cui esso è parte.

Questo passaggio segna la transizione dagli studi sulla manipolazione esplicita dell'informazione al problema della "distorsione inconsapevole" (*unwitting bias*) che si produce *costantemente* nella copertura informativa.

3.2.2 Gli studi sulla "distorsione involontaria"

A mano a mano che la ricerca sui comunicatori precisa il proprio interesse per le condizioni *normali*, quotidiane, in cui opera l'organizzazione giornalistica, viene messo in risalto un tipo di "deformazione" nei contenuti informativi non addebitabile a violazioni dell'autonomia professionale, ma piuttosto al modo in cui è organizzato, istituzionalizzato e svolto il mestiere di giornalista. In altri termini, se gli studi sui *gatekeepers* correlavano il contenuto dei giornali con il lavoro di selezione delle notizie svolto appunto dal "guardiano del cancello", gli studi recenti sulla produzione di notizie rapportano l'immagine della realtà sociale fornita dai media con l'organizzazione e la produzione routiniera degli apparati giornalistici.

> *[Ci si allontana] dal concetto di "manipolazione"* (bias), *[intesa come] la distorsione deliberata delle notizie a fini politici o personali, concetto che regolarmente limita la prospettiva di coloro che criticano i media, alle distorsio-*

ni volontarie e a breve termine. Il concetto di manipolazione implica una posizione di equilibrio, dalla quale le notizie possono essere tolte a causa dell'influenza del pregiudizio, del complotto o di coloro che hanno il potere politico e commerciale. Tale nozione ha due limiti cruciali. Uno è l'impossibilità di definire dove si colloca in realtà tale posizione di equilibrio [...]. L'altro è legato alla tentazione di assumere che se queste varie influenze potessero essere rimosse e i giornalisti potessero essere liberati dai vincoli che li legano, l'autonomia professionale garantirebbe una incorrotta imparzialità e completezza dell'informazione. [Il tipo di ricerca presentata in questo capitolo] è rivolto a illustrare come la professionalità, con i suoi valori e le sue routine, aggiunge essa stessa delle importanti restrizioni sull'informazione prodotta (Golding-Elliott, 1979, 12).

Da questo punto di vista, autonomia professionale e distorsione nell'informazione appaiono come due facce della stessa medaglia: la prospettiva è cioè molto più radicale di quella che riconducendo ogni carenza e manipolazione della copertura informativa *esclusivamente* a pressioni e influenze esplicite esterne si impedisce di cogliere il funzionamento della "distorsione incònsapevole", legata alle pratiche professionali, alle normali routine produttive, ai valori condivisi e interiorizzati circa le modalità di svolgere il mestiere di informare.

I legami tra questo approccio della sociologia degli emittenti e alcune altre tendenze della *communication research* sembrano piuttosto chiari e proficui. Da un lato c'è la connessione con lo studio degli effetti a lungo termine: le distorsioni inconsapevoli che giorno dopo giorno enfatizzano una certa rappresentazione della realtà sociale, penalizzandone determinati aspetti a vantaggio di altri, sono un elemento che entra in gioco nella dinamica della diffusione di effetti cognitivi legati a quell'immagine della realtà. Parallelamente al mutamento della cornice temporale nello studio sugli effetti, si è ampliato il *frame* temporale nelle analisi della produzione dei media: ora al centro dell'attenzione è la condizione normale, quotidiana, degli apparati, sia per i messaggi che producono sia per gli effetti che determinano.

Dall'altro lato, questa tendenza di ricerca è influenzata da e si inserisce nel rilievo che hanno assunto la sociologia della conoscenza e più in generale gli studi sui fenomeni culturali. Dei media - che costituiscono un nucleo centrale della produzione simbolica nelle società attuali - è necessario conoscere non solo i sistemi di valori, di rappresentazioni, di immaginario collettivo che essi propongono, ma anche il modo, i processi, le restrizioni e limitazioni con cui ciò avviene.

Rispetto a tale obiettivo, la ricerca tiene presenti sia i fattori organizzativi, burocratici, legati alla strutturazione dei processi produttivi, sia gli elementi più specificamente comunicativi, intrinseci cioè alla peculiarità della "materia prima" lavorata. La doppia e contemporanea attenzione verso entrambi gli elementi, risulta bene da alcuni studi che Golding-Elliott indicano come esemplari della *fase intermedia del passaggio dal gatekeeping al newsmaking*.

Si tratta di analisi della maniera in cui i media hanno rappresentato alcuni eventi particolari. Gli esempi più noti sono lo studio dei Lang (1953) sulla copertura televisiva del ritorno del generale MacArthur a Chicago, oppure lo studio - sempre dei Lang (1955) - sulla copertura che i tre networks americani fecero della Convenzione democratica del 1952, o infine la ricerca sul trattamento che i principali media inglesi riservarono a un'importante manifestazione londinese contro la guerra del Vietnam (Halloran e altri, 1970). Tutti questi lavori evidenziano l'esistenza di una logica specifica dei media (legata alle loro esigenze produttive, espressive, alla rete di fonti che usano, alle loro immagini del pubblico ecc.) che struttura in modo assai incisivo l'immagine degli eventi coperti. "Nella selezione dei principali materiali [...], nel tempo loro attribuito e nelle connessioni poste tra essi, [il giornalismo televisivo] lascia una sua impronta specifica sull'evento, creando un'atmosfera e un insieme di attese, *ciò che determina un contesto di interpretazione* del materiale visivo e dei "fatti" che formano l'evento stesso" (Lang-Lang, 1955, 181).

Le esigenze organizzativo-strutturali e le caratteristiche

tecnico-espressive proprie di ogni mezzo di comunicazione di massa sono elementi cruciali nel determinare la rappresentazione della realtà sociale fornita dai media.

In tutti questi studi di casi specifici, si parla sempre di "distorsione inconsapevole" (*unwitting bias*) o di "strutture inferenziali" (*inferential structures*), per indicare i criteri fondamentali che guidano la selezione degli eventi e la loro presentazione. La differenza principale rispetto agli studi sulla produzione di informazione (*newsmaking*) è che questi ultimi non riguardano la copertura di un evento particolare ma l'andamento normale della copertura informativa per periodi estesi. Si allarga la problematica dal caso eccezionale all'andamento routiniero.

3.2.3 Aspetti metodologici della ricerca sul *newsmaking*

Prima di esporre in modo articolato i punti principali di questo approccio, illustro sinteticamente l'aspetto metodologico che lo caratterizza.

Tutte le ricerche di *newsmaking* hanno in comune la tecnica dell'osservazione partecipante (tra gli esempi più rilevanti si possono citare Warner, 1971; Elliott, 1972; Epstein, 1973; Altheide, 1976; Schlesinger, 1978a; Tuchman, 1978; Alvarado-Bunscombe, 1978; Golding-Elliott, 1979; Gans, 1979; Fishman, 1980; Bantz-McCorkle-Baade, 1981). In questo modo è possibile raccogliere e ottenere sistematicamente le informazioni e i dati fondamentali sulle routine produttive operanti nell'industria dei media.

> *L'approccio etnografico, diversamente da altri approcci centrati sul* prodotto *dei media, consente l'osservazione, teoreticamente orientata, delle effettive pratiche sociali che danno luogo alla produzione culturale. Tutte le forme di analisi dei messaggi prodotti, si trovano di fronte complicati problemi di inferenza riguardanti i processi produttivi in quanto tali, e contengono quindi carenze esplicative* (Schlesinger, 1978b, 31).

I dati vengono raccolti dal ricercatore presente nell'ambiente oggetto di studio, sia con l'osservazione sistematica di quanto vi accade, sia attraverso conversazioni più o meno informali e occasionali o vere e proprie interviste, condotte con coloro che svolgono i processi produttivi.

I criteri specifici che presiedono alla raccolta e alla strutturazione del materiale osservativo via via accumulato possono essere diversi: l'importante è che la fase dell'osservazione (cioè della presenza del ricercatore sul campo) sia sempre legata a delle ipotesi di ricerca, sia orientata secondo assunzioni teoriche precise, e non indifferenziata e casuale. L'osservazione si svolge dunque entro due limiti che ne segnano l'insuccesso: da un lato l'insignificanza e l'assenza di un disegno di ricerca, dall'altro, all'opposto, l'imposizione di una selezione rigida del materiale osservabile. Anche rispetto al modo con cui lo studioso si comporta sulla scena sociale che studia, ci possono essere ampie variazioni: da un atteggiamento di osservatore passivo che riduce al minimo le interazioni con i soggetti analizzati, a un atteggiamento più partecipativo e integrato. Prima o poi, comunque, l'osservatore si trova di fronte a un momento in cui il suo ruolo rischia di confondersi con quello di partecipante-a-pieno-titolo all'attività osservata: è lo stadio noto con l'espressione "going native". In altri termini, "si comincia a riconoscere i valori e le azioni in modo così chiaro che diventa difficile immaginare come essi potrebbero essere diversi" (Elliott, 1972, 174). Il ricercatore cioè, assimila il modo di procedere, di pensare, di valutare, dei giornalisti e diventa "uno di loro", modificando il proprio ruolo nella situazione. Pur non essendo un partecipante in senso stretto al processo di produzione delle notizie, egli non è più soltanto un osservatore. Il passaggio coincide parzialmente con la socializzazione che si subisce da parte del e verso il gruppo studiato; l'interruzione o la conclusione del periodo di lavoro sul campo, consentono ciò che Schlesinger (1978 b) chiama *disengagement*, fase che normalmente si accompagna alla ristrutturazione del materiale raccolto, riorganizzandolo dal livello fenomenologico delle osservazioni sparse e frammentate, a quello più generale delle interpretazioni sociologiche sui caratteri fondamentali dei processi sociali studiati. Un altro momento delicato si trova all'inizio del periodo di osservazione, quando di solito viene consentito l'accesso all'apparato giornalistico, per un tempo brevissimo (due o tre giorni) evidentemente insufficiente anche solo a familiarizzarsi con l'ambiente. "Questo periodo, come quello delle interviste, è con ogni evidenza un ulteriore test di opportunità. Dovevo provare, molto ragionevolmente dal punto di vista della BBC, di poter essere non importuno" (Schlesinger, 1978b, 5), di non procurare cioè con la sola presenza, fastidi e intoppi nei normali processi produttivi.

Il problema di ottenere accesso prolungato nelle redazioni è evidentemente essenziale per questo tipo di studi.

Una caratteristica dell'etnografia della comunicazione, applicata ai problemi del *newsmaking* è di consentire l'osservazione dei momenti e delle fasi di crisi, quando si ridefiniscono in modo congruente fenomeni ed eventi ambigui, incerti o poco chiari; oppure quando riorganizzazioni parziali del lavoro o aggiustamenti della linea editoriale introducono equilibri instabili da stabilizzare. "L'esistenza di questi momenti di crisi corregge ogni immagine del processo di produzione come qualcosa di 'automatico'. Mentre in generale la produzione di notizie è routinizzata, le routine stesse sono continuamente corrette e i loro elementi entrano in nuovi rapporti" (Schlesinger, 1978b, 35).

Questi brevi spunti metodologici - senza ovviamente esaurire i problemi di una tecnica di ricerca molto usata non solo in sociologia ma anche in antropologia - sono serviti solo a sottolineare che, anche dal punto di vista degli strumenti di analisi, l'approccio del *newsmaking* si presenta con qualche novità rispetto alla maggior parte della *communication research*.

3.3 Il newsmaking: criteri di rilevanza e "notiziabilità"

"Quale immagine del mondo danno i notiziari radiotelevisivi? Come si correla questa immagine alle esigenze quotidiane della produzione di notizie nelle organizzazioni radiotelevisive?" (Golding-Elliott, 1979, 1).

Questi interrogativi definiscono l'ambito e descrivono i problemi di cui si occupa l'approccio del *newsmaking*. Esso si articola principalmente entro due binari: la cultura professionale dei giornalisti; l'organizzazione del lavoro e dei processi produttivi. Le connessioni e i rapporti tra i due aspetti costituiscono il punto centrale di questo tipo di ricerca.

Lo scopo dichiarato di ogni apparato di informazione è quello di fornire resoconti degli eventi significativi e interessanti. Anche se è evidentemente un proposito chiaro, come molti altri fenomeni apparentemente semplici, questo scopo è inestricabilmente complesso. Il mondo della vita quotidiana – la fonte delle notizie – è formato da una "sovrabbondanza di accadimenti" [...]. L'apparato di informazione deve selezionare questi eventi. Quanto meno, la selezione implica il riconoscere che un accadimento è un evento e non un casuale succedersi di cose la cui forma e il cui tipo si sottrae alla registrazione. Lo scopo di selezionare è reso più difficoltoso da un'ulteriore caratteristica degli accadimenti. Ciascuno di essi può rivendicare di essere unico, il frutto cioè di una specifica congiunzione di forze sociali, economiche, politiche e psicologiche che hanno trasformato un evento in "questo particolare evento" [...]. Dal punto di vista dell'apparato informativo è impossibile accettare questa pretesa per tutti gli accadimenti. Come qualsiasi altra organizzazione complessa, un mezzo di informazione non può lavorare su fenomeni idiosincratici. Deve ridurre tutti i fenomeni entro classificazioni costruite apposta, così come gli ospedali "riducono" ogni paziente a un insieme di sintomi e di malattie [...]. Queste esigenze legate alla sovrabbondanza di accadimenti indicano che gli apparati di informazione, al fine di produrre notizie, devono soddisfare (tra gli altri) a tre compiti:

1. devono rendere possibile il riconoscere un accadimento (compresi quelli eccezionali) come evento notiziabile;

2. devono elaborare modi di riportare gli eventi, che non tengano conto della pretesa di ogni accadimento a una trattazione idiosincratica;

3. devono organizzare il lavoro temporalmente e spazialmente in maniera tale che gli eventi notiziabili possano affluire ed essere lavorati in modo pianificato. Questi compiti sono interrelati (Tuchman, 1977, 45).

Nella produzione di informazione di massa abbiamo dunque, da un lato la cultura professionale, intesa come "un inestricabile groviglio di retoriche di facciata e astuzie tattiche, di codici, stereotipi, simboli, tipizzazioni latenti, rappresentazioni di ruoli, rituali e convenzioni, relativi alle funzioni dei media e dei giornalisti nella società, alla concezione del prodotto-notizia, e alle modalità che sovrintendono alla sua confezione. L'ideologia si traduce poi in una serie di paradigmi e di pratiche professionali adottate come naturali" (Garbarino, 1982, 10).

Dall'altro lato ci sono restrizioni legate all'organizzazione del lavoro, sulle quali si costruiscono convenzioni professionali "che determinano la definizione di notizia, legittimano il processo produttivo (dall'uso delle fonti alla selezione degli eventi, alle modalità di confezione) e contribuiscono a prevenire le critiche del pubblico" (Garbarino, 1982, 12). Si determina così un insieme di criteri di rilevanza che definiscono la *notiziabilità* (*newsworthiness*) di ogni evento, cioè la sua "attitudine" a essere trasformato in notizia.

In questo quadro, l'intreccio tra caratteristiche dell'organizzazione del lavoro negli apparati dei media ed elementi della cultura professionale è assolutamente stretto e vincolante, ed esso definisce appunto l'insieme di caratteristiche che gli eventi devono possedere (o presentare agli occhi dei giornalisti) per poter essere trasformati in notizie, cioè per riuscire a soddisfare i tre compiti prima citati. La notiziabilità è costituita dal complesso di requisiti che si richiedono agli eventi – dal punto di vista della struttura del lavoro negli apparati informativi *e* dal punto di vista della professionalità dei giornalisti – per acquistare l'esistenza pubblica di notizie. Tutto ciò che non risponde a tali requisiti viene "scremato", in quanto non adeguato alle routine produttive e ai canoni della cultura professionale: non acquisendo lo statuto pubblico di notizia, rimane semplicemente un evento che si perde tra la "materia prima" che l'apparato informativo non riesce a trasformare e che quindi non andrà a far parte delle conoscenze sul mondo acquisite dal pubblico attraverso la comunicazione di massa. Si può anche dire che la notiziabilità corrisponde all'insieme di criteri, operazioni, strumenti con cui gli apparati di informazione affrontano il compito di scegliere quotidianamente, da un numero imprevedibile e indefinito di accadimenti, una quantità finita e tendenzialmente stabile di notizie.

La notiziabilità, cioè, è strettamente legata ai processi di routinizzazione e di standardizzazione delle pratiche produttive: essa equivale a introdurre pratiche produttive stabili su una "materia prima" (gli accadimenti del mondo) per sua natura estremamente variabile e impredicibile. "Senza una certa routine di cui valersi per far fronte agli avvenimenti imprevisti, le organizzazioni giornalistiche, come imprese razionali, fallirebbero" (Tuchman, 1973, 160). La definizione di notiziabilità si lega al concetto di *prospettiva-della-notizia* (*newperspective*; Altheide, 1976): essa è la risposta che l'apparato informativo dà all'interrogativo dominante l'attività dei giornalisti, cioè: quali accadimenti quotidiani sono importanti?

"Le notizie sono ciò che i giornalisti definiscono come tali. Questo assunto è raramente esplicitato, poiché parte del modus operandi dei giornalisti è che gli eventi accadono 'fuori' ed essi si limitano semplicemente a riportarli. Sostenere invece che essi fanno o selezionano arbitrariamente le notizie, sarebbe contrario alla loro posizione epistemologica, un'implicita teoria della conoscenza costruita su procedure pratiche per risolvere richieste organizzative" (Altheide, 1976, 113).

Da tale prospettiva, "fa notizia" ciò che – pertinentizzato dalla cultura professionale dei giornalisti – è suscettibile di essere "lavorato" dall'apparato senza troppe alterazioni e sovvertimenti del normale ciclo produttivo. È ovvio che nel caso di eventi eccezionali, l'apparato ha l'elasticità necessaria per adattare le proprie procedure alla situazione contingente. In generale tuttavia, la notiziabilità di un accadimento è valutata in rapporto al grado di integrazione che esso presenta rispetto al normale, routiniero andamento delle fasi di produzione.

"La notizia è il prodotto di un processo organizzato che implica una *prospettiva pratica* sugli eventi, finalizzata a rassemblarli, a dare valutazioni semplici e dirette sui loro rapporti, e a fare ciò in maniera capace di intrattenere gli spettatori" (Altheide, 1976, 112). La definizione e la scelta di ciò che è notiziabile – rispetto a ciò che invece non fa notizia – è sempre orientata pragmaticamente, cioè in primo luogo verso la "fattibilità" del prodotto informativo da realizzare in tempi e con risorse limitati.

Essa contribuisce a "*decontestualizzare* o a rimuovere un evento dal contesto in cui è accaduto, per poterlo *ricontestualizzare* entro il formato del notiziario" (Altheide, 1976, 179).

3.3.1 Frammentazione dell'informazione e notiziabilità

Il discorso sulla "notiziabilità" può sembrare a prima vista un astratto attacco "ai fondamenti costituzionali dell'istituzione giornalistica" (Garbarino, 1982, 9): generalmente infatti, la reazione dei professionisti dell'informazione a questo tipo di ricerca (per altro poco conosciuta, almeno in Italia) è di scetticismo. La gamma degli argomenti che vi si contrappongono è vasta: si va dall'idea che la notizia è impredicibile quanto gli eventi e quindi non può essere racchiusa in schemi analitici, dato che è il frutto di capacità esclusivamente soggettive (il "fiuto" per la notizia; "giornalisti si nasce" ecc.), all'osservazione che un analista non è in grado di comprendere la logica della produzione di notizie in quanto è estraneo ed esterno al mestiere e quindi non può coglierne gli elementi significativi. Al di là della scarsa dimestichezza tra i due mondi, al fondo c'è il fatto che "ciò che il sociologo descrive come una inevitabile conseguenza dell'organizzazione produttiva, il giornalista lo intende come un'accusa di manipolazione o di incompetenza" (Golding-Elliott, 1979, 9)

A prescindere da queste "incomprensioni", si può osservare come quest'approccio permette di spiegare uno dei caratteri unanimemente attribuiti all'informazione di massa, in particolare a quella televisiva (il "piatto forte" della "dieta" informativa di una buona parte del pubblico).

Le ricerche sul contenuto dei telegiornali mostrano che essi (ma non solo essi) si contraddistinguono per "la frammentazione dell'immagine della società, mediante la [...] giustapposizione di avvenimenti-notizie, ciascuno dei quali è presentato come autosufficiente, non spiegato né spiegante altri avvenimenti-notizie [...]; a livello di interi telegiornali, non si può trovare nessun'altra organizzazione latente se non quella [descrivibile] come movimento da una immagine frammentata della società alla sua ricomposizione mediante l'omogeneità degli interessi e la rappresentanza politica" (Rositi, 1975, 5, 20). Sullo stesso tema le osservazioni di Findhal-Höijer - in un'analisi dell'informazione televisiva svedese - sostengono che il giornalismo radiotelevisivo rimane a un livello superficiale e acontestuale.

> *I pochi tentativi di descrivere un tema più approfonditamente sono generalmente privi di sistematicità e poco incisivi [...]. La mancanza più seria è il fatto che la metà dei temi studiati o mancava del tutto dell'informazione di background o forniva soltanto riferimenti incompleti ai fattori e motivi soggiacenti. Le cause degli eventi sono spesso frettolosamente menzionate di passaggio, in frasi subordinate, senza il necessario rilievo [...]. Comparando notizie brevi e lunghe sullo stesso evento, si trova che la menzione dei fattori causali manca in alcune notizie lunghe mentre le cause possono essere trattate abbastanza nelle notizie più brevi. Alcuni lunghi resoconti poi, sono pieni di irrilevanti dettagli marginali, che in nessun modo aiutano a spiegare la situazione [...]. Ciò che generalmente è trasmesso al pubblico è la localizzazione degli eventi, i soggetti che vi sono coinvolti, e dettagli come i nomi*

geografici, dei personaggi pubblici, di industrie ecc. Spesso questi elementi occupano automaticamente il primo posto nel ricordo dei destinatari, mentre le cause e conseguenze degli eventi rimangono sullo sfondo. Il risultato complessivo è un ricordo frammentario in cui i soggetti hanno presenti dettagli isolati e il contesto invece manca (Findhal-Höijer, 1981, 116; vedi su questo aspetto il paragrafo 2.4.2).

I limiti rigidi della durata dei notiziari e del loro formato, fanno sì che i due o tre minuti di durata delle notizie maggiori "non sono sufficienti per fornire il contesto storico o geografico della maggior parte degli eventi [...]. Il centro dell'attenzione è su ciò che accade, non sul perché accade o sulle sue cause profonde. Questa limitazione del tempo disponibile provoca inevitabilmente l'immagine di una società instabile" (Epstein, 1981, 127).

Questi caratteri di fondo sono riconducibili alle modalità produttive dell'informazione: l'insieme di fattori che determina la notiziabilità degli eventi consente di realizzare quotidianamente la copertura informativa, ma ostacola l'approfondimento e la comprensione di molti aspetti significativi nei fatti presentati come notizie. La notiziabilità, dunque, costituisce un elemento della distorsione involontaria contenuta nella copertura informativa dei mass media.

Altheide osserva che la notiziabilità di un evento "è *di solito* soggetta a disaccordo ma dipende *sempre* dagli interessi e dalle necessità dell'apparato informativo e dei giornalisti" (1976, 112). Ciò significa che i criteri di rilevanza da un lato sono flessibili e variabili in rapporto al mutare di alcuni parametri, dall'altro lato sono sempre considerati rispetto al modo di operare dell'organismo che fa l'informazione.

L'immagine di un processo rigidamente fissato e di una valutazione schematicamente preordinata della notiziabilità è fuorviante: i suoi margini di flessibilità e di aggiustamento inducono ad avanzare un'ipotesi sulla natura negoziata dei processi di produzione di informazione. Il prodotto informativo, cioè, appare essere il risultato di una serie di negoziazioni, pragmaticamente orientate, che hanno per oggetto che cosa va messo e come va messo nel giornale, notiziario o telegiornale. Tali negoziazioni sono realizzate dai giornalisti in funzione di fattori con differenti gradi di importanza e di rigidità, e avvengono in momenti diversi del processo produttivo (Magistretti, 1981).

La presenza di modelli e valori professionali condivisi e strettamente intrecciati alle procedure routiniere è un aspetto essenziale che trova riscontro anche nelle analisi della produzione di comunicazione di massa al di fuori dell'informazione quotidiana. Una distorsione involontaria analoga a quella della notiziabilità si osserva pure nel settore dei programmi giornalistici di attualità.

Philipp Elliott – al termine di un'analisi dettagliata sulla storia produttiva e realizzativa di una serie di trasmissioni della Associated Television, dedicate al tema del pregiudizio nelle sue varie componenti e manifestazioni – sottolinea la differenza tra presentare un argomento attraverso il mezzo televisivo e darne un resoconto significativo e un'illustrazione coerente: le principali caratteristiche della produzione televisiva consentono di raggiungere il primo obiettivo rendendo, al contrario, estremamente difficoltoso e improbabile il secondo. "Lo status di non-esperto che ha il comunicatore, i criteri produttivi vigenti, la natura del mezzo, il desiderio dei comunicatori di prendere le distanze dalle loro fonti, le credenze che essi hanno circa le reazioni del pubblico, tutto ciò ha impedito che dal programma televisivo risultasse un resoconto coerente del soggetto trattato" (Elliott, 1972, 149).

Anche nel campo della *fiction* l'analisi delle procedure produttive mette in rilievo la natura complessa e forzatamente riduttiva (rispetto alle intenzioni e alle idee di partenza) che caratterizza la comunicazione televisiva. Un esempio è fornito da Alvarado-Bunscombe (1978) che studiano la produzione di una serie di telefilm gialli alla Thames Television: un aspetto significativo della loro analisi riguarda l'immagine che i produttori hanno del pubblico e come essa incide sulle scelte realizzative e sulla "popolarità" del programma. Gli autori osservano che "le decisioni sul casting, sulle sceneggiature e così via, erano tutte compiute entro un contesto per cui si cercava di dare al programma un richiamo per un vasto pubblico. Ma il tipo di valutazioni che i realizzatori facevano quando decidevano che qualcosa 'andava bene' o invece 'non funzionava', rifletteva i loro giudizi e sensazioni immediati più che non una considerazione oggettiva di ciò che il pubblico avrebbe pensato. Ciò sembra indicare che i realizzatori televisivi hanno i loro propri sistemi di valori, la loro specifica ideologia dell'intrattenimento" (Alvarado-Bunscombe, 1978, 251).

Distorsione, frammentazione, difficoltà di argomentare e trattare in modo approfondito e coerente i temi presentati,[3] sono dunque caratteri addebitabili da un lato alla maniera in cui si svolge la produzione televisiva, dall'altro ai valori e alla cultura professionale che i giornalisti interiorizzano e praticano. L'intreccio tra i due ordini di fattori è molto stretto e ciascuno finisce con rafforzare l'altro, rendendoli quindi ancora più vincolanti.

3.4 Il newsmaking: i valori/notizia

Definita la notiziabilità come l'insieme di elementi attraverso i quali l'apparato informativo controlla e gestisce la quantità e il tipo di eventi da cui selezionare le notizie, possiamo definire i valori/notizia (*news values*) una componente della notiziabilità. Essi rappresentano la risposta alla seguente domanda: quali eventi sono ritenuti sufficientemente interessanti, significativi, rilevanti, per essere trasformati in notizie? Prima di esaminare in dettaglio la loro articolazione, occorre fare alcune considerazioni generali sul loro ruolo.

Innanzi tutto va precisato che anche se il discorso su questi fattori si presenta inevitabilmente come un'elencazione e una lista di singoli valori/notizia, in realtà, nella pratica essi operano in modo complementare. Nella selezione degli eventi da trasformare in notizie, i criteri di rilevanza funzionano congiuntamente, "a pacchetti": sono i diversi rapporti e le combinazioni che si determinano tra differenti valori/notizia, a "raccomandare" la selezione di un fatto.

Un secondo aspetto generale è che i valori/notizia sono criteri di rilevanza diffusi lungo tutto il processo di produzione: essi, cioè, non sono presenti soltanto nella selezione delle notizie, ma permeano anche le procedure successive, sia pure con rilievo diverso.

> *I valori/notizia sono usati in due modi. Sono criteri per selezionare dal materiale disponibile alla redazione gli elementi degni di essere inclusi nel prodotto finale. In secondo luogo, essi funzionano come linee-guida per la presentazione del materiale, suggerendo cosa va enfatizzato, cosa va omesso, dove dare priorità nella preparazione delle notizie da presentare al pubblico. I valori/notizia sono cioè delle* regole pratiche *comprendenti un corpus di conoscenze professionali che implicitamente, e spesso esplicitamente, spiegano e guidano le procedure lavorative redazionali. Non è vero [...] che essi sono al di là della comprensione dei giornalisti che non sarebbero in grado di articolarli. In realtà i valori/notizia sono continuamente presenti nelle interazioni quotidiane che i giornalisti hanno nella loro cooperazione professionale. Ma ancor più, essi costituiscono dei chiari e disponibili riferimenti a conoscenze condivise sulla natura e gli scopi delle notizie, riferimenti che possono essere usati per facilitare la complessa e rapida elaborazione dei notiziari. I valori/notizia sono qualità degli eventi o della loro costruzione giornalistica, la cui relativa assenza o presenza li raccomanda per l'inclusione in un prodotto informativo.* Più un evento esibisce tali qualità, maggiori sono le sue chances di essere incluso (Golding-Elliott, 1979, 114) [sottolineatura mia].

La "distorsione involontaria" connaturata alle routine produttive e ai valori professionali si riproduce a catena in tutte le fasi della lavorazione. L'aspetto importante da sottolineare quindi, è che i criteri di rilevanza agiscono diffusamente, fino a trasformarsi in criteri di salienza applicati implicitamente dagli stessi lettori.

Un altro aspetto generale relativo ai valori/notizia riguarda il tipo di processo di cui essi sono parte costitutiva. I giornalisti ovviamente non possono decidere ogni volta ex novo come selezionare i fatti che compariranno in veste di notizie: ciò renderebbe impraticabile il loro lavoro. L'esigenza primaria è dunque quella di routinizzare tale compito, così da renderlo assolvibile e gestibile. I valori/notizia servono appunto a questo.

Essi operano in un modo peculiare:

> *la selezione delle notizie è un processo decisionale e di scelta* realizzato velocemente *[...]. I criteri devono essere* applicabili facilmente *e* rapidamente, *così che le scelte possano essere fatte senza troppo riflettere. Considerazioni semplici aiutano inoltre i giornalisti a evitare eccessive incertezze circa il fatto di aver o no compiuto la scelta appropriata. D'altra parte, i criteri devono essere* flessibili, *per potersi adattare alla varietà senza fine di eventi disponibili; inoltre essi devono essere* relazionabili e comparabili, *dato che l'opportunità di una notizia dipende sempre da quali altre sono disponibili. In effetti, ci sono criteri relativi all'aggiunta o alla soppressione di notizie, che [si possono definire] inclusivi ed esclusivi (*inclusionary/exclusionary*). I criteri devono essere anche* facilmente razionalizzati, *così che se una notizia è rimpiazzata da un'altra, sia sempre disponibile un motivo accettabile per farlo. Infine, ma non meno importante, i criteri sono* orientati all'efficienza, *così da garantire il necessario rifornimento di notizie adatte, con il minimo dispendio di tempo, sforzo, danaro. Il risultato è un ampio numero di criteri e ogni notizia disponibile può essere valutata in base a molti di essi, alcuni contrastanti tra loro. Per prevenire il caos, l'applicazione dei criteri relativi alle notizie richiede consenso tra i giornalisti e, ancor più, un'organizzazione gerarchica in cui quelli con più potere possano imporre il loro giudizio circa i criteri rilevanti per una data notizia* (Gans, 1979, 82).

Il rigore dei valori/notizia non è dunque quello di una classificazione astratta, teoreticamente coerente e articolata: è piuttosto la logica di una tipizzazione finalizzata al raggiungimento programmato di scopi pratici, rivolta in primo luogo a rendere possibile la ripetitività di certi procedimenti.

I valori/notizia, quindi, devono permettere una selezione del materiale compiuta in fretta, in modo quasi "automatico", caratterizzata da un certo grado di flessibilità e di comparazione, che sia difendibile "post mortem" e soprattutto che non sia suscettibile di troppi intoppi.

È dunque fuorviante rappresentare il processo di selezione come una scelta rigida, senza margini, preordinata, vincolata a criteri fissi. Questi ultimi sono sicuramente presenti – i valori/notizia, appunto e altri elementi produttivi – ma la loro rilevanza è sempre complementare a una valutazione complessa che cerca di individuare un punto di equilibrio tra molteplici fattori.

L'analisi di alcune specifiche procedure produttive permetterà di chiarire meglio questo punto.

Delle due considerazioni generali che rimangono da fare, la prima riguarda la natura dinamica dei valori/notizia: essi mutano nel tempo e pur presentando una forte omogeneità all'interno della cultura professionale (al di là di divisioni ideologiche, generazionali, di mezzo di espressione ecc.), non rimangono sempre gli stessi. Ciò si manifesta chiaramente nella specializzazione tematica che in un determinato periodo storico i mezzi di informazione si danno. Argomenti che qualche anno fa semplicemente non "esistevano" oggi fanno normalmente notizia, mostrando la graduale estensione del numero e del tipo di soggetti tematici considerati notiziabili. Alcuni di essi si sono imposti al punto di determinare una copertura informativa specifica, sotto forma di rubriche, pareri specialistici, inserti speciali, e così via. Un esempio è quello delle pagine culturali e degli spettacoli, la cui presenza ormai qualificante ha evidentemente implicato un adattamento e un'estensione dei criteri di notiziabilità verso un'area che precedentemente non faceva notizia, o almeno non nella misura attuale.

Un altro esempio è la copertura informativa che i mass media riservano ai cosiddetti "*single issue movements*", cioè quei movimenti d'opinione che si coagulano nella società civile attorno a singoli problemi, scavalcando le tradizionali divisioni e stratificazioni ideologico-partitiche (per esempio i "verdi"). Tali movimenti cominciano a fare notizia, a superare la soglia della notiziabilità, quando si ritiene che siano diventati abbastanza significativi e rilevanti da incontrare l'interesse del pubblico o quando danno luogo a eventi studiati apposta per venire incontro alle esigenze dei media. Si determina, cioè, un'integrazione tra le strategie di notiziabilità adottate dai "*single issue movements*" e i valori/notizia applicati dagli apparati di informazione: a livello comunicativo, questi movimenti producono tutto ciò di cui i media "si nutrono" (documentazione che può essere oggetto di controversia, materiali informativi da utilizzare, figure di leader, manifestazioni di massa, talvolta scontri di piazza e quindi materiale visivo da usare ecc.). A mano a mano che l'integrazione a livello di notiziabilità procede, i media sono *strutturalmente* portati a parlare di tali movimenti e a diffonderne l'immagine; ciò, a sua volta, accresce la loro importanza e il loro ruolo, accelerandone nel contempo il moto verso l'istituzionalizzazione. Tali movimenti finiscono per diventare, quindi, fonti stabili (e non più occasionali e controverse) degli apparati dei media.

In generale si può dire che ogni nuovo settore, tema, argomento o soggetto che rappresenta un ampliamento della sfera informativa, diventa regolarmente "notiziato" nella misura in cui avviene un riaggiustamento e una ridefinizione dei valori/notizia.[4] La seconda considerazione – connessa alla precedente – precisa che "la specializzazione tematica costituisce un indice significativo del modo in cui i valori/notizia sono tradotti in pratiche organizzative [...] Le notizie tenderanno a riflettere la struttura dello staff: gli specialisti non possono essere lasciati inattivi, e come le notizie dalle capitali estere giungono regolarmente perché c'è qualcuno sul posto che le produce, così i temi coperti da uno specialista avranno una presenza garantita nei notiziari" (Golding-Elliott, 1979, 99). L'organizzazione di una redazione in settori tematici specifici, il tipo di corrispondenti e specialisti di cui essa usufruisce, sono indicazioni (a livello di apparato) dei criteri di notiziabilità che in esso vigono.

Da solo ovviamente questo dato non basta a descrivere in dettaglio i valori/notizia operanti: serve tuttavia a spiegare e a predire le zone maggiormente dense di copertura informativa. Per esempio, alla radio svedese (Sveriges Radio), nel 1978 la specializzazione coinvolgeva (sul campione di 62 intervistati da Golding-Elliott) 40 giornalisti, così suddivisi: 7 su temi parlamentari e di politica interna; 6 in economia e finanza; 4 in problemi sindacali; 3 in politica internazionale e 8 in singoli paesi esteri; 12 infine su aree singole come scienze, problemi educativi, ambiente, medicina. "Questi temi forniscono la maggior parte delle notizie e *sono attesi fornire eventi dotati di notiziabilità attendibile (reliable newsworthiness)*" (Golding-Elliott, 1979, 100), [corsivo mio].

I valori/notizia derivano da assunzioni implicite o da considerazioni relative a:

a. i caratteri sostantivi delle notizie; il loro *contenuto*;
b. la disponibilità del materiale e i criteri relativi al *prodotto* informativo;
c. il *pubblico*;
d. la *concorrenza*.

Il primo ordine di considerazioni riguarda l'evento da trasformare in notizia, il secondo riguarda l'insieme dei processi di produzione e di realizzazione, il terzo l'immagine che i giornalisti hanno dei destinatari, e l'ultimo i rapporti tra i media presenti sul mercato informativo.

3.4.1 Criteri sostantivi

I criteri sostantivi si articolano essenzialmente in due fattori: l'importanza e l'interesse della notizia. Affermare che una notizia è scelta perché importante o interessante, non spiega molto fino a che non si specificano ulteriormente i due valori/notizia, esplicitandone l'applicazione operativa.

L'importanza sembra essere determinata da quattro variabili:

1. *Grado e livello gerarchico dei soggetti coinvolti nell'evento notiziabile*, sia per quanto riguarda le istituzioni

governative sia gli altri organismi e gerarchie sociali. Questa accezione del valore/notizia "importanza dell'evento" copre i due fattori individuati da Galtung-Ruge ("quanto più l'avvenimento interessa le nazioni d'élite, tanto più probabilmente diventerà notizia"; "quanto più l'avvenimento interessa persone d'*élite*, tanto più probabilmente diventerà notizia"; 1965, 119) e parzialmente anche il senso in cui Golding-Elliott articolano lo stesso criterio di rilevanza ("item che possono essere noiosi, ripetitivi, non visualizzabili, devono essere inclusi lo stesso nonostante il disinteresse del pubblico. L'item si riferisce a qualcosa che il pubblico deve conoscere [...]. L'importanza è spesso applicata alle notizie politiche ed estere"; 1979, 118).[5]

Il parametro per valutare l'importanza di un evento notiziabile è ulteriormente specificato: pur facendo notizia anche i "gradi" più elevati nelle gerarchie del potere economico, della ricchezza o del prestigio, essi tuttavia hanno lo svantaggio (rispetto agli ordinamenti istituzionali) di non essere formalmente articolati: "la gerarchia governativa è visibile e stabilmente definita in ordine di autorità, ciò che facilita i giornalisti nel fare le valutazioni di importanza" (Gans, 1979, 147).[6]

Alcuni fattori che definiscono operativamente il valore/notizia "importanza" di un evento, sono quindi, il grado di potere istituzionale, il rilievo di altre gerarchie non-istituzionali, la loro visibilità (cioè riconoscibilità all'esterno del gruppo di potere in questione), l'ampiezza e il peso di queste organizzazioni sociali ed economiche. "Anche se questo criterio si sovrappone a quello relativo alle fonti, che favorisce l'uso di fonti ufficiali e di grado elevato, esso non razionalizza semplicemente la scelta di tali fonti, ma funziona come un componente autonomo nella determinazione della notiziabilità. Il fatto che i due criteri coincidano facilita e rende più rapida la selezione delle notizie" (Gans, 1979, 148).

2. *Impatto sulla nazione e sull'interesse nazionale*. Il secondo fattore che operativamente determina l'importanza di un evento è la sua potenzialità di influire o di incidere su-

gli interessi del paese. Assimilabile a tale fattore, è il valore/notizia che Galtung-Ruge indicano con il termine di "significatività". L'evento per essere notiziabile deve essere significativo, cioè "interpretabile entro il contesto culturale dell'ascoltatore o lettore" (Galtung-Ruge, 1965, 117): la rilevanza rispetto al sistema di valori ideologici e agli interessi propri del paese in questione determina l'importanza di un evento. Ad esempio, per quanto riguarda la copertura delle notizie dall'estero, Gans osserva che negli Stati Uniti dominano tre categorie di paesi: quelli più prossimi agli Stati Uniti o i più forti tra gli alleati della Nato; i paesi del blocco orientale e gli alleati più potenti dell'Unione Sovietica; infine i paesi che non rientrano nelle prime due categorie, e che sono coperti solo sporadicamente. Essi "fanno notizia solo quando sono teatro di eventi insolitamente drammatici, come conflitti, colpi di stato o grossi disastri" (Gans, 1979, 31).

Collegato a questo fattore è anche il valore/notizia della *prossimità*, sia come vicinanza geografica sia culturale. "Le notizie sono culturalmente vicine se si riferiscono a eventi che rientrano nella normale sfera di esperienza dei giornalisti e del loro pubblico. Sono i tipi di accadimenti che implicano una sfera condivisa di linguaggio e assunzioni culturali comuni [...]. La prossimità geografica si riferisce semplicemente alla regola pratica della precedenza delle notizie interne e alla disposizione delle notizie estere a seconda della loro vicinanza al pubblico. Rispetto a ciò, *la distanza geografica è comunque distorta dai meccanismi di raccolta delle notizie* [...] La distribuzione della raccolta di notizie è tutt'altro che casuale e in termini giornalistici Lagos per esempio è molto più vicina a Londra che non ad Accra. Ciò nonostante, questo criterio della prossimità è applicato, e molti redattori nigeriani adottavano una geografia della notiziabilità disposta secondo tre ordini di distanza: Nigeria, Africa, resto del mondo" (Golding-Elliott, 1979, 119) [corsivo mio].

D'altra parte, come affermava un giornalista del Times, "è estremamente difficile coprire l'Africa. A parte il fatto che ci sono moltissimi Stati, pochi tra essi hanno le infrastrutture politiche e sociali necessarie per produrre notizia".

L'asserzione illustra molto chiaramente il vincolo strutturale nelle definizioni di notizia: "se un paese non è in grado di soddisfare tali criteri, può essere ritenuto non fare notizia e letteralmente proprio non produce notizie" (Golding-Elliott, 1979, 155).

Nella correlazione tra la struttura dei valori/notizia e l'organizzazione concreta del lavoro (in particolare delle fonti, dei corrispondenti e degli altri mezzi di raccolta delle notizie) ciascuno dei due elementi rimanda all'altro e ne è influenzato.

3. *Quantità di persone che l'evento (di fatto o potenzialmente) coinvolge*. "I giornalisti assegnano importanza alle notizie che riguardano molte persone, e più elevato è il numero di persone, più importante è la notizia" (Gans, 1979, 151). "Maggiore è il numero degli individui coinvolti in un disastro oppure la presenza di 'grossi nomi' in un'occasione formale, maggiore è la visibilità di tali eventi e quindi il loro valore/notizia" (Golding-Elliott, 1979, 119). Anche su questo fattore c'è *complementarietà dei valori/notizia*: esso infatti si correla direttamente a quello dell'affinità culturale e della distanza (c'è correlazione negativa tra prossimità o status della nazione e negatività dell'accadimento; Bergsma, 1980). Un evento (ad esempio un incidente aereo o una catastrofe naturale) che coinvolge un limitato numero di persone ma che accade vicino, è più notiziabile dello stesso tipo di evento che coinvolge molte più vittime ma che accade assai più lontano. La "legge di McLurg" (dal nome di un giornalista) è appunto la codificazione pratica della complementarietà di questi valori/notizia e "stabilisce una scala graduata della relativa notiziabilità per i disastri: un europeo equivale a 28 cinesi o 2 minatori gallesi equivalgono a 100 pakistani. Questa 'legge' è proposta di solito in un *contesto di situazione scherzosa* ma, come rilevava un giornalista, 'è un gioco che è rilevante. È dettato da fatti'. [Un altro giornalista] spiegava la logica sottostante la 'legge di McLurg': 'è una questione di impatto sul pubblico'" (Schlesinger, 1978a, 117).

4. *Rilevanza e significatività dell'evento riguardo agli sviluppi futuri di una determinata situazione*. Gans individua un esempio di questo fattore nella copertura riservata ai primi episodi di eventi che hanno una durata prolungata: "le prime elezioni primarie nella campagna presidenziale sono notizie importanti, nonostante il loro ruolo ancora ambiguo e il loro significato ancora incerto rispetto a tutto il processo della *nomination* presidenziale" (Gans, 1979, 152).[7]

L'importanza di una notizia può venir diversamente enfatizzata, sottolineata o accentuata in rapporto, per esempio, ai valori/notizia relativi alla concorrenza (esclusiva di una intervista, uno scoop, materiale filmato particolarmente significativo ecc.) o rispetto a quelli riguardanti il prodotto e le sue caratteristiche tecniche. Esiste cioè una variabilità interna al valore/notizia "importanza", correlata ad altri fattori di notiziabilità.

S'è detto in precedenza che i criteri sostantivi sono due: l'importanza e l'*interesse* della notizia. Mentre le notizie valutate importanti sono in un certo senso selezionate "obbligatoriamente", l'elemento dell'interesse dà luogo a una valutazione più composita, più aperta alle opinioni soggettive, meno vincolante per tutti.

L'interesse della storia è direttamente legato alle immagini del pubblico che i giornalisti possiedono e anche al valore/notizia che Golding-Elliott definiscono "capacità di intrattenimento". Interessanti sono quelle notizie che cercano di dare di un evento un'interpretazione fondata sul lato dell'"interesse umano", del punto di vista insolito, delle piccole curiosità che attirano l'attenzione.

Finalizzato a tener desto l'interesse del pubblico verso il notiziario, questo criterio di rilevanza introduce qualche elemento di contraddizione con quello dell'importanza intrinseca degli eventi. "La soluzione è normalmente la cooptazione di uno degli ideali da parte dell'altro, nel senso che per informare un pubblico occorre averne attirato l'attenzione e non c'è molta utilità a svolgere un tipo di giornalismo approfondito e accurato se l'*audience* manifesta la propria noia cambiando canale. In questo modo la capacità di intrattenere sta in posizione elevata nella lista dei valori/notizia, sia come fine a se stessa, sia come strumento per realizzare altri ideali giornalistici" (Golding-Elliott, 1979, 117). Gans espone alcune categorie normalmente usate per identificare gli eventi che rispondono a tale requisito di notiziabilità: *a.* storie di gente comune che si trova ad agire in situazioni insolite, oppure storie di uomini pubblici colti nella loro vita privata quotidiana; *b.* storie in cui c'è un rovesciamento di ruoli ("l'uomo che morde il cane"); *c.* storie di interesse umano; *d.* storie di imprese eccezionali ed eroiche.

L'uso di tale valore/notizia è legato a quello (relativo al prodotto) della "composizione bilanciata del notiziario" (*balance*), analizzato nel prossimo paragrafo.

3.4.2 Criteri relativi al prodotto

La seconda classe di valori/notizia riguarda la disponibilità di materiale e i caratteri specifici del prodotto informativo.

Circa la disponibilità, si tratta di sapere "quanto l'evento è accessibile per i giornalisti, quanto è tecnicamente trattabile nelle forme giornalistiche consuete; se esso è già strutturato in modo da essere facilmente coperto; se richiede grande dispendio di mezzi per coprirlo" (Golding-Elliott, 1979, 144).

Per quanto riguarda i criteri relativi al prodotto, essi si spiegano in termini di "consonanza con le procedure produttive, di congruenza con le possibilità tecniche e organizzative, con le restrizioni realizzative, e con i limiti propri del mezzo" (*ibid.*). I criteri relativi al prodotto sono applicati a ogni notizia, ma "meno importante è la notizia, più essi entrano in gioco nella valutazione della notizia stessa. Consentono inoltre di scegliere tra notizie di rilievo sostantivo simile" (Gans, 1979, 157).

Golding-Elliott includono in questa classe anche il criterio della *brevità*. Secondo un detto giornalistico: le notizie dovrebbero essere come le gonne di una donna: lunghe abbastanza per coprire l'essenziale ma abbastanza brevi da trattenere l'attenzione: la brevità, connessa da un lato ai valori/notizia riguardanti il prodotto, si lega dall'altro al meccanismo della selezione delle notizie. "Limitare le notizie ai loro elementi manifestamente più ovvi è essenziale se si vuol lasciare spazio a una minima selezione sugli eventi del giorno. Questo limite sembra enfatizzare la necessaria obiettività del giornalismo radiotelevisivo, mentre di fatto semplicemente dissimula il vasto edificio di assunti e di presupposti culturali che consentono a queste notizie stringate di avere un significato" (Golding-Elliott, 1979, 120).

La necessità di non superare una certa lunghezza delle notizie (specialmente radiotelevisive) è funzionale alla disponibilità di molto materiale notiziabile, ciò che a sua volta è funzionale a una scelta la più ampia possibile e quindi la più rappresentativa degli eventi importanti di quel giorno (entro i limiti relativamente rigidi del formato dei notiziari).

Tra i criteri di rilevanza relativi al prodotto, è compreso anche ciò che si riferisce alla *notizia* come risultato di un'ideologia dell'informazione (basata a sua volta sulla storia dei sistemi informativi e del giornalismo). Lo chiarisce efficacemente uno dei più diffusi detti giornalistici: "bad news is good news".

Moltissimo è stato scritto sull'ideologia della notizia (vedi tra gli altri Bechelloni, 1979; Eco, 1979b), cioè sul presupposto secondo il quale sono notiziabili in primo luogo gli eventi che costituiscono e rappresentano un'infrazione, una devianza, una rottura del normale corso delle cose. Fa notizia ciò che altera la routine, le apparenze normali. "Più un avvenimento è negativo nelle sue conseguenze, più probabilmente diventerà notizia" (Galtung-Ruge, 1965, 119).[8]

Diversi elementi, tra loro complementari, radicano l'ideologia della notizia: l'origine e il tipo di evoluzione che hanno avuto le imprese giornalistiche nella società occidentale (Schudson, 1978), il genere di credenze relative al pubblico condivise tra i giornalisti – "ovviamente è un principio fondamentale del giornalismo, che più grande, più insolito o più cruento è lo spettacolo, maggiore è il valore/notizia. E questo non perché i giornalisti siano più macabri o meno sensibili alle cose belle della vita delle altre persone. Ciò riflette semplicemente l'inevitabile fatto che i lettori si interesseranno a una storia che li colpisce ma ignoreranno per contro una notizia che è di routine" (Brucker, 1973, 175, citato da Golding-Elliott, 1979). La stessa organizzazione del lavoro giornalistico è strutturalmente orientata a cogliere più gli eventi puntuali che non le tendenze costanti o i processi sociali emergenti.

L'"ideologia della notizia" è dunque strettamente legata alla natura complessivamente frammentaria della copertura informativa.

Un altro valore/notizia relativo al prodotto informativo è la *novità* (Gans usa il termine *novelty*, Golding-Elliott parlano di *recency*): "le notizie devono riferirsi a eventi il più possibile a ridosso del momento della trasmissione del notiziario" (Golding-Elliott, 1979, 121). È chiara la connessione tra i valori/notizia "novità" e "frequenza" (vedi 3.4.3): la cornice temporale stabilita dalla frequenza dell'informazione e dal suo formato determina anche il *frame* entro cui è valutata la "novità" o meno di un certo evento. "La periodicità della produzione informativa costituisce essa stessa il quadro di riferimento entro cui sono percepiti gli eventi nel mondo. Così la produzione quotidiana stabilisce una cornice giornaliera e gli eventi notiziabili devono essere accaduti nelle 24 ore tra un notiziario e l'altro, per meritarvi l'inclusione"[9] (Golding-Elliott, 1979, 121).

L'aspetto più interessante riguarda alcuni criteri operativi per stabilire quale e quanta novità gli eventi devono presentare per diventare notizie: per esempio, la "novità interna" (*internal novelty*). "I giornalisti valutano la novità sul fatto se una notizia risulta nuova a essi stessi, assumendo che se è così sarà nuova anche per il pubblico. Molte storie riguardanti per esempio scoperte scientifiche o nuove mode, possono essere già vecchie per le loro fonti. Ma ancora più importante, i giornalisti creano la novità [...]. Essi vedono la realtà esterna come un insieme di eventi disparati e indipendenti, ciascuno dei quali è nuovo e può quindi essere riportato come notizia" (Gans, 1979, 167). Un altro criterio interno alla "novità" è il "tabù della ripetizione", per cui se una notizia proposta viene valutata ripetitiva o simile ad altre, non è giudicata sufficientemente notiziabile. Ciò non vale indiscriminatamente, dato che il valore/notizia "importanza" è prioritario e quindi consente coperture informative costanti e ripetute dei soggetti, temi, personaggi che rientrano in esso: un esempio tipico dell'applicazione differenziata del "tabù della ripetizione", sono le notizie di politica interna.

Anche per la determinazione operativa della "novità" di un evento, sono in gioco molteplici fattori, non ultimo quello della concorrenza; come esprime efficacemente un redattore della rivista *Newsweek*: "Non vogliamo arrivare tardi, non vogliamo nemmeno uscire troppo presto con una notizia, ma soprattutto non vogliamo farci soffiare uno scoop da *Time*" (Gans, 1979, 171).

Un ulteriore criterio è la *qualità* della storia. Nel giornalismo televisivo, Gans individua cinque criteri della qualità:

a. l'azione (la notizia è tanto migliore quanto più illustra anche visivamente un'azione, un momento saliente di un fatto);

b. il ritmo (nei casi in cui la notizia è intrinsecamente sprovvista di azione, si cerca di renderla meno noiosa ricorrendo a vari procedimenti di esposizione o presentazione;

c. la completezza (che può significare sia fornire tutti i punti di vista possibili su un argomento controverso, sia dare quanto più dati conoscitivi su un certo evento);

d. la chiarezza di linguaggio (tenendo conto dell'impossibilità dello spettatore televisivo di tornare su ciò che non ha capito o che non è chiaro);

e. gli standard tecnici minimali.

L'ultimo valore/notizia relativo al prodotto è il "bilanciamento" (*balance*), la composizione equilibrata del notiziario nel suo complesso.

La soglia di notiziabilità di certi fatti dipende *anche* da quanto una determinata categoria di eventi è già presente nel prodotto informativo: se non è presente, la notizia ha probabilità di passare, anche se non è molto importante, proprio perché serve a bilanciare la composizione globale del notiziario (Galtung-Ruge, 1965). Il valore di notiziabilità di certi accadimenti è dunque incrementato dal loro essere rappresentativi di categorie che concorrono a non sbilanciare il prodotto informativo.

Questo valore/notizia si richiama all'insieme dei criteri

relativi al pubblico (al bisogno di tenerne desta l'attenzione e l'interesse), così come, per certi aspetti, esso accentua la tendenza alla frammentazione dell'informazione televisiva.

Il bilanciamento può riguardare sia il giornale o telegiornale nel suo complesso, sia elementi specifici come la copertura geografica (si cerca di avere notizie che coprano nei limiti del possibile, tutto il territorio nazionale), le classi di età (notizie cioè che possano interessare tendenzialmente tutti gli strati della popolazione), e così via.

Ovviamente la forma più esplicita, ricorrente e formalizzata di bilanciamento, riguarda la copertura informativa delle forze politiche e partitiche: sull'argomento è stato scritto e detto moltissimo, è sufficiente quindi osservare solamente un punto. A livello di routine produttive reali, la tensione ideale verso un'informazione pluralista si trasforma esattamente nella pratica del bilanciamento, per cui alla copertura informativa sul partito X deve corrispondere quella sul partito Y e così via.

Una pratica così radicata e funzionale, da diventare, come dice Anthony Smith, una specie di allegoria della vita.

3.4.3 Criteri relativi al mezzo

"Generalmente, la quantità di tempo di trasmissione che una notizia può occupare dipende meno dal suo argomento che non dal suo modo di presentazione. In particolare se c'è un filmato a disposizione, le notizie diventano più lunghe e la presenza di un inviato o la disponibilità di un'intervista o altri modi particolari di presentare la notizia, contribuiscono direttamente alla sua lunghezza, a prescindere dall'argomento di essa" (Golding-Elliott, 1979, 138).

Nell'informazione televisiva, la valutazione della notiziabilità di un evento riguarda anche la possibilità che esso fornisca *"buon" materiale visivo*, cioè immagini che non solo siano rispondenti ai normali standard tecnici, ma che siano anche significative, che illustrino i punti salienti dell'evento notiziato. Citazioni come la seguente: "queste immagini illustrano meglio di qualsiasi commento..." esplicitano nel notiziario stesso la presenza e il rilievo di tale valore/notizia.

Le connessioni e le valutazioni incrociate con altri valori/notizia rendono comunque i criteri relativi al mezzo più complessi di quanto appaia.

Il testo verbale è essenziale quanto le immagini, perché spesso è esso che contiene la vera notizia mentre le immagini accompagnano e illustrano le parole [...]. Inoltre le notizie parlate sono una parte intrinseca del notiziario. Esse forniscono quelle informazioni che non possono essere accompagnate da immagini, oltre ad aggiornare e completare le notizie contenute in un servizio filmato. In effetti spesso si scelgono le immagini perché si adattano alla notizia parlata, diventandone così una specie di appendice [...]. Senza dubbio l'informazione televisiva è dominata dai filmati, ma essi sono scelti dopo che sono stati applicati i criteri sostantivi. Immagini emozionanti non possono essere usate se la notizia a cui danno un riscontro visivo immediato non è importante. Certo, quando immagini di questo tipo sono disponibili, i giornalisti cercano di convincersi dell'importanza della storia oppure anche cercano una notizia importante che consenta di giustificare l'uso di quelle immagini, anche se magari la connessione risulta debole (Gans, 1979, 158).

A mano a mano che le notizie si sviluppano durante la giornata, la probabilità che forniscano buon materiale visivo, diventa sempre più importante nella discussione dei loro meriti (Golding-Elliott, 1979, 116).

Tale valore/notizia inoltre, si connette direttamente con quasi tutti i criteri di rilevanza relativi al pubblico, sia riguardo alla finalità di intrattenerlo e di fornirgli un prodotto interessante, sia a quella di non cadere nel sensazionalismo, di non infrangere i limiti di buon gusto, di *privacy*, di decenza ecc.

Sono frequenti però anche le notizie importanti accompagnate da un supporto visivo assolutamente poco significativo, con le solite immagini di routine che finiscono per disturbare e distogliere l'attenzione dal contenuto della notizia senza nulla aggiungervi.

In questi casi il difficile equilibrio tra i fattori che determinano da un lato la notiziabilità di un evento e dall'altro la sua presentazione come notizia non è raggiunto con sufficiente chiarezza e si palesa meglio il compromesso tra i valori/notizia in gioco.

Un secondo criterio di notiziabilità relativo al mezzo di comunicazione è la *frequenza*: "con frequenza di un avvenimento ci riferiamo al lasso di tempo necessario a esso per prendere forma e acquistare significato [...]; quanto più la frequenza dell'avvenimento è simile alla frequenza del mezzo di informazione, tanto più probabile sarà la sua selezione come notizia da quel mezzo di informazione" (Galtung-Ruge, 1965, 116).

Nell'informazione radiotelevisiva questo criterio privilegia gli eventi puntuali, unici, conchiusi in un breve lasso di tempo, in quanto risultano più funzionali ai ritmi produttivi dell'organizzazione del lavoro. Ciò ovviamente non significa che gli altri tipi di eventi non siano presentati o non si dia loro spazio: significa però che nelle procedure produttive e nei valori professionali sono insiti alcuni elementi che conducono a tale "distorsione involontaria".

Il valore/notizia del *formato* riguarda i limiti spazio-temporali che caratterizzano il prodotto informativo. Dal punto di vista della selezione degli eventi notiziabili, questo criterio di rilevanza facilita e sveltisce la scelta, dato che impone una sorta di pre-selezione prima ancora che vengano applicati gli altri valori/notizia.

Esso riguarda di solito il numero dei servizi filmati che può essere presentato in una edizione del notiziario, la loro durata, la lunghezza dei pezzi e così via. "Il criterio più fondamentale del valore/notizia 'formato', condiviso da tutti i mezzi di informazione, è che le notizie diventano idonee solo quando sono strutturate narrativamente [...]. Ogni notizia deve avere un'apertura, una parte centrale di sviluppo e una chiusura [...]. In televisione, le notizie che non si adattano a questi parametri del formato, come le storie che non hanno una conclusione, possono essere escluse o relegate nelle notizie date in breve, a meno che non risultino notiziabili secondo altri valori/notizia. Per esempio, durante la guerra del Vietnam, la notizia riguardante le possibilità di negoziati di pace era occasionalmente eliminata perché ritenuta 'inconcludente'. D'altra parte i *reportages* di battaglie non erano quasi mai tolti anche se la conclusione del corrispondente indicava la non-decisività del combattimento" (Gans, 1979, 161). Secondo gli esperti del servizio ricerche sul pubblico della NBC, "questa forma narrativa 'blocca' l'attenzione del pubblico sulla notizia" (Epstein, 1973, 263).

Mutamenti rilevanti nel formato del notiziario implicano parzialmente valutazioni e composizioni diverse dell'insieme dei valori/notizia applicati nelle scelte del materiale notiziabile.

3.4.4 Criteri relativi al pubblico

Essi riguardano il ruolo che riveste l'immagine del pubblico condivisa dai giornalisti. È un aspetto difficile da definire, ricco di tensioni contrastanti. Da un lato i giornalisti conoscono poco il loro pubblico: anche se gli apparati promuovono ricerche sulle caratteristiche dell'*audience*, sulle sue abitudini di ascolto e sulle preferenze, i giornalisti raramente le conoscono e desiderano poco farlo. Essi devono presentare dei programmi informativi e non cercare di soddisfare un pubblico; meno sanno sul pubblico, più attenzione possono porre alle notizie (Gans, 1970). Dall'altro lato, il riferimento e il richiamo ai bisogni, alle esigenze dei destinatari, è costante e nelle routine produttive stesse sono incarnate assunzioni implicite circa il pubblico. "I giornalisti spiegano la loro conoscenza [degli interessi del pubblico] facendo riferimento alle nozioni correlate di professionalità, impegno ed esperienza. È un argomento circolare: data la abilità nel discriminare, che deriva dal suo essere immerso nel mondo delle notizie, il giornalista è nella posizione migliore per discernere ciò che è interessante [per il pubblico]. Ma questa spiegazione non fornisce alcun criterio indipendente [...]. C'è bisogno di strategie per far fronte all'ambiguità insita da un lato nell'affermare che l'interesse del pubblico è in ultima istanza l'arbitro di ciò che è incluso nei notiziari, e dall'altro lato nel mantenere un'attitudine di autonomia" (Schlesinger, 1978a, 117-119). Il termine di riferimento costituito dal pubblico (o meglio, dalle credenze che i giornalisti hanno circa il pubblico) e i *limiti* di tale riferimento, sono uno dei punti più interessanti e meno approfonditi nella tematica del *newsmaking*, ma non solo in essa (vedi 1.9.3).

Dal punto di vista dei valori/notizia, anche questa categoria si intreccia alle precedenti: un esempio lo mostra chiaramente. Nella ricerca di Schlesinger sulla BBC, a proposito della "chiarezza" del linguaggio (che rientra nel valore/notizia della "qualità"; vedi 3.4.2) un giornalista osserva: "abbiamo trovato un modo di semplificare la descrizione del concetto di 'deficit nella bilancia dei pagamenti' e cioè 'la differenza tra ciò che compriamo e ciò che vendiamo all'estero'. Come è stata adottata questa espressione? Qualcuno l'ha pensata, l'abbiamo ascoltata e ritenuta buona. Quando dobbiamo usarla ci chiediamo: 'Com'era la frase che abbiamo usata l'altra volta?' e la troviamo. L'espressione si perpetua, diventa a portata di mano. *È la frase più vicina a ciò che pensiamo la gente capisca*. Non è proprio esatta, ma è il meglio, *tenuto conto che è detta*: non si può rileggere il testo fino a che non si capisce cosa è detto, come invece si può fare con i giornali" (Schlesinger 1978a, 126) [corsivo mio].

Per quanto riguarda la specificazione del criterio in questione, Golding-Elliott (1979) vi ascrivono quelli della "struttura narrativa", della capacità attrattiva del materiale filmato che accompagna la notizia, dell'intrattenimento e dell'importanza della notizia. Gans (1979) individua invece tre categorie: *a*. le notizie che consentono un'identificazione da parte dello spettatore; *b*. le notizie-di-servizio; *c*. le cosiddette "non-burdening stories", cioè notizie leggere, che non opprimono lo spettatore o con troppi dettagli o con storie deprimenti o ininteressanti.

C'è poi l'aspetto della "protezione", cioè la non-notiziabilità di quei fatti o dettagli di eventi la cui copertura informativa (si presume) arrecherebbe traumi o ansie al pubblico o ne urterebbe la sensibilità, il gusto.

3.4.5 Criteri relativi alla concorrenza

Secondo Gans, la situazione di competizione determina tre tendenze che a loro volta si riflettono su alcuni dei valori/notizia precedenti, rafforzandoli.

Innanzi tutti, organi di informazione rivali "cercano ancora di fare scoop a svantaggio dei concorrenti, ma dato che i media hanno corrispondenti virtualmente negli stessi luoghi, la possibilità di arrivare per primi con una notizia di quelle che un tempo 'fermavano il giornale mentre era in stampa' è diminuita. Invece i media competono nell'ottenere esclusive, nell'inventare nuove rubriche e nel fare piccoli scoop sui dettagli" (Gans, 1979, 177). Da ciò risultano indubbiamente enfatizzate le spinte alla frammentazione, a centrare la copertura informativa sulle personalità di *élite* e a tutti gli altri fattori corresponsabili della distorsione informativa che penalizza una visione articolata e complessa della realtà sociale.

La seconda tendenza consiste nel fatto che la competizione genera aspettative reciproche, nel senso che può accadere che una notizia venga selezionata in quanto ci si aspetta che anche i media concorrenti lo facciano.

Infine, "le aspettative reciproche diventano un legame comune: esse *scoraggiano* quelle innovazioni nella selezione delle notizie, che potrebbero suscitare obiezioni da parte dei gradi gerarchici superiori: ciò a sua volta contribuisce alla somiglianza delle coperture informative tra notiziari o giornali concorrenti" (Gans, 1979, 177).

La competizione produce anche il risultato di contribuire a stabilire dei parametri professionali, dei modelli di riferimento. Nella situazione americana questa funzione è svolta dal *New York Times* e dal *Washington Post*. "Il *Times* è trattato come *il* prototipo degli standard professionali [...]. Quando redattori e caporedattori sono incerti in una decisione circa la selezione di una notizia, essi controlleranno se, quando e come il *Times* ha coperto la storia [...]. Quando i giornalisti televisivi e non, usano il *Times* in questo modo, essi assumono che il *Times* applichi solo criteri sostantivi e qualitativi e si disinteressi delle considerazioni relative al mezzo, al formato e al pubblico. Talvolta i giornalisti ammettono che tale assunto è dubbio, ma ne sentono l'esigenza perché non hanno bisogno di credere che [...] ci sono valutazioni professionali che trascendono quelle delle singole redazioni e apparati" (Gans, 1979, 181). È un aspetto molto significativo che aiuta a spiegare la vischiosità di un certo modo di fare informazione e la difficoltà di instaurare e generalizzare "ideologie della notizia" differenti da quella attualmente in voga.

Per concludere questo paragrafo va precisato ancora un punto: non tutti i valori/notizia citati sono importanti allo stesso modo, "non tutti sono rilevanti per ogni notizia. Se lo fossero, i giornalisti non potrebbero svolgere il loro lavoro, perché non avrebbero il tempo per prenderli tutti in considerazione [...]. Alcuni di essi sono praticamente sempre rilevanti, ma il numero e la combinazione pertinente per le specifiche notizie variano" (Gans, 1979, 279). L'osservazione sembra rafforzare l'ipotesi sulla natura negoziata della notiziabilità: i criteri rilevanti, cioè, sono variabili (sia pure in modo limitato) a seconda di alcuni fattori. Ciò significa che la "trasformazione" di un evento in notizia è il risultato di una ponderazione tra valutazioni relative a elementi di differente peso, rilievo e rigidità rispetto alle procedure produttive.

La copertura informativa e il ciclo informativo che un evento riceve sono più chiaramente comprensibili se si tiene presente l'interrelazione tra queste molteplici variabili. Gans cita come esempio l'andamento informativo sulla guerra del Vietnam:

> *esso fu modellato da una valutazione iniziale circa l'importanza, e cioè che si trattava di una notizia interna [...] incorniciata come una guerra americana contro un nemico comunista. Ma la copertura venne modellata anche da criteri relativi alle fonti, in particolare la tendenza (fino*

all'offensiva del Tet) a favorire le fonti ufficiali. Inoltre entrarono in gioco anche altri fattori relativi alla disponibilità delle fonti, quali le strategie delle alte gerarchie dei media, le strategie di Saigon e del Pentagono e della Casa Bianca, oltre alla inaccessibilità delle fonti del Fronte Nazionale e del Nord Vietnam, particolarmente una volta che i media avevano descritti questi ultimi come il nemico. La copertura informativa della guerra fu ulteriormente modellata da criteri relativi al prodotto, perché la ricerca di filmati drammatici e di azione portò televisione e settimanali a resocontare la guerra soprattutto attraverso i combattimenti, i rastrellamenti e le operazioni di controguerriglia. Ma una volta che tutti i media avevano scelto di enfatizzare le azioni di questo tipo, essi erano bloccati su questa strada da criteri di concorrenza e nessuno era preparato ad abbandonare questo genere di copertura.
Criteri relativi al pubblico costrinsero la televisione, più che i settimanali, a edulcorare le immagini di guerra. Considerazioni di tipo organizzativo giocarono un ruolo di supporto, in quanto la preferenza verso le fonti ufficiali era completata dalla pratica dei direttori di aver fiducia nei resoconti ottimistici sulla guerra che venivano dai corrispondenti da Washington. D'altra parte, se i media avessero prestato maggiore attenzione ai resoconti più pessimistici dei giovani corrispondenti da Saigon, avrebbero avuto più pressioni dal governo, dal pubblico, dagli inserzionisti pubblicitari, dalle stazioni affiliate, che erano tutti essenzialmente dei "falchi". Per la maggior parte della guerra, le proteste contro di essa venivano trattate come notizie di disordini sociali. In questo caso i giornalisti applicarono i loro valori permanenti: se avessero fatto diversamente, si sarebbero trovati sotto pressione. Vennero spesso accusati di dare troppa pubblicità alle "colombe" e di deformare secondo il loro punto di vista le notizie sulla guerra [...]. Mentre molti corrispondenti da Saigon cominciarono assai prima dell'offensiva del Tet a esprimere dubbi che la guerra potesse essere vinta, le loro corrispondenze televisive venivano sottostimate a New

York, in parte perché questi cronisti erano più giovani e meno esperti. Altrettanto importante era il fatto che da New York li si considerava troppo vicini alla guerra stessa, troppo influenzati dallo spargimento di sangue che potevano osservare, per avere una visione complessiva dell'andamento del conflitto [...]. L'offensiva del Tet ebbe un impatto traumatico e molti media nazionali mandarono i corrispondenti migliori, compreso anche Walter Cronkite, nel Vietnam del Sud, per valutare la situazione. Conseguentemente, quasi tutti cominciarono a chiedersi, negli editoriali o nei servizi, se la guerra poteva davvero essere vinta (1979, 280; 135).

Altri studi di casi su eventi particolari (vedi sul Watergate, Lang-Lang, 1981), metterebbero in evidenza diversi criteri di notiziabilità applicati nella copertura informativa: ciò che importa sottolineare è che i valori/notizia sono valutati nei loro rapporti reciproci, in connessione gli uni con gli altri, per "insiemi" di fattori tra loro gerarchizzati e complementari, e non isolatamente o singolarmente presi; ogni notizia richiede dunque una valutazione (per quanto automatica e inconsapevole) della disponibilità e attendibilità delle fonti, dell'importanza o interesse dell'evento, della sua novità, oltre che dei criteri relativi al prodotto, al mezzo e al formato.

Tali valutazioni sono necessarie non solo in quanto prescrivono gli ingredienti essenziali di ogni notizia, ma anche perché esse esprimono e rappresentano gli interessi dei principali partecipanti nella selezione e produzione di notizie [...]; i criteri che assumono maggior rilievo lo assumono in quanto sono funzionali contemporaneamente *a molte delle parti in causa. Così le valutazioni sull'importanza rappresentano anche le istituzioni pubbliche le cui attività sono normalmente importanti. Le considerazioni circa il prodotto, finalizzate ad attirare* audience, *sono funzionali anche alla prosperità dell'azienda; i criteri di esclusione servono sia a un pubblico con valori differenti, sia a proteggere i giornalisti dalle pressioni.*

In effetti, criteri che rappresentano una sola parte, sono difficili da trovare (Gans, 1979, 280-281).

Si è detto, nei paragrafi iniziali, che i valori/notizia operano concretamente per rendere possibile la routinizzazione del lavoro giornalistico. Essi vanno cioè contestualizzati nelle procedure produttive, perché è lì che acquistano il loro significato, svolgono la loro funzione e si ammantano di quella scorza di "buon senso" che li rende apparentemente elementi dati-per-scontati.

L'argomento del prossimo paragrafo – l'analisi delle principali *routines* produttive – rappresenta dunque la descrizione del contesto pratico-operativo in cui i valori/notizia acquistano significato.

3.5 Le routines produttive

L'elemento fondamentale delle *routines* produttive, cioè la sostanziale scarsità di tempo e mezzi, accentua la rilevanza dei valori/notizia, che si trovano così profondamente radicati dentro tutto il processo informativo. Esso è composto da diverse fasi, variate secondo l'organizzazione del lavoro specifica a ogni redazione e a ciascun mezzo di comunicazione. In questa sede è possibile illustrare soltanto le fasi principali della produzione informativa quotidiana, quelle rintracciabili cioè, in tutti gli apparati e che incidono maggiormente sulla qualità dell'informazione.

Esse sono tre: la raccolta, la selezione, la presentazione.

Ognuna dà luogo ad articolate *routines* e procedure lavorative, delle quali sono trattati solo alcuni aspetti significativi.

3.5.1 La raccolta dei materiali informativi

La fase della raccolta dei materiali necessari a formare un notiziario o un giornale viene dapprima descritta in alcuni suoi caratteri generali e poi analizzata più approfonditamente nella componente fondamentale delle *fonti*. Va precisato che la maggior parte dei riferimenti riguarda il giornalismo televisivo che è più passivo di quello stampato e più dipendente dai sistemi istituzionali di raccolta. A esso si adatta l'osservazione secondo la quale mentre un tempo erano i giornalisti ad andare a cercare le notizie, ora sono le notizie stesse che "cercano" i giornalisti. In ogni caso, "la raccolta delle notizie inficia il nucleo dell'ideologia professionale [che rappresenta] il giornalista a caccia di notizie, orientato verso l'esterno in quanto attivo raccoglitore di informazioni, indipendente dalle fonti. Nella pratica, il giornalista radiotelevisivo è relativamente limitato nella raccolta che può fare e la produzione dell'informazione televisiva è, in gran parte, la lavorazione passiva di notizie che la redazione non può fare a meno di dare. La raccolta è fattibile proporzionalmente alle risorse disponibili, ma rimane comunque la ciliegina sulla torta. Persino negli apparati forti e organizzati, nella fase di raccolta c'è un rilevantissimo impiego delle notizie di agenzia e di poche e importanti fonti istituzionali" (Golding-Elliott, 1979, 102).

Gli studi di *newsmaking* mettono in evidenza come una delle cause della già citata frammentazione e sovrarappresentazione della sfera politico-istituzionale nell'informazione di massa, sta nelle procedure routiniere di raccolta dei materiali da cui trarre le notizie. Nella stragrande maggioranza dei casi, si tratta di materiali prodotti altrove che la redazione si limita a ricevere e a ristrutturare in conformità ai valori/notizia relativi al prodotto, al formato e al mezzo.

Come si vedrà meglio a proposito delle fonti, i canali di raccolta del materiale sono già profondamente strutturati in funzione di valutazioni sulla sua notiziabilità, e nel loro funzionamento finiscono col ribadire e rafforzare i criteri di rilevanza: si determina cioè una circolarità che contribuisce probabilmente a spiegare il carattere di indeterminatezza e di implicitezza di quella che Bechelloni chiama "professionalità politica".[10]

L'integrazione tra procedure di raccolta e valori/notizia si riflette anche nell'interdipendenza tra le fasi della raccolta e della strutturazione del materiale. I due processi procedono quasi simultaneamente, dato che la raccolta avviene soprattutto attraverso fonti stabili che tendono a fornire materiale informativo già facilmente inseribile nelle normali procedure produttive della redazione.[11] L'esempio più frequente è la pratica di scegliere i dispacci d'agenzia e pubblicarli come notizie, con soltanto qualche lieve modifica superficiale, stilistica, o accompagnati da qualche supporto visivo. In questo modo la strutturazione del pezzo e il "taglio della notizia" sono in larga parte predeterminati nella fase di raccolta e il giornalista si limita a una funzione di aggiustamento marginale.

Un'altra caratteristica della fase di raccolta è l'influenza che vi esercita "la preoccupazione di avere abbastanza notizie; mentre esse dovrebbero idealmente essere nuove, motivi legati all'organizzazione del lavoro precludono troppa novità. Una serie di scadenze non superabili impone un'accurata programmazione al fine di avere sufficienti notizie per la messa in onda del notiziario [...]. Questo è il motivo per cui la maggior parte delle notizie deve essere conosciuta ore (o giorni) prima del notiziario. [Dato che si deve essere in grado] di distribuire le squadre-film, occorre possedere una conoscenza preliminare circa gli eventi notiziabili. Per questo si fa affidamento a certe fonti per la maggioranza delle notizie [...]. È così che eventi pianificati e previsti hanno una buona notiziabilità" (Altheide, 1976, 67).

La fase della raccolta dei materiali notiziabili è influenzata dalla necessità di avere un flusso costante e sicuro di notizie, in modo da riuscire a confezionare ogni volta il prodotto richiesto. Ciò naturalmente porta a privilegiare i canali di raccolta e le fonti che più soddisfano tale esigenza: le fonti istituzionali e le agenzie.

A sua volta, "l'importanza di certe fonti che rendono possibile una copertura informativa programmata si riflette sulla quantità e sulla natura delle notizie. Per esempio, le notizie variano secondo il periodo della giornata (le serate sono "povere" giornalisticamente), secondo i giorni della settimana (i fine-settimana sono "poveri"), secondo i mesi dell'anno (l'estate presenta lo stesso carettere) [...]. *Tali fluttuazioni nelle notizie possono essere direttamente attri-*

buite alle fonti dominanti dell'apparato d'informazione" (Altheide, 1976, 68) [corsivo mio].

La rigida dipendenza della raccolta dalla rete stabile di fonti che si è istituita è ben esemplificata dalla produzione della cronaca: "a discapito delle entusiastiche affermazioni di alcuni cultori della 'nera', il lavoro in questo settore conserva ben poco della mitica imprevedibilità e corre sui binari fissi costituiti dalle segnalazioni dell'ufficio stampa della Questura, dei Carabinieri, del Palazzo di Giustizia, ove ogni giornale ha il proprio cronista, dalle intercettazioni della radio della polizia e dei carabinieri e dalle informazioni ottenute tramite il "giro telefonico" che viene effettuato più volte al giorno in determinati punti nevralgici (vigili, ospedali, stazioni ecc.)" (Bechelloni, 1982, 166).

La natura regolare, pianificata e ripetitiva di questo tipo di canali e di modalità di raccolta delle informazioni, ma soprattutto l'insostituibilità delle fonti istituzionali, caratterizzano a fondo il tipo di copertura informativa che, a partire da questi presupposti, è possibile realizzare. Inoltre

> *la produzione è organizzata in modo tale che la sua dinamica fondamentale enfatizza la peribilità delle storie. Se una notizia si prolunga da un giorno all'altro, si assume che il pubblico dopo un giorno di esposizione sia adeguatamente familiarizzato con il problema da permettere che il* background *sia largamente dato per scontato. Sono sempre gli sviluppi dell'oggi che occupano il primo piano.* Il corollario di questo punto è che c'è una tendenza inerente le notizie a essere incorniciate in modo discontinuo e astorico, e ciò implica una strozzatura del contesto e quindi una riduzione di significatività (Schlesinger 1978a, 105).

Questo modo di organizzare la raccolta dei materiali notiziabili è intrinsecamente legato alla necessità di routinizzare il lavoro; esso produce una sostanziale limitazione e riduzione (temperate però dalla stabilità e produttività) dei possibili canali di raccolta. Come per i valori/notizia, prevalgono anche in questo caso le procedure che soddisfano contemporaneamente a più esigenze (razionalizzazione del lavoro, riduzione dei costi, riduzione dei tempi, attendibilità di chi fornisce i materiali, ufficialità delle fonti, evitamento di pressioni esterne, riduzione della necessità di controlli ecc.)[12]

3.5.2 Le fonti

Le fonti sono un fattore determinante per la qualità dell'informazione prodotta dai media: esse tuttavia rimangono ancora sfumate nella mitologia professionale che tende invece a enfatizzare il ruolo attivo del giornalista, penalizzando il contributo per molti aspetti essenziale delle fonti.

L'esposizione dei problemi relativi alle fonti è distinta in due parti, la prima sulle fonti vere e proprie, la seconda sulle agenzie di informazione. Anche se quest'ultime sono spesso considerate fonti a tutti gli effetti, la distinzione in linea di principio è legittima perché le agenzie "si differenziano decisamente dalle fonti vere e proprie. Esse infatti si configurano già come imprese specializzate, interne al sistema dell'informazione e compiono un lavoro che è già di confezione (mentre anche le fonti stabili, qualunque sia la loro natura e il livello cui si collocano, appartengono piuttosto all'istituzione di cui sono espressione e, nella maggior parte dei casi, non sono dedite esclusivamente alla produzione di informazione) [...]; le agenzie forniscono già "unità-notizie"; si collocano quindi a uno stadio avanzato del processo produttivo" (Cesareo, 1981, 82). Una prima definizione di *fonte* identifica con questo termine tutte "le persone che il giornalista osserva o intervista [...] e quelle che forniscono soltanto le informazioni di base o gli spunti per una notizia [...]. La caratteristica più saliente delle fonti è che esse forniscono delle informazioni in quanto membri o rappresentanti di gruppi (organizzati o no) di interesse o di altri settori della società" (Gans, 1979, 80).

Le possibili classificazioni delle fonti sono molto diverse, a seconda del parametro cui si fa riferimento: ad esempio, si possono distinguere le fonti istituzionali da quelle ufficiose, oppure quelle stabili opposte alle fonti provvisorie; una categorizzazione diversa separa le fonti attive da quelle passive, secondo il grado di uso e il tipo di rapporti che si istituisce tra fonte e apparato di informazione. Fonti centrali, territoriali e fonti di fase, sono categorie individuate non solo dalla localizzazione spaziale di tali fonti, ma anche dal tipo di utilizzo che ne viene fatto in rapporto al rilievo e alla notiziabilità degli eventi (per queste classificazioni vedi Cesareo, 1981).

L'aspetto più rilevante è che l'articolazione della rete delle fonti non è affatto casuale o arbitraria:

> *benché l'idea che i giornalisti trasmettono l'informazione dalle fonti al pubblico suggerisca un processo lineare, di fatto il processo è circolare, complicato ulteriormente da un ampio numero di effetti circolari di ritorno [...]. In realtà, fonti, giornalisti e pubblico coesistono in un sistema che assomiglia più a un tiro alla fune che non a un organismo funzionale interrelato. I tiri alla fune sono comunque risolti dalla forza: e* le notizie sono, *tra le altre cose,* "l'esercizio del potere sull'interpretazione della realtà" (Schlesinger 1972, 4), (Gans 1979, 81).

Le fonti quindi non sono tutte uguali e tutte ugualmente rilevanti, così come l'accesso a loro e il loro accesso ai giornalisti non è uniformemente distribuito.

Gli studi sul *newsmaking* hanno reso questo punto sufficientemente chiaro e incontrovertibile: la rete di fonti che gli apparati di informazione stabilizzano come strumento essenziale per il loro funzionamento riflette da un lato la struttura sociale e di potere esistente, e dall'altro si organizza sulla base delle esigenze poste dalle procedure produttive. *Le fonti che si trovano ai margini di queste due determinazioni molto difficilmente possono influire in maniera efficace sulla copertura informativa.*

"Coloro che hanno il potere economico o politico possono facilmente ottenere accesso ai giornalisti e sono accessibili per essi; coloro che non hanno potere diventano più difficilmente fonti e non vengono cercati dai giornalisti fino a che le loro azioni non producano eventi notiziabili in quanto moralmente o socialmente negativi" (Gans, 1979, 81). A sua volta questa strutturazione delle fonti contribuisce a rafforzare l'ideologia della notizia come fatto eccezionale, rottura della norma, devianza.

È possibile tentare di individuare le cause della "distorsione" nella struttura delle fonti, le ragioni cioè che *a molteplici livelli* sistematicamente premiano alcune fonti e costantemente penalizzano altre.

Se si accetta l'immagine di Gans secondo il quale "il rapporto tra fonti e giornalisti assomiglia a una danza, con le fonti che cercano accesso ai giornalisti e questi che cercano di accedere alle fonti" (Gans, 1979, 116) si può osservare che la danza il più delle volte è condotta dalle fonti. Dal punto di vista dell'interesse della fonte a trovare accesso ai giornalisti, i fattori rilevanti sembrano essere quattro: *a.* gli incentivi; *b.* il potere della fonte; *c.* la sua capacità di fornire informazioni attendibili; *d.* la sua prossimità sociale e geografica ai giornalisti (Gans, 1979).

Tra i quattro, il fattore determinante è il terzo, mentre gli altri risultano complementari. La capacità di fornire informazioni attendibili è maggiore per le istituzioni, enti o apparati che possono programmare la loro attività così da soddisfare il bisogno continuo dei media di avere da coprire eventi scadenzati in precedenza (in maniera quindi da poter organizzare razionalmente l'allocazione dei mezzi e risorse disponibili).

"Un vantaggio simile diventa ancora maggiore per quegli organismi che possono disporre sia di portavoce le cui dichiarazioni siano notiziabili, sia di fonti che si rendano disponibili con breve preavviso per i giornalisti, fornendo loro in tempo le informazioni di cui hanno bisogno, senza che ciò costi nulla ai giornalisti stessi" (Gans, 1979, 122). Le fonti che rispondono a tali requisiti organizzativi dei media sono ovviamente quelle legate a istituzioni, organi ufficiali, gruppi di potere ecc.

Dal punto di vista dell'opportunità e della convenienza del giornalista ad avvalersi di una certa fonte, il rapporto è centrato su alcuni fattori tra loro correlati e finalizzati soprattutto all'efficienza, alla necessità cioè di terminare un prodotto informativo entro un tempo fisso e invalicabile e con mezzi limitati a disposizione.

Tali fattori sono: *a.* l'opportunità che si è palesata in precedenza; *b.* la produttività; *c.* l'attendibilità; *d.* l'affidabilità; *e.* l'autorevolezza (Gans, 1979).

La convenienza mostrata precedentemente si riferisce al fatto che le fonti che in altre occasioni hanno fornito materiali attendibili hanno buone probabilità di essere ancora usate, fino a divenire fonti regolari.

La produttività invece riguarda le ragioni per cui normalmente prevalgono le fonti istituzionali: esse cioè forniscono i materiali sufficienti a confezionare le notizie, consentendo così agli apparati di non doversi rivolgere a troppe fonti per ottenere i dati o gli elementi necessari.

La produttività si lega non solo al tipo e alla qualità di materiali che una fonte è in grado di fornire, ma anche alla necessità per l'apparato, di limitare – a parità di condizioni – il numero delle fonti da consultare (in modo da non avere costi troppo elevati e tempi troppo dilatati).

Le fonti ufficiali tendenzialmente ottemperano, meglio delle altre, a tali necessità organizzative delle redazioni.

Il fattore dell'attendibilità è legato all'osservazione precedente: dal punto di vista dei giornalisti, le fonti devono essere attendibili così che l'informazione fornita richieda il minimo possibile di controlli. In caso contrario la notizia dovrebbe essere verificata in base ad almeno due fonti diverse tra loro, ma se l'informazione può essere esplicitamente attribuita a una fonte, il problema dell'attendibilità passa dal giornalista alla fonte esplicitamente citata nella notizia. Dal punto di vista delle procedure produttive giornalistiche, le fonti stabili, istituzionali, finiscono con l'assumere un'attendibilità acquisita nel tempo, anch'essa routinizzata.

L'affidabilità o credibilità è un fattore sostitutivo del precedente: se l'attendibilità della storia non può essere velocemente attestata, il giornalista cerca di basarsi sulla credibilità della fonte, sull'onestà di essa. "I giornalisti spesso hanno difficoltà nel valutare la credibilità delle loro fonti. Quelle con cui hanno frequenti contatti possono essere valutate nel corso del tempo, e questa è un'altra ragione per cui essi preferiscono le fonti stabili. Quando non possono conoscere le loro fonti e devono basarsi quindi solamente su sensazioni, usano altri indicatori. Fonti che cooperano con i giornalisti e li trattano cordialmente è probabile che siano usate più delle altre [...]; fonti in posizione di autorità formale sono considerate più credibili di altre; oltre a ciò i giornalisti applicano professionalmente gli stessi criteri che gli individui usano nella vita di tutti i giorni, attribuendo una maggior fiducia alle persone simili a loro" (Gans, 1979, 130).

Il fattore dell'autorevolezza si riconduce alla procedura per cui, a parità di altri elementi, i giornalisti preferiscono fare riferimento a fonti ufficiali o poste in posizioni istituzionali di autorità: "esse sono assunte essere più credibili se non altro perché non possono permettersi di mentire apertamente e sono ritenute anche più persuasive in quanto le loro azioni e opinioni sono ufficiali" (Gans, 1979, 130). Inoltre – in rapporto ai valori/notizia della "importanza" della "completezza" e del "bilanciamento" – queste fonti appaiono necessarie in quanto sulle questioni controverse rappresentano il punto di vista ufficiale.

Articolata per categorie, l'immagine del rapporto con le fonti può indubbiamente risultare meccanica e rigida: nella realtà non è così e le interazioni sono assai complesse e mediate. Anche se la struttura di fonti che un apparato si crea condiziona pesantemente il tipo di informazione che esso produce, "tra le fonti e gli apparati di confezione esiste uno spazio di discontinuità. Ed è qui che ancora oggi prende grande rilievo la *contrattazione*, come fase qualificante del processo produttivo dell'informazione. In linea teorica infatti, gli apparati di confezione possono scartare una fonte stabile, possono cercare di forzarla, possono costituire nuove fonti, attivare fonti 'di fase' ed 'eventuali', possono cercare di ottenere da una fonte un determinato tipo di materiale informativo a preferenza di un altro" (Cesareo, 1981, 95). Questo aspetto ripropone – a livello delle fonti – l'ipotesi sulla notiziabilità di un evento come risultato di un processo di negoziazione, in cui molteplici fattori correlati tra loro trovano un punto di "accordo", di equilibrio, che può variare a seconda di alcuni altri fattori.

Rispetto alle fonti, la predominanza (organizzativamente e professionalmente fondata) di quelle ufficiali, istituzionali e stabili, è *temperata* da procedure che di volta in volta "aggiustano" la tendenza principale, modificandola o equilibrandola. La realizzazione pratica di questo processo può variare molto, dato che i criteri che lo determinano sono numerosi, gerarchizzati tra loro e flessibili, anche se finiscono per generare abitudini e *routines* consolidate. Un esempio sono le modalità di rapporto che i giornalisti instaurano con le proprie fonti, la maniera in cui essi vi si relazionano e le conseguenze che ne derivano sull'informazione prodotta. Anche su questo punto le ricerche di *newsmaking* hanno modificato una certa mitologia professionale, che tende a dare un'immagine lineare, neutra e trasparente del passaggio di conoscenze tra la fonte, il giornalista e il lettore.

Il rapporto in realtà è più complesso e le mediazioni significative. A questo proposito, è pertinente la distinzione tra giornalisti specializzati (per tema o argomenti trattati, per territorio o istituzione coperti) e giornalisti generici, in quanto essi entrano in contatto con le fonti con un diverso bagaglio di conoscenze strutturate sull'evento da notiziare e anche la qualità del contatto è differente.

Normalmente i giornalisti specializzati sviluppano relazioni strette e continuate con le proprie fonti che finiscono per diventare fonti personali, quasi degli informatori che tengono aggiornati i cronisti, fornendo loro indiscrezioni, notizie riservate. Si sviluppa cioè un rapporto quasi simbiotico di reciproche obbligazioni tra fonte e giornalista specializzato: ciò semplifica ma nello stesso tempo complica il lavoro, in quanto il costo di perdere un simile tipo di fonte diventa piuttosto alto, portando prima o poi il giornalista verso una più o meno consapevole dipendenza, giustificata dalla produttività della fonte stessa. Nel tiro alla fune, il potere sta tendenzialmente dalla parte di queste fonti: "i corrispondenti devono spesso calcolare costi e svantaggi insiti nell'inimicarsi le loro fonti con una notizia, decidendo se pubblicarla oppure no in modo da mantenere integro il rapporto" (Gans, 1979, 134).

I giornalisti generici, quelli che devono occuparsi ogni

giorno di eventi assai diversi tra loro, senza poter quindi approfondire una precisa specializzazione, svolgono il lavoro senza conoscenze precedenti circa la loro assegnazione. Del resto manca loro sia una conoscenza approfondita delle fonti cui si rivolgono sia il tempo per svilupparla: da un lato tale contingenza li libera dai complessi rapporti di reciproca convenienza, cui si è accennato a proposito dei giornalisti specializzati. Dall'altro lato questo contatto casuale ed episodico con le fonti incide sul loro modo di osservare gli eventi, sulla informazione che richiedono alle fonti, sulle notizie che ne traggono. "A meno che i cronisti siano stati istruiti a intervistare delle persone specifiche, essi applicano solitamente i criteri relativi alle fonti. Non conoscendo le persone e le attività di cui si devono occupare, naturalmente si rivolgono alle fonti autorevoli, la cui produttività e credibilità viene assunta [...]. Quando i cronisti stanno osservando una qualche attività, aggiungono alla lista delle fonti anche altri cronisti. Tutte le volte che accompagnavo i cronisti a fare dei pezzi, essi passavano la maggior parte possibile del tempo con colleghi" (Gans, 1979, 138). Questa pratica (chiamata "fraternizzazione") è finalizzata a ridurre ogni possibile ambiguità o incertezza sulle informazioni da ottenere e si accompagna alla procedura di rivolgersi (tra i partecipanti a qualche tipo di attività) agli esponenti più rilevanti. La ricerca di *newsmaking* fatta da Fishman (1980), sottolinea "l'esclusivo carattere burocratico di ciò a cui i cronisti regolarmente si espongono. Senza eccezioni, solo organismi e gruppi formalmente costituiti sono i terminali di routine della raccolta di informazione. Sia che essi siano associazioni di vicini di casa o agenzie federali, il cronista si rapporta a una struttura di attività e di informazioni già costituita e sistematicamente organizzata" (1980, 49).

La riluttanza ai contatti con fonti che non siano ufficiali o con colleghi non dovrebbe sorprendere. I cronisti non hanno il tempo di sviluppare contatti con fonti che non sono conosciute e di passare attraverso la routine con cui gli estranei diventano informatori [...]. Inoltre queste fonti estranee magari forniscono informazione che non può essere verificata, creando quindi incertezza. Ma forse ancora più importante, tali fonti non-familiari possono fornire dati nuovi o contraddittori, ciò che mette a dura prova la capacità del cronista di generalizzare e sintetizzare [...]. Ma i cronisti generici hanno un motivo ancora più rilevante per praticare la limitazione dei dati in loro possesso. Arrivando a svolgere il loro incarico con poche conoscenze precedenti, hanno un esiguo repertorio di prospettive interpretative disponibili, che può facilmente crollare sotto il peso di un eccesso di informazioni, magari contrastanti; in più hanno a disposizione poco tempo per riflettere sull'informazione raccolta, prima di terminare il loro compito e passare alla notizia successiva (Gans, 1979, 139).[13]

Un complesso di ragioni - in parte legate direttamente ai ritmi di lavoro, in parte vincolate alla forma della professionalità, in parte inerenti a valori culturali condivisi - influenza quindi il meccanismo per cui le fonti "non-certificate" tendenzialmente sono sottorappresentate se non addirittura sistematicamente trascurate.

Nelle sue composite motivazioni, questo è indubbiamente uno dei nodi che strutturalmente provocano la distorsione sistematica dell'informazione. Essa è addebitabile quindi non a semplicistiche determinazioni ideologiche o manipolazioni consapevolmente perseguite, ma a un insieme intrecciato di cause delle quali è possibile ricostruire la logica principale ma piuttosto difficile, al contrario, individuare un ordine di priorità. Anche perché le "deformazioni" relative alle fonti non agiscono separatamente, ma rafforzate da e rafforzandosi su quelle attivate dai valori/notizia, dall'apprendimento e socializzazione professionali, dall'organizzazione del lavoro. Non si deve dimenticare poi il fatto che una fonte importante per i giornalisti è anche il loro stesso consumo di altri media: esso è significativo in primo luogo perché "fornisce un meccanismo di rinforzo mediante il quale elementi presenti nell'agenda di un mezzo probabilmente sono assunti anche dagli altri mezzi, assicurando in tal modo un generale, diffuso, approssimativo accordo circa la selezione delle notizie. In secondo luogo, esso è una fonte di modelli e di approcci alla produzione informativa, che di solito sostiene la tendenza alla omogeneità. In termini generali, sembra che la radio sia spesso la fonte principale per l'agenda, mentre per quanto riguarda i giornalisti televisivi i giornali sono la fonte più rilevante per i valori/notizia e i modelli di professionalità" (Golding-Elliott, 1979, 188).

La ricerca sui modelli produttivi dell'informazione evidenzia dunque che "i mezzi con i quali le fonti ottengono accesso ai giornalisti, le considerazioni relative alle fonti e i rapporti tra i cronisti e le loro fonti, sono elementi che si sostengono reciprocamente nel *creare un modello cumulativo attraverso il quale i giornalisti sono ripetutamente posti in contatto con un numero limitato di fonti sempre dello stesso tipo*" (Gans, 1979, 144) [corsivo mio].[14]

Se si allarga l'ambito della ricerca dall'analisi dell'informazione quotidiana a quella dei programmi giornalistici di attualità, si può osservare un andamento analogo: l'uso di certe fonti è una componente essenziale per comprendere il contenuto dei programmi che generalmente ribadisce punti di vista già ampiamente diffusi e socialmente accettati. Come per l'informazione quotidiana, nel determinare la rete delle fonti contano meno le pregiudiziali ideologiche che non le necessità produttive e le procedure organizzative: a differenza però di quanto detto sopra, nella produzione di programmi giornalistici di attualità sembrano prevalere le fonti individuali, contattate attraverso una conoscenza personale, anche se molti dei motivi che conducono a tale risultato sono gli stessi dell'informazione quotidiana.[15]

Senza enfatizzare oltre misura l'importanza delle fonti nella confezione dell'informazione, credo però che le osservazioni fin qui esposte rendano sufficientemente conto del loro rilievo e della loro influenza sull'insieme del processo produttivo.

3.5.3 Le agenzie

Il paragrafo concerne soprattutto il ruolo delle agenzie

nel ciclo produttivo dell'informazione quotidiana; sono trascurati invece altri aspetti, come la nascita delle agenzie, la loro organizzazione interna, la loro diffusione, per i quali si rimanda in particolare a Boyd Barrett-Palmer, 1981; Robinson, 1981; Lepri, 1982.

Indubbiamente le grandi agenzie di stampa, sovrannazionali o nazionali, costituiscono la "fonte" più cospicua di materiali notiziabili: "ignorarne o appiattirne la funzione pretendendo che esse siano davvero pari alle fonti, equivale e tagliar via una corposa fetta del processo di mediazione che separa le redazioni dei giornali (stampati o radiotelevisivi) dal movimento del reale" (Cesareo, 1981, 82). Il problema inoltre non riguarda solo la dimensione quantitativa ma presenta anche degli aspetti qualitativi di notevole interesse.

L'informazione quotidiana (specialmente radio-televisiva) è sempre più e necessariamente un'informazione di agenzia, nella quale il nucleo fondativo è costituito proprio da queste fonti "anonime" che nei notiziari e nei giornali raramente compaiono come origine effettiva di quanto è comunicato.[16] Golding-Elliott nella loro ricerca comparativa sugli enti televisivi svedesi, irlandesi e nigeriani, individuano tre aspetti significativi legati all'uso delle agenzie: in primo luogo, nonostante le differenze di valutazione circa l'attendibilità e la credibilità di ciascuna delle grandi agenzie sovrannazionali (Associated Press, United Press International, americane; Agence France Presse, francese; Reuter, inglese; Tass, sovietica), le agenzie sono e sono ritenute fonti letteralmente insostituibili, delle quali non è possibile fare a meno per motivi economici (ed è precisamente da una logica economica che le agenzie derivano la loro origine e il loro sviluppo). "Il costo dei corrispondenti all'estero è infinitamente più elevato che l'abbonamento a un'agenzia [...] per gli apparati di informazione più deboli le spese per i corrispondenti esteri sono al di là delle loro possibilità economiche. Per essi i servizi regionali delle agenzie [...] sono l'unica fonte possibile di notizie dall'estero" (Golding-Elliott, 1979, 104).

Questa prima convenienza economica si trasforma però in un altro elemento che accresce la significatività delle agenzie. Il loro uso, diffuso in tutto il mondo, finisce per determinare una forte omogeneità e uniformità circa le definizioni di ciò che fa notizia. Tra gli eventi, finiscono per essere considerati notiziabili quelli che le agenzie notiziano. Al di sotto delle differenze proprie alle culture, alle ideologie, agli ambiti di diffusione dell'informazione, ai singoli mezzi di comunicazione, permane un substrato comune definito appunto dai criteri di notiziabilità che tali "fonti" contribuiscono a diffondere. Un esempio lo si trova nell'analisi comparata delle valutazioni circa la notiziabilità, fornite da giornalisti americani e indiani: la somiglianza risulta pressoché totale (Chaudhary, 1974).

"La selezione può essere fatta solo dal materiale disponibile [...]. L'uniformità è inevitabile dal momento che tre o quattro agenzie forniscono la base per la copertura delle notizie estere in qualsiasi redazione in tutto il mondo. In nessun altro luogo la tirannia del rifornimento è così chiara come in questa dipendenza" (Golding-Elliott, 1979, 105). Il secondo elemento di significatività si riferisce quindi al rafforzamento dei criteri di notiziabilità, provocato dal ruolo insostituibile delle agenzie transnazionali, al di là delle differenze tra i diversi organismi di informazione. A questo proposito, per esempio, l'UPI nel 1978 aveva 7079 abbonati, dei quali 2246 erano stranieri sparsi in 92 paesi; l'AP addirittura, su un totale di 8500 "clienti", dichiarava 4515 abbonati esteri ripartiti su 103 nazioni (Boyd Barrett-Palmer, 1981).

Il terzo elemento consiste invece nel fatto che "la copertura delle agenzie allerta le redazioni sugli eventi che accadono nel mondo ed è sulla base di questa conoscenza che le redazioni costruiscono la propria copertura. Così, anche quegli apparati che sono in grado di inviare propri corrispondenti a coprire le notizie dall'estero dipendono dalla selezione delle agenzie, nella scelta delle notizie da 'coprire in proprio'. Le agenzie funzionano così come un primo campanello d'allarme per le redazioni, la cui azione è determinata dal controllo dei dispacci" (Golding-Elliott, 1979, 105).

Alla radice della grande maggioranza delle notizie che quotidianamente assorbiamo si trovano quindi (direttamente e indirettamente) le agenzie: come per le altre fonti, anche per esse i giornalisti hanno criteri e valutazioni di attendibilità e autorevolezza, che si riflettono sulle modalità di uso e sulle procedure di controllo sulle notizie d'agenzia. "Fino a tempi relativamente recenti, le redazioni della BBC applicavano la regola detta 'delle due agenzie'", che rigidamente prescriveva che nessun servizio poteva essere ritenuto confermato se non era apparso indipendentemente sui dispacci di due agenzie. La regola è gradualmente caduta in disuso negli anni settanta e ogni volta che ci sono dubbi, le notizie vengono date applicando una formulazione del tipo 'fonti non confermate affermano...'" (Schlesinger, 1978a, 90). L'elasticità dei criteri di controllo sull'attendibilità delle notizie, finisce per accentuare il "credito" di cui le singole agenzie godono nelle redazioni, ciò che a sua volta incide sulle valutazioni di notiziabilità attribuite agli eventi riportati dalle agenzie. Su questi margini estremamente sottili, costituiti dall'esperienza passata, da funzionalità pratiche, da valutazioni soggettive e da numerosi altri fattori, si discriminano diversi gradi di notiziabilità: "tra le agenzie la Reuter è costantemente citata come la fonte di 'qualità' per le notizie estere, in quanto non sensazionalistica e accurata, e quindi viene preferita alla UPI e alla AP [...]. Un fattore che probabilmente rinforza questa convinzione è il rapporto speciale che la BBC ha con questa agenzia: negli uffici della Reuter c'è un addetto al collegamento, che si occupa delle richieste specifiche per approfondimenti o seguiti di notizie. Delle due agenzie americane, la AP sembra essere leggermente più favorita. Insieme alla concorrente UPI è ritenuta normalmente 'buona per quanto riguarda l'America' o 'buona per le notizie insolite'. Sia la AP sia la UPI sono ritenute 'tempestive' e 'sensazionalistiche' [...]." Un redattore disse a proposito delle agenzie americane: "le potete usare come 'fonti non confermate', ma non come un 'fatto reale'" (Schlesinger, 1978a, 90). Osservazioni analoghe sono citate nei dati forniti da Golding-Elliott, secondo i quali la Reuter viene giudicata l'agenzia più attendibile dal 56 per cento dei giornalisti svedesi da loro osservati e intervistati, dal 46 per cento dei giornalisti irlandesi e dal 48 per cento di quelli nigeriani, mentre alle agenzie americane viene imputata la tendenza all'esagerazione, l'eccessiva fretta nel giungere a conclusioni. Si può ipotizzare quindi una specie di riflessività insita nell'uso delle fonti in generale, comprese le agenzie: l'esperienza professionale precedente e il modo in cui essa si socializza nella redazione contribuiscono a determinare la notiziabilità degli eventi cui si riferiscono i dispacci di agenzia e insieme l'attendibilità dell'agenzia stessa: in questo circolo in cui l'uso di una fonte si basa parzialmente sulla fiducia in essa, fiducia che a sua volta si accresce e si stabilizza con l'uso, la rilevanza effettiva degli eventi finisce in parte per confondersi con le esigenze poste dalla organizzazione del lavoro e con le soluzioni procedurali date a esse.

Uguale osservazione può essere fatta a proposito delle agenzie che scambiano il materiale visivo, i filmati trasmessi dai notiziari televisivi.

Il sistema di scambio tramite l'Eurovisione (EVN) si è accresciuto in modo molto rapido, dato che costituisce una parte essenziale della copertura informativa relativa alle notizie estere. Dai 1106 item scambiati nel 1962, si passa a 3601 nel 1970 e, nel 1976, a 6353: "dal 1972 il numero di redazioni che accettano servizi durante gli scambi è costantemente saldo attorno a una media di 11,4 per item, *ciò che rappresenta un altro indice dell'uniformità causata dal giornalismo di agenzia*" (Golding-Elliott, 1979, 105) [corsivo mio]. Da quando le diverse agenzie di filmati, come la Visnews, la CBS o la UPITN, scambiano i loro materiali attraverso l'Eurovisione, quest'ultima si configura sempre di più come l'infrastruttura tecnica attraverso la quale tali agenzie distribuiscono i loro prodotti agli apparati televisivi europei. È da ricordare inoltre che grazie alla loro partecipazione azionaria nella UPITN e nella Visnews, l'UPI e la Reuter sono massicciamente presenti anche nel campo dell'informazione filmata (il 60 per cento della Visnews è posseduto dalla BBC e dalla Reuter), mentre la AP e l'UPI hanno un servizio di distribuzione di telefoto che non ha eguali tra le altre agenzie. I protagonisti quindi sono sempre gli stessi.[17]

Nello scambio dei servizi filmati, a influire nella decisione sull'acquisto o meno, non sono solo le considerazioni dei costi: sono pertinenti, ovviamente, anche i valori/notizia, in particolare la "freschezza" del servizio, la sua qualità visiva e il suo essere programmabile. Infatti la maggior parte degli eventi i cui filmati sono scambiati tramite l'EVN, riguarda fatti istituzionali, ufficiali, previsti (per esempio viaggi di stato, discorsi, incontri, conferenze-stampa ecc.), cioè "gli accessori visivi del protocollo internazionale" (Golding-Elliott, 1979, 166).

Molti giornalisti e studiosi criticano questo modo troppo passivo e formale di fare informazione; tuttavia - ancor più che per le agenzie - la logica economica che impone l'uso di questo servizio e di tali materiali è assai costrittiva e ferrea. Ma essa non è l'unico fattore: un'influenza più indiretta e mediata, ma alla fine molto rilevante, si esercita nel senso che l'uso dei servizi filmati scambiati attraverso l'EVN (centrati come sono soprattutto su eventi ufficiali e programmabili) tende a rafforzare i valori/notizia e alcuni requisiti produttivi (la prevedibilità degli eventi e dei materiali filmati da scambiare), accentuando in ultima istanza alcuni tratti della distorsione informativa (la frammentazione, l'accento sulle *élites*, la personificazione).

La direzione del flusso di scambi dei servizi filmati riproduce lo squilibrio che caratterizza la distribuzione delle agenzie di stampa. Per esempio, sono circa 1750 i servizi filmati trasmessi via satellite tra il 1971 e 1975 dall'Europa all'America Latina, mentre in direzione contraria la cifra si attesta sui 30 ogni anno. Nel biennio 1976-1977 sui filmati dell'attualità dell'Eurovisione, il 30 per cento proveniva da America Latina, Medio Oriente, Africa e Asia (metà del 30 per cento era occupato dal Medio Oriente e dalla problematica del petrolio), un 57 per cento proveniva dall'Europa; le categorie di notizie presentano un 61 per cento dedicato alla politica, un 27 per cento allo sport, un 12 per cento di informazione generale, un 6 per cento di notizie economico-sociali (Boyd Barrett-Palmer, 1981).

La distorsione informativa può arrivare fino alla pratica di scegliere un certo filmato cercando poi di "attaccarvi" quei dispacci d'agenzia che abbiano una qualche attinenza con l'argomento del filmato: "la disponibilità del film diviene così la prima determinante per la selezione di una notizia" (Golding-Elliott, 1979, 110). La rilevanza di questa procedura non sta ovviamente nell'essere un fatto isolato e difficilmente ripetibile, quanto al contrario nel rappresentare una soluzione routinizzata dei problemi di "confezionamento" del notiziario, accentuando in questo caso la preminenza dei valori/notizia relativi al mezzo su quelli sostanziali.

In conclusione, si può dire che sia le agenzie di notizie sia quelle di filmati accentuano più la tendenza alla programmazione del lavoro (a coprire cioè eventi già previsti) che non il giornalismo di ricerca, di "scoperta" dei fatti, di approfondimento sugli eventi e i loro contesti.

3.5.4 Lo scadenzario

Diario, agenda, scadenzario (*diary* o *day-book*): questo strumento e la funzione cui esso assolve nel ciclo produttivo, non sono ben visti dai giornalisti (o almeno dalla loro mitologia professionale). Rappresentano quasi l'opposto dell'immagine che la professione fornisce di se stessa e attribuiscono al giornalista un ruolo passivo di collazionatore di fatti previsti, scadenzati in anticipo. "La professione giornalistica è un ruolo che si direbbe costruito sopra una specie di paradosso funzionale. Da un lato è una professione conoscitiva, che richiede il massimo di specialismo nel rapporto diretto e privo di mediazioni con ciò che consideriamo 'realtà', il grande mondo degli eventi, la fonte dell'imprevisto, l'orizzonte esterno del contesto in cui viviamo. Ma dall'altro lato l'organizzazione stessa di questo specialismo, orientato alla 'realtà', inevitabilmente conduce alla creazione di un ambiente funzionale che è tra i più 'artificiali' e 'separati' che la sociologia delle professioni conosca: il piccolo mondo della *newsroom* nella cui atmosfera *smoke-filled* il giornalista passa quasi interamente il proprio tempo di lavoro, gomito a gomito [...] con i propri colleghi" (Marletti, 1983, 218).

O, come dice in modo diverso Elliott "il giornalismo è più

simile all'agricoltura intensiva che non alla caccia o alla raccolta" (Elliott, 1979, 66).

Se gli studi sul *newsmaking* hanno, nel loro insieme, messo l'accento su questa procedura nella raccolta di notizie, è perché essa fa parte integrante della routine organizzata e mostra nel contempo, su quali tipi di eventi si concentra la rappresentazione del mondo fornita dall'informazione di massa.

Lo scadenzario (nelle sue diverse forme e caratteristiche organizzative)[18] è costituito essenzialmente dall'agenda che elenca, giorno per giorno, gli eventi che accadranno e la cui notiziabilità è in gran parte data per scontata. Si tratta ovviamente di accadimenti previsti per tempo, fissati in agenda anticipatamente: per la maggior parte quindi sono fatti che rientrano nella sfera politico-istituzionale-amministrativa o giudiziaria, e che consentono agli apparati di informazione di organizzare con un certo anticipo il proprio lavoro.

> *Il diario è un documento-chiave in ogni redazione. Esso registra gli eventi programmati che automaticamente meritano di essere coperti per via della loro indubitabile importanza pubblica [...]. In un certo senso, la stesura del diario corrisponde a una produzione anticipata di notizie, con la differenza che si basa sulla semplice conoscenza che certi eventi accadranno e non sull'osservazione del loro svolgersi. Lo scadenzario è la sceneggiatura implicita delle notizie. Il contenuto varia dagli eventi formali della politica (visite ufficiali, incoronazioni, elezioni, scadenze legislative ecc.) alle occasioni culturali, religiose, sociali o sportive (la consegna dei premi Nobel, la fine del Ramadan ecc.) [...] L'atteggiamento negativo verso le notizie da scadenzario è diffuso, mostrando che la sua persistenza è dovuta a imperativi organizzativi più forti dell'atteggiamento o delle preferenze dei giornalisti. Tali imperativi sono costituiti dalle* definizioni stabili degli eventi notiziabili *e dal bisogno di pre-programmare il più possibile entro procedure essenzialmente complesse* (Golding-Elliott, 1979, 93).

La tendenza a inserire nel notiziario una quota crescente di eventi da scadenzario si rafforza con l'aggiornamento tecnologico nella produzione dell'informazione quotidiana. Più le attrezzature sono costose, più il loro uso va rigidamente programmato così da evitare tempi morti o sottoutilizzazioni che risulterebbero economicamente controproducenti. Così, se da un lato le nuove tecnologie elettroniche nel campo dell'informazione, permettono più collegamenti "dal vivo", minori costi di lavorazione e maggiore "agilità" sul posto, dall'altro lato però, il loro impiego e uso tende a essere più rigorosamente previsto, organizzato, così che nuove restrizioni si impongono sulla possibile "apertura" della copertura informativa.

"La tecnologia a microonde, per esempio, rappresenta un investimento finanziario che necessita di un uso programmato e previsto, per massimizzare l'uso quotidiano dell'equipaggiamento. Sfortunatamente, una programmazione rigida rende minima la disponibilità di tale apparecchiatura per 'coperture immediate'. Così, fattori economici e necessità di organizzazione del lavoro possono limitare la capacità dell'apparato di raggiungere i suoi scopi" (Bantz-McCorkle-Baade, 1981, 369).

Si assiste cioè, al fenomeno per cui le redazioni giornalistiche tecnologicamente sono sempre più in grado di dare informazioni in tempo reale, ma su un numero di argomenti, temi, soggetti sempre più delimitato precedentemente. Maggiore articolazione dell'apparato, specializzazione tecnologica, complessità burocratica e "fragilità" dell'apparato stesso verso il flusso della realtà, sono fenomeni e tendenze che si complementano.

D'altra parte, il rapporto tra perfezionamento tecnologico e necessità di programmare il lavoro si riflette direttamente sulla scelta delle fonti, rafforzando così da parte sua l'influenza di quelle fonti che consentono di organizzare meglio il lavoro dell'apparato: si tratta, evidentemente, delle fonti istituzionali, stabili, presumibilmente attendibili, funzionali alle *routines* produttive delle redazioni. L'insieme di questi elementi contribuisce a una generale tendenza verso la *stabilità* della copertura informativa, oltre che alla mancanza di flessibilità da parte degli apparati, tendenza che l'uso dello scadenzario illustra bene.

"Ogni giorno la produzione di informazione non comincia da zero. Già di mattina, la copertura di parecchie storie, interne ed estere, è in corso. [Nella redazione della BBC] per esempio, 'questioni industriali', 'copertura dell'Irlanda del Nord', 'conferenze stampa di ministri', 'copertura giudiziaria', e così via, sono i tipi di notizie da scadenzario che vengono coperte automaticamente [...]. Nella redazione della radio, il diario è compilato per essere distribuito alle 8 dopo il turno di notte, usando varie fonti: ci sono documenti della BBC relativi alla programmazione a lungo termine, dai quali sono selezionate le notizie pertinenti per quel giorno; c'è il diario inviato dalla Press Association per dispaccio d'agenzia durante la notte; ci sono i vari comunicati-stampa inviati da ministeri e altre istituzioni; ci sono i giornali che possono portare una notizia che merita di essere seguita. Nella redazione televisiva, in cui il lavoro termina a mezzanotte, il diario è preparato nelle ultime ore della sera precedente e le aggiunte sono fatte il mattino successivo [...]. Un elemento specifico del diario televisivo è il riferimento al trattamento visivo delle storie, per esempio se il filmato deve essere senza o con il sonoro" (Schlesinger, 1978a, 57; 66).

Lo studio di come è programmata l'attività informativa mette in luce anche un'altra fase, che Schlesinger chiama *advanced diary*: esso è compilato dalle fonti standard usate per lo scadenzario e riporta gli eventi previsti e la loro data. È diviso in categorie *che indicano attese stabili di ciò che è probabile faccia notizia*. "La lista di questa agenda consiste delle notizie potenzialmente trasmissibili per il mese successivo. È divisa per continenti e subcontinenti e in ciascuna sezione sono elencate le notizie da seguire o di probabile interesse" (Schlesinger, 1978a, 70).

Due ultime osservazioni dovrebbero chiarire adeguatamente l'importanza di questo strumento di raccolta degli eventi notiziabili e la sua influenza sul tipo di eventi effettivamente notiziati: Schlesinger sostiene che secondo alcune stime, il 95 per cento dei materiali raccolti nell'*advanced diary* è incorporato nello scadenzario specifico di un dato giorno, e che in media il 70 per cento viene effettivamente usato in un modo o nell'altro, nella produzione dei notiziari, confermando così che gran parte dell'informazione trasmessa è pianificata per tempo.

La seconda osservazione - sempre tratta dagli esempi di Schlesinger - riguarda il fatto che nelle discussioni in fase di elaborazione dell'*advanced diary*, sono strettamente mescolate valutazioni sulla rilevanza dei fatti previsti a considerazioni logistico-organizzative-tecniche, che da parte loro tendono a sottolineare da un lato le esigenze procedurali dell'apparato e dall'altro il potenziale valore visivo delle probabili notizie contenute nell'agenda settimanale.

In conclusione, si può dire che gli studi e le ricerche sul *newsmaking* evidenziano nella fase di raccolta, la sua cruciale componente di programmazione, il forte rilievo della pianificazione.

> *Ciò crea di routine un'agenda di notizie predicibili che forniscono la spina dorsale delle necessità della produzione di ogni giorno [...]. La maggior parte delle notizie è costruita entro una cornice di attese stabili usate per coordinare la dislocazione delle risorse esistenti. Nel caso della televisione in particolare, tale pianificazione è assai importante dato che ci sono delle necessità tecniche [...] che rendono il fattore "tempo" estremamente vincolante [...]. Una delle conseguenze più rilevanti della struttura di pianificazione è che essa impedisce un giornalismo di ricerca o di scavo.* I diari sono messi insieme da fonti che sono disponibili a tutti i media *[...]* Dato che i valori/notizia sulle stesse storie sono molto condivisi, c'è una tendenza alla omogeneità (Schlesinger, 1978a, 79) [sottolineatura mia].

Frammentazione nell'immagine della realtà sociale, somiglianza nel genere di eventi promossi a notizie e limitazione nel tipo di fonti cui si ricorre: come s'è cercato di illustrare fino a qui, gli elementi, i fattori e le cause che in ciascuna fase produttiva determinano tali caratteristiche, sono molteplici e legati tra loro.

3.6 La selezione delle notizie

"La setacciatura e la messa in forma del materiale che giunge in redazione costituisce il processo di convertire gli eventi osservati in notizie" (Golding-Elliott, 1979, 102). Il materiale raccolto dai corrispondenti, dagli inviati e dai cronisti, arrivato tramite le agenzie, viene ridotto a un certo numero di notizie destinate alla trasmissione del notiziario o alla stampa del quotidiano. In realtà l'afflusso del materiale da selezione è già regolato e stabilizzato in maniera piuttosto consistente: i modi, le procedure e le consuetudini che producono tale regolazione costituiscono già una prima rilevante forma di selezione. Essa da lato è funzionalizzata alle necessità di organizzare razionalmente il lavoro così da renderlo routinizzato, dall'altro è anche congruente con l'insieme dei valori/notizia che sono finalizzati a rendere possibile la restante parte di selezione degli eventi.

In altri termini, non si può spiegare la selezione soltanto come scelta soggettiva del giornalista (sia pure professionalmente motivata), ma occorre vederla come un processo complesso, che si sviluppa lungo tutto il ciclo lavorativo, realizzato da istanze differenti (dalle fonti al singolo redattore) e con motivazioni che non sono tutte immediatamente riconducibili alla diretta necessità di scegliere quali notizie diffondere.[19] L'osservazione vale anche per i valori/notizia che in realtà non permeano solo il momento della selezione, ma un po' tutto il processo produttivo, comprese le fasi di confezionamento e di presentazione delle notizie, nelle quali sono enfatizzati proprio gli elementi di rilevanza che hanno determinato la *newsworthiness* al momento della selezione. Spesso la scelta di un evento *coincide* con l'individuazione di un particolare "taglio" o punto di vista dal quale esso può essere raccontato, notiziato.

Nella selezione delle notizie, il loro rilievo non è il solo e unico criterio: "La necessità di essere efficienti e la scelta di procedure che consentano l'efficienza pervade le fasi della selezione e della produzione [...]. I criteri di rilevanza non esistono soltanto perché consentono l'efficienza, ma pur tuttavia diventano rilevanti perché essi sono anche efficienti

[...]. L'efficienza per i giornalisti esiste per consentire l'allocazione di tre risorse che sono scarse: il personale, il formato, il tempo di produzione. Gli apparati di informazione devono essere efficienti in quanto ci si aspetta che forniscano al pubblico le notizie più aggiornate in tempi prefissati" (Gans, 1979, 282).

Il processo di selezione delle notizie può essere paragonato a un imbuto, nel quale molti dati vengono collocati e solamente un numero ristretto riesce a filtrare: il paragone però può essere fatto anche con una fisarmonica, dato che alcune notizie vengono aggiunte, spostate, inserite all'ultimo momento. "La lista iniziale delle notizie è lunga in quanto molte delle storie proposte si rivelano poi inadeguate. [...] Inoltre la lista contiene storie differite dai giorni precedenti o che non avevano potuto essere completate per mancanza di tempo o di informazioni sufficienti. In più, la lista include sempre alcune 'notizie senza tempo', cioè non ancorate a un evento specifico e che possono quindi essere passate quando si vuole [...]. La lista è intenzionalmente farcita di item differibili che si possono togliere per far posto alle *breaking stories* (cioè le notizie impreviste) che hanno la priorità assoluta nella selezione delle notizie [...]. Quando tutte le proposte sono presentate, vengono vagliate per arrivare alla prima scaletta [...]; essa è ancora lunga, ma da questo momento i selezionatori hanno compiuto le scelte di precedenza, e sanno quindi quali notizie probabilmente useranno [...]. Direttore e capiredattori devono compiere ancora una scelta, cioè individuare la notizia d'apertura [...]. Dalle 15,30 circa, il direttore e i capiredattori sanno quali servizi sono stati filmati e la loro durata. Intorno alle 16 viene preparata la prima scaletta delle notizie del telegiornale, che viene distribuita alla redazione e alla regia. Sono decisi la notizia d'apertura, i filmati da usare, l'ordine in cui devono comparire, il tempo che ciascuna notizia occupa. Alla CBS, il caporedattore divide il programma in 5 segmenti internamente omogenei, distinti l'uno dall'altro, così da creare gli 'spazi naturali' per gli spot pubblicitari. Alla NBC, la modificazione del formato in 4 segmenti ha semplificato questo lavoro di divisione, in quanto il terzo segmento è composto di notizie da scadenzario riguardanti l'intera settimana. Dato che esse sono abbastanza lunghe per gli standard televisivi, ci sono meno minuti a disposizione per le notizie del giorno di quanti non ce ne siano alla CBS: in questo senso la selezione è divenuta più difficile. Occorre infine controllare che la durata complessiva dei servizi e delle notizie scelte assommi ai 22 o 23 minuti di durata del notiziario. Spesso la scaletta è rivista una o più volte. Può essere modificata fino alle 17,30 e notizie filmate o lette possono essere inserite approfittando dei break pubblicitari mentre il notiziario stesso sta andando in onda" (Gans, 1979, 109-112).

Al di là di variazioni legate alla diversità del contesto e a differenze organizzative,[20] queste sono le tappe fondamentali in cui si svolge la selezione delle notizie.

Di tale fase quasi nulla traspare nel prodotto informativo finito: le diverse restrizioni che via via influenzano la scelta delle notizie sono cancellate da una presentazione che intenzionalmente si dà come "semplice" resoconto di ciò che è accaduto nel mondo nelle ultime 24 ore (Altheide-Rasmussen, 1976). Ad esempio, tutto il lavoro di preselezione, insito nell'istituzionalizzare l'uso di certe fonti e non di altre, viene "nascosto" e passa inosservato. Soltanto un approccio che mette in correlazione i contenuti della copertura informativa con i metodi pratici attraverso i quali essa è prodotta, si mostra in grado di cogliere la logica che regge il funzionamento e gli effetti dell'informazione di massa.

La ricerca sul *newsmaking* – che si propone di "chiarire le buone ragioni organizzative per notizie che non sono tali"[21] (Altheide-Rasmussen, 1976, 224) – consente dunque di spiegare adeguatamente e approfonditamente la distorsione informativa che i fattori organizzativi e strutturali costantemente producono e riproducono.

Si può osservare, infine, che questi stessi aspetti superano i confini di genere: per esempio Elliott sottolinea che nella selezione dei contributi scientifici da usare per le trasmissioni sul pregiudizio, operano soprattutto tre fattori: "la conoscenza precedente che aveva il produttore e i contatti da lui instaurati; la qualità visiva del materiale disponibile; la sua visibilità [cioè il suo essere citato o il suo essere già comparso nei media] durante il periodo della ricerca" (Elliott, 1972, 66). È facile riconoscere in questi tre fattori alcuni valori/notizia e criteri già visti a proposito della selezione nell'informazione quotidiana.

Dal complesso degli studi sulle routine produttive, risultano dunque dati la cui aggregazione, confronto e comparazione, consente di chiarire – oltre alle specificità proprie a ciascun mezzo e a ogni genere – le somiglianze e omogeneità vincolate al sistema produttivo e all'insieme di valori professionali.

3.7 L'editing e la presentazione delle notizie

"Il processo di trattamento non può essere esplicitato nei notiziari, dato che se lo fosse infrangerebbe la credenza del pubblico nella pretesa dell'apparato di non creare le notizie ma soltanto di riportarle" (Altheide, 1976, 97). La fase di confezione e presentazione degli accadimenti entro il formato e la durata dei notiziari consiste appunto nell'annullare gli effetti dei limiti provocati dall'organizzazione produttiva, per "restituire" all'informazione il suo aspetto di specchio di ciò che accade nella realtà esterna indipendentemente dall'apparato informativo. In altre parole, se tutte le fasi precedenti operano nel senso di *decontestualizzare* gli eventi dalla cornice sociale, storica, economica, politica, culturale in cui avvengono e in cui sono interpretabili (cioè nel senso di "piegare" gli eventi alle esigenze dell'organizzazione del lavoro informativo), in questa ultima fase produttiva, si compie un'operazione inversa, di *ricontestualizzarli* ma dentro un quadro differente, entro il formato del notiziario.

La frammentazione dei contenuti e dell'immagine della realtà sociale si colloca proprio tra questi due movimenti: da un lato l'estrazione degli eventi dal loro contesto, dall'altro il reinserimento degli eventi notiziabili nel contesto costituito dalla "confezione", dal formato del prodotto informativo. La rigidità del formato[22] (una durata prestabilita e stabile, un ordine nella scaletta prefissato e rispettato) finisce per costituire il parametro al quale sono adattati i contenuti del notiziario: in questo senso esso rappresenta il contesto (formale, testuale) entro il quale viene percepita e al quale è commisurata la rilevanza e significatività delle notizie. Rappresenta il contesto anche in un altro senso: è dentro la cornice del formato che opera il meccanismo di aggiunta di senso legato all'accostamento di due notizie tra loro, ai criteri di calibratura del ritmo interno del notiziario, alle inferenze che si possono trarre dall'ordine in cui sono disposte le notizie stesse (vedi Calabrese-Volli, 1980). Questi elementi sono solo in parte riconducibili al contenuto dell'informazione, perché di fatto sono largamente motivati dalle necessità imposte dalla presenza di un formato rigido, a sua volta evidentemente legato alla necessità di razionalizzare la produzione dell'attività informativa.

Entro questo quadro di fondo, ci sono alcuni aspetti specifici da illustrare. Il primo riguarda il supporto visivo dell'informazione televisiva. Il fondamento principale dell'attività di *editing* nei notiziari è di "trasformare l'evento in una storia con un inizio, una parte centrale e una fine" (Altheide, 1976, 85). L'*editing* è finalizzato dunque a dare una rappresentazione sintetica, necessariamente breve, visivamente coerente e possibilmente significativa, dell'oggetto della notizia: imposto dalle esigenze e dalle tecniche produttive, si trasforma in qualche cosa di diverso e di più. Diventa un modo di condensare, di focalizzare l'attenzione su alcuni tratti dell'evento (*highlighting*) e presumibilmente si traduce in una maniera simile di recepire, decodificare e memorizzare le informazioni ricevute. Gans (1979) definisce l'*highlighting* come la selezione dei tratti salienti di un evento, azione o personaggio, ottenuta cancellando gli aspetti previsti e tutto ciò che non appare sufficientemente importante, nuovo, drammatico. Girare delle immagini che accompagnano una notizia, avendo in mente già il possibile montaggio che verrà fatto, significa concentrarsi sugli aspetti ritenuti professionalmente più idonei a illustrare l'accadimento, cioè operare in base ai valori/notizia: per esempio, di un discorso verranno ripresi i passaggi più significativi e utilizzati solo quelli, di un evento istituzionale saranno montati i momenti più rilevanti. L'*highlighting* si realizza anche a livello audio, lasciando il sonoro originale nei punti e momenti forti dell'evento ripreso, e sfumandolo invece fino a sovrapporvi la voce del giornalista, nei momenti "deboli". Questa procedura "autentifica" la scena mostrata e sottolinea evidentemente la significatività dei momenti "documentali", sui quali l'intervento del giornalista che ha redatto la notizia è minore.

Lungo i processi di selezione e di produzione, l'enfatizzazione procede a spirale, nel senso che quando la notizia sarà confezionata saranno rimaste solo alcune delle enfatizzazioni iniziali. "I reporter televisivi in Vietnam riprendevano gli aspetti salienti della guerra, cioè in primo luogo combattimenti e missioni di rastrellamento; ma quando si trattava di passare dal materiale girato al servizio definitivo, venivano scelte solo le scene più drammatiche [...]. La notizia spesso diventa così l'enfatizzazione di enfatizzazioni" (Gans, 1979, 92).

I due procedimenti – l'*highlighting* come modalità dell'*editing* e l'*editing* come fase di lavorazione che consente di strutturare narrativamente, a livello visivo, una notizia – contribuiscono per la loro parte, a penalizzare (nella confezione delle notizie) gli aspetti relativi alla processualità, alle tendenze insite nella dinamica sociale, per accentuare invece i momenti di salienza, gli esiti, gli scarti dalla norma.

In questa distorsione c'è dunque un effetto cumulativo: fasi e routine produttive diverse concorrono, ognuna con il suo "contributo", a determinare e rafforzare tale distorsione involontaria, largamente indipendente dalla consapevolezza e intenzionalità del singolo giornalista e connessa invece all'organizzazione delle strutture informative e del lavoro redazionale.

L'altro aspetto interessante nella presentazione delle notizie riguarda il pubblico, o meglio il ruolo e la funzione che svolge l'*immagine del pubblico* che i giornalisti hanno elaborata (vedi anche Gans, 1957). Se è vero che "la presentazione delle notizie consiste nell'abilità di tradurre dei valori/notizia dati per scontati in regole di produzione" (Golding-Elliott, 1979, 113), allora i criteri dell'importanza e dell'interesse trovano spazio anche nella fase di presentazione, e richiamano in gioco chi deve essere interessato alle notizie, cioè il pubblico. I giornalisti hanno a disposizione dati e ricerche sulla composizione, le abitudini e le capacità del pubblico cui si rivolgono, ma l'insieme di queste conoscenze non sembra di fatto incidere molto sulle procedure produttive né essere molto apprezzato. Probabilmente i dati ritenuti più significativi riguardano la comprensione, la capacità del pubblico di far fronte alle difficoltà di capire i termini usati nei notiziari: ciò rafforza infatti non solo la necessità di essere chiari e semplici, ma anche l'immagine pedagogizzante e tutoriale della professione (è quindi una riaffermazione dell'utilità sociale della stessa).

Ma al di là di tali limiti (piuttosto ristretti) la questione diventa problematica: infatti qualunque altra conoscenza sul pubblico diviene potenzialmente una fonte di restrizione all'autonomia professionale del giornalista e si trasforma quindi in un fattore di disturbo. La soluzione a queste due esigenze contrastanti (essere al servizio del proprio pubblico ma nello stesso tempo non farsene condizionare) "tende a essere l'asserzione che i bisogni del pubblico sono ben compresi da parte del giornalista in virtù della sua ampia esperienza e dei contatti quotidiani con un largo ventaglio di persone che lo compongono" (Golding-Elliott, 1979, 112).

Questo tipo di soluzione – basata sulla creazione di uno stereotipo che sana due elementi professionali in conflitto – è stato più volte accertato nell'ambito degli studi sul *newsmaking*, che hanno concordemente descritto una situazione in cui "i comunicatori hanno poco *feed-back* dal pubblico [e] questa caratteristica della situazione produttiva [...] crea necessariamente un massiccio far-riferimento alle conoscenze occupazionali e al supporto cognitivo che viene dall'organizzazione" (Schlesinger, 1978a, 108).

Nonostante la mancanza di *feed-back*, l'incertezza circa il pubblico non risulta problematica: "quando il giornalista deve pensare àl tipo di notizie più rilevanti per il pubblico, egli esercita il proprio giudizio sulle notizie più che cercare dati specifici sulla composizione, il gusto, i desideri di coloro ai quali sta comunicando. In questo contesto, fare una valutazione sulla notizia *è* pensare al pubblico, perché il presupposto è che le selezioni operate dai professionisti sono quelle che incontrano i desideri dei destinatari" (Schlesinger, 1978a, 117)[23] Ciò significa che l'immagine del pubblico che il giornalista possiede – una specie di profezia autoverificantesi – è esplicitata e interviene sempre nell'ambito dei problemi particolari da affrontare: per esempio se c'è da decidere se una notizia non è troppo ripetuta, non è già apparsa nei giorni precedenti, se un argomento non è già stato coperto abbastanza, entrano in gioco assunzioni circa le conoscenze che il pubblico ha di quell'evento o argomento. Il giudizio sulla esaurita notiziabilità di un fatto è risolto chiedendosi quanto e quando il pubblico ne è venuto a conoscenza; "ma questo dice solo che tipo di valutazione è esercitata e non su che base essa è fatta. Dato che giorno per giorno i giornalisti non possono sapere ciò che il pubblico conosce, la risposta che essi danno deve essere tratta dal 'fiuto' o da valutazioni professionali. In questo modo il *non-sapere* realmente ciò che il pubblico conosce non presenta problemi: è risolto basandosi su assunti, possibilmente plausibili, circa lo stato delle sue conoscenze" (Schlesinger, 1978a, 122). Gli assunti (indimostrati) sul pubblico diventano parte delle stesse routine produttive standardizzate e incidono, talvolta in maniera rilevante, non solo sulla selezione delle notizie ma anche nella fase di presentazione. Elliott (1972) propone un esempio quando osserva che nelle puntate dell'inchiesta sul pregiudizio, il materiale delle interviste filmate veniva usato privilegiando i soggetti in posizione di leadership e penalizzando invece coloro che avevano semplicemente da raccontare un'esperienza personale. Al di là della distorsione già analizzata a proposito delle fonti e che sembra riproporsi anche in questo caso, Elliott avanza la spiegazione che questo uso delle interviste fosse motivato dal timore che i dettagli e i casi personali risultassero noiosi e irrilevanti per il pubblico, oltre che per il fatto che sulla base di opinioni e valutazioni generali risultava più agevole realizzare il bilanciamento tra posizioni contrastanti. Dall'altro lato però, il riferimento al pubblico e alle sue preferenze, orientava anche un altro aspetto della presentazione, cioè l'azione e lo stile del presentatore il quale, ponendosi in una posizione più vicina al pubblico che non all'équipe realizzatrice del programma, contribuiva a "semplificarne il contenuto al livello che egli *riteneva* appropriato al *probabile* pubblico, facendo osservazioni o anche soltanto alludendo brevemente ad alcuni dei punti più complessi o degli esempi più oscuri contenuti nella versione dell'ideatore del programma" (Elliott, 1972, 88). L'argomento portato dal presentatore a sostegno delle proprie posizioni era la sua capacità di interpretare gli interessi e il grado di attenzione del pubblico, legata al proprio ruolo professionale.

Il problema della rilevanza che hanno le assunzioni (più implicite che esplicite) sul pubblico riguarda da vicino l'operazione di ricontestualizzare il contenuto informativo entro la cornice definita dal formato: si può dire che tali assunzioni rappresentano la parte del formato più direttamente vincolata all'esigenza di tenere aperto il rapporto comunicativo, rappresentano cioè gli elementi compositivi, stilistici, formali, rivolti alla necessità di rispettare, entro il formato, le supposte esigenze del pubblico in quanto destinatario. C'è da precisare, infine, che la funzione fin qui descritta, delle immagini del pubblico che i giornalisti si sono costruiti, vale soprattutto nei periodi di *routine*; di equilibrio nel processo produttivo. Nei momenti di forzata ristrutturazione, quando cioè forti cali di vendite o di ascolto, mutamenti rilevanti della linea editoriale o altri fattori "traumatici" provocano una modificazione dell'equilibrio complessivo che regola l'intero meccanismo produttivo, allora anche questi assunti sul pubblico si precisano meglio, i contenuti di tale immagine diventano più empirici e meno sterotipati, la necessità di un riscontro si fa più immediata. Fino a che i nuovi equilibri si stabilizzano, le nuove *routines* produttive si solidificano e anche il "rapporto" con il pubblico riprende il suo antico posto, tra i luoghi comuni del mestiere e la difesa dell'autonomia professionale.

3.8 Alcune osservazioni finali

A conclusione del capitolo vorrei riprendere l'ipotesi già accennata, sulla natura negoziata del processo di notiziabilità.

Ho osservato che: *a.* la rilevanza di un evento è individuata e commisurata sulla base delle esigenze organizzative dell'apparato; *b.* i valori/notizia costituiscono dei criteri attivati non singolarmente ma "a grappolo" e secondo gerarchie mutevoli; *c.* nell'uso delle fonti agiscono ugualmente molteplici criteri pratici, flessibili; *d.* la stessa composizione dei notiziari è una sorta di "compromesso" tra elementi predefiniti (scadenzario) ed elementi imprevedibili; *e.* le modificazioni in extremis nella scaletta sono valutate nella loro fattibilità rispetto a criteri tra loro contrastanti (importanza dell'evento vs. "costi" dell'operazione di modifica); *f.* la rigidità dell'organizzazione del lavoro è temperata dall'orientamento verso la ricettività agli eventi imprevisti, all'aggiornamento delle notizie (la stessa ora tarda – rispetto al momento di andare in onda – in cui è decisa la scaletta definitiva, e la concitazione delle ultime fasi di lavoro in contrasto con l'apparente calma delle ore precedenti, sono segni di tale orientamento).

Queste indicazioni, e altre ancora, sembrano ribadire il carattere elastico, dinamico, non rigidamente prefissato, di volta in volta calibrato internamente in modo diverso, del processo di notiziabilità. L'aspetto negoziale consiste – a mio avviso – nel fatto che la valutazione di notiziabilità è sempre il risultato di un mix ogni volta articolato differentemente, in cui i fattori in gioco hanno ogni volta un "peso specifico" diseguale. Il "fiuto" giornalistico sarebbe, in questo caso, non una capacità "misteriosa" di cogliere le notizie, ma una capacità-standard (acquisita in base a parametri delimitabili: i valori/notizia) di combinare "istantaneamente" in un punto di equilibrio, fattori assai diversi.

È probabile che il termine "negoziazione" non sia del tutto appropriato, nel senso che alcune delle sue determinazioni concettuali non sono pertinenti in questo caso:[24] altre invece sembrano descrivere assai adeguatamente i tratti essenziali del processo di notiziabilità. In primo luogo, l'esistenza contemporanea di elementi divergenti e convergenti che devono essere amalgamati (per esempio, la funzione del pubblico nei confronti dei valori/notizia e dell'autonomia della professione giornalistica; oppure alcuni criteri di rilevanza tra loro contrapposti che trovano un'armonizzazione in rapporto ad altri elementi delle *routines* produttive; oppure i rapporti di reciprocità tra alcuni tipi di fonti e i giornalisti specializzati).

In secondo luogo, il fattore che nell'analisi della negoziazione è chiamato "instabilità delle valutazioni": "il modo in cui le parti valutano il loro proprio risultato e quello delle controparti, è fortemente indefinito e si modifica in quanto risultato della negoziazione stessa [...]. Concetti come 'divisione imparziale' e 'soluzione equa' sono variabili dipendenti dal processo negoziale. In altre parole, la convinzione che i vantaggi delle parti sono eguali o distribuiti 'equamente', è in se stessa un risultato del processo di negoziazione. Non è un criterio oggettivo in base al quale si possa valutare le negoziazioni" (Iklé, 1968, 120). Tale instabilità mi sembra caratterizzare il processo di accertamento della *newsworthiness*: quest'ultima infatti appare formulata contestualmente per ogni evento attraverso una dinamica di aggiustamenti reciproci tra i numerosi ed eterogenei fattori coinvolti. La "soluzione equa" in questo caso può essere o la rivendicazione professionalmente fondata di aver ottemperato agli imperativi deontologici (pluralismo, completezza, obiettività) o, più prosaicamente ma verosimilmente, quello che quasi tutti gli studi sul *newsmaking* rilevano, cioè "l'aria di soddisfazione che alla fine della giornata c'è in ciascuna delle redazioni [...]. Ogni volta si rimane colpiti dalle gratificazioni istantanee che dà la produzione di notizie, dalla soddisfazione quotidiana legata a uno specifico prodotto finito che risponde a precisi criteri di qualità" (Golding-Elliott, 1979, 90). Se nel processo negoziale è la sua stessa dinamica che stabilisce il punto in cui le perdite di una parte si differenziano dai guadagni dell'altra, nel processo di notiziabilità degli eventi, l'individuazione della soglia che separa un fatto dalla sua notizia lascia poco spazio ai dubbi o alle scelte "macerate", perché in realtà "la *routine* produttiva è il controllore di se stessa" (*ibid.*).

Dall'esposizione dei principali caratteri e risultati negli studi sulla produzione dell'informazione, si può concludere che questo tipo di ricerca ha evidenziato chiaramente da un lato la complessità degli elementi in gioco, dall'altro le determinazioni strutturali della copertura informativa e della rappresentazione della realtà sociale che i media forniscono abitualmente.

La significatività di tale indirizzo di ricerca consiste anche però, nell'integrazione delle esigenze più avvertite dalla attuale *communication research*. In primo luogo, la pertinenza sociologica di questo approccio è netta e si inserisce nel filone oggi dominante della mediologia; l'influenza della sociologia della conoscenza inoltre è chiaramente avvertibile nel tentativo che questi studi fanno, di esplicitare le radici della distorsione che caratterizza l'informazione di massa e i processi di mediazione simbolica cui essa dà luogo. La complementarietà tra questa ricerca e quella sugli effetti a lungo termine (in particolare l'ipotesi dell'*agenda-setting*) appare teoricamente fondata e congruente, anche se in gran parte ancora da realizzare su disegni di ricerca specifici. Ma da un altro punto di vista, si può dire che le analisi sul *newsmaking* descrivono il lavoro comunicativo degli emittenti come un processo in cui "c'è dentro di tutto" (routine vischiose, distorsioni intrinseche, stereotipi funzionali, precedenti sedimentati ecc.). Sulla base dell'etnografia dei mass media, essi articolano e individuano empiricamente i numerosi livelli di costruzione dei testi informativi di massa. Questi studi cioè rappresentano un primo tentativo, a livello empirico, di descrivere le pratiche comunicative che danno luogo alle forme testuali recepite dai destinatari.

Complessivamente pertanto, è una direzione di ricerca che recepisce profondamente l'esigenza di utilizzare un modello comunicativo più articolato: lo schema che da essi risulta è certamente lontano dal modello informazionale. L'eterogeneità dei fattori nell'agire dei media e la complessità degli scopi implicati in questo processo sono chiaramente evidenziate; il rilievo attribuito agli elementi di routinizzazione, illustra bene come sia fuorviante interpretare il processo di comunicazione di massa nei termini di un modello semplice e lineare, che non tien conto dei fattori derivanti dalla complessità comunicativa degli apparati produttivi.

In definitiva dunque, se l'informazione di massa risulta un'attività tutt'altro che di semplice rispecchiamento degli eventi, la sua produzione appare come un processo comunicativo che coinvolge molte variabili eterogenee.

Certamente tale direzione di ricerca è integrabile anche da altri approcci, quali una analisi comparativa sull'efficacia delle varie agenzie di socializzazione, o una prospettiva che più marcatamente espliciti le connessioni tra sistema dei media e sistema industriale-finanziario nel suo complesso (vedi Hirsch, 1977); per questa via le comunicazioni di massa si trovano sempre più collocate e studiate in un quadro generale che ne spiega alcune determinazioni e funzionamenti. Esso però deve essere assunto con un'estrema attenzione alle mediazioni che si attuano tra la logica di un sistema e quella di un altro. Da questo punto di vista, l'approccio del *newsmaking* nel suo complesso costituisce un buon esempio in quanto evita rigidi determinismi e facili meccanicismi, per esplicitare piuttosto le influenze mediate e indirette (ma non per questo inefficaci). Lo studio degli emittenti ha progressivamente dato luogo dunque a un orientamento di ricerca sociologicamente finalizzato ad analizzare il modo di produrre l'informazione quotidiana nei mass media; esso fornisce inoltre una descrizione assai ricca e articolata delle pratiche testuali, che può essere ripercorsa in una prospettiva ancor più comunicativamente orientata.

Se nel primo capitolo ho indicato nell'orientamento sociologico predominante e negli studi più specificamente comunicativi, le due "anime" dell'attuale ricerca sui mass media, quello che ho cercato di descrivere nel presente capitolo rappresenta uno dei loro possibili "incontri ravvicinati".

CONCLUSIONI

È indubbio che nel dare un resoconto dei momenti e problemi più importanti nella *communication research*, legandolo a un'ipotesi interpretativa sullo sviluppo da essa seguito, sia incorso in una deformazione: quella di fornire un quadro in cui le connessioni e i rapporti tra le direzioni di ricerca appaiono più solidi e praticati di quanto non siano in realtà, sottovalutando invece la persistente frammentarietà ed eterogeneità del campo.

Ma ogni "ricognizione" comporta dei rischi.

Gli indizi che attualmente l'area della ricerca sui mass media si sta ricompattando sotto la spinta di un approccio sociologico che pone al centro la questione dei rapporti tra struttura sociale, sistemi di potere, modelli di valore, sono però molti. La funzione della comunicazione di massa in questo nesso di relazioni è di costruire per i suoi fruitori una "operational map of the world" (Cohen, 1963, 13), un'enciclopedia di conoscenze, attitudini e competenze. Lo studio di come è costituita e da cosa è formata tale "enciclopedia" dei media, da un lato, e l'analisi della "cultura mediata o situata" (Halloran, 1982, 11) – cioè della relazione tripolare tra i media, le condizioni sociali e la prospettiva che l'individuo ha nella società – dall'altro, costituiscono le direttrici più esplicite della riorganizzazione sociologica del campo.

A essa si accompagna la consapevolezza che "un sistema di media sempre più complesso necessita, per essere adeguatamente analizzato nei suoi diversi aspetti, [...] di una teoria (cioè di uno schema di analisi e di interpretazione) ben più articolata di quella oggi disponibile" (Porro-Livolsi, 1981, 190).

Nella direzione marcata da questa consapevolezza si collocano e si rendono pertinenti gli studi che fanno parte dell'"anima comunicativa" della ricerca mediologica, gli studi cioè, che "superano il passo tra una teoria fisica dei fenomeni di propagazione e una reale teoria della comunicazione" (Jacques, 1982, 165). Si tratta certo di un ambito disciplinarmente eterogeneo, ricco di difficoltà nell'applicazione metodologica dei modelli teorici, ma indispensabile alla ricerca sui mass media in quanto lega l'analisi di tali fenomeni comunicativi alle loro "condizioni di funzionamento e non di funzione" (Fabbri, 1973, 75).

Se per molto tempo l'ostilità o l'indifferenza tra gli sviluppi contrapposti (ricerca amministrativa vs. teoria critica; approccio sociologico vs. approccio comunicativo) ha pesantemente condizionato il campo, allo stato attuale la situazione sembra poter essere sbloccata: le linee di convergenza non appaiono più futuribili né i confronti disciplinari insensati. Le diverse pertinenze teoriche consentono di individuare integrazioni parziali, da verificare su disegni e ipotesi di ricerca graduali, ma ancora più significativo è il fatto che questi sviluppi si sono realizzati al di fuori delle contrapposizioni, indipendentemente da esse, superando nel lavoro di indagine la dicotomia tra i diversi approcci, per mostrare le possibilità di dare ancora un senso alla tanto auspicata, ma poco voluta, "interdisciplinarietà" sulle comunicazioni di massa.

NOTE

Introduzione

* La prima cifra nei riferimenti bibliografici si riferisce all'anno della prima edizione del testo; la seconda, al numero della pagina dell'edizione da cui il passo è citato.

Capitolo 1.

[1] Il paradigma psicologico del comportamentismo si può far risalire all'opera di Watson *Psychology as the Behaviorist Views It*: esso si poneva lo scopo di studiare i contenuti psicologici attraverso le loro manifestazioni osservabili. In tal modo la psicologia veniva a collocarsi tra le scienze biologiche, nell'ambito delle scienze naturali. Il comportamento – oggetto di tutta la psicologia – rappresentava l'adattamento dell'organismo all'ambiente: i comportamenti complessi manifestati dall'uomo (e osservabili in maniera scientifica) potevano essere scomposti in precise sequenze di unità: lo stimolo (che riguardava l'impatto dell'ambiente sull'individuo), la risposta (cioè la reazione all'ambiente), il rinforzo (gli effetti dell'azione in grado di modificare le successive reazioni all'ambiente).

[2] Lasswell può essere considerato uno dei "padri" dell'analisi di contenuto, metodo che del resto fonda la propria tradizione e fortuna proprio nella teoria ipodermica. Lo studio sistematico e rigoroso dei contenuti della propaganda costituiva un modo per svelarne l'efficacia incrementando le difese contro di essa (dall'ottobre 1937 al dicembre 1941 operò un Institute for Propaganda Analysis che pubblicava un bollettino mensile il cui scopo era "aiutare il cittadino intelligente a scoprire e analizzare la propaganda"). Alcuni titoli dei lavori di Lasswell sono chiaramente indicativi: "Propaganda Technique in the World War" (1927) (analisi dei temi principali della propaganda americana, inglese, francese e tedesca tra il 1914 e il 1917); "World Revolutionary Propaganda" (primo tentativo di misurare il volume e gli effetti della propaganda del movimento comunista a Chicago, 1939); "The Propaganda Technique of the Pamphlet on Continental Security" (analisi dei simboli politici influenti e del loro uso propagandistico, 1938).

[3] Il permanere di uno stesso concetto come riferimento per teorizzazioni contrastanti sembra caratterizzare almeno altri due aspetti della *communication research*. Katz e Lazarsfeld osservano che "coloro che hanno visto nei mass media una nuova alba di democrazia e coloro che invece vi hanno visto gli strumenti di un disegno diabolico avevano in realtà la stessa immagine del processo delle comunicazioni di massa. Essi muovevano in primo luogo dall'immagine di una massa atomizzata di milioni di lettori, ascoltatori e spettatori pronti a ricevere il messaggio. In secondo luogo, immaginavano ogni messaggio come uno stimolo diretto e potente, tale da produrre un'immediata risposta" (Katz-Lazarsfeld, 1955, 4). Il secondo aspetto riguarda il permanere del modello comunicativo della teoria dell'informazione tanto nella ricerca amministrativa che nella teoria critica. Tendenze divergenti per molti aspetti, esse hanno condiviso implicitamente tale paradigma analitico. Il fenomeno è probabilmente il risultato dell'accentuata ideologizzazione che attraversa il tema dei mass media e che spesso ha la meglio su altri tipi di stili conoscitivi.

[4] Significativamente rispetto agli assunti della teoria ipodermica, il saggio di Hyman e Sheatsley si intitola *Alcune ragioni per le quali le campagne di informazione falliscono*.

[5] I termini che indicano i due diversi tipi di influenti derivano direttamente dalla distinzione di Tönnies tra Gemeinschaft (la piccola comunità integrata, tradizionale) e Gesellschaft (la società moderna, impersonale, dalla differenziazione sociale crescente).

[6] Un riscontro si trova nei dati citati da Comstock e altri (1978), dai quali risulta che la percezione che il pubblico ha del mezzo tv non coincide sempre con il suo reale comportamento di consumo: ad esempio, il pubblico concepisce la televisione più come una fonte di informazione nazionale che non locale, ma il consumo di quest'ultima risulta altrettanto elevato di quello dell'informazione nazionale.

[7] Che queste lacune caratterizzino parte della ricerca amministrativa è indubitabile, ma non *tutta* la ricerca amministrativa può essere identificata in tali limiti. Il basso profilo della ricerca empirica più frammentaria è descritto in un lavoro di Lowry (1979) che analizza 7 riviste americane del settore comunicativo (*Audio-Visual Communication Review*; *Journal of Advertising Research*; *Journal of Broadcasting*; *Journal of Communication*; *Journalism Quarterly*, *Journal of Speech*; *Speech Monograph*). Ne risulta che – negli anni 1970-76 – la tipica ricerca comunicativa è uno studio privo di dimensione diacronica, realizzato negli Stati Uniti sul sistema dei media americano, privo di aspetto comparativo, con riferimenti bibliografici esclusivamente americani. Inoltre, il livello prioritario di indagine è costituito dall'individuo, i dati sono ottenuti quasi sempre mediante campioni di pubblico e resoconti soggettivi, trascurando l'uso di altre forme più sistematiche di osservazione e di raccolta di dati.

[8] È interessante notare la permanenza di tali aspetti anche in autori e ap-

procci per certi versi simili ma per altri invece distinti da quello di Morin. L'esempio più significativo è Moles che, sia pure con una forte accentuazione in chiave informazionalista, propone anch'egli un approccio culturologico. La "cultura-mosaico" – da lui descritta come una congerie di frammenti di conoscenza che forma un deposito lasciato dai mass media nel cervello degli individui – "è la cultura della massa che assorbe in maniera praticamente passiva tutto ciò che le viene proposto [...] Il *Macroambiente* prodotto dai mezzi di comunicazione di massa riunisce i consumatori e i fabbricanti di messaggi di massa, che trovano sbocco in una vasta gamma di canali, attuando in pratica un *possesso totale dell'uomo moderno che si ribella solo in maniera velleitaria*" (Moles, 1967, 397-399) [corsivo mio].

[9] Si potrebbe ascrivere a questa categoria un altro autore molto prolifico e famoso nella letteratura mass mediologica, la cui opera – al di là di appassionate polemiche e commosse commemorazioni – ha però lasciato pochissima traccia nella ricerca. Si tratta di McLuhan, saggista brillante il cui approccio può essere fatto rientrare in una prospettiva culturologica. Per questo autore infatti, l'interesse verso i mezzi di comunicazione di massa (intesi in un'accezione assai estensiva) è legato essenzialmente alle trasformazioni antropologiche introdotte da ogni innovazione comunicativa, attraverso le modalità di percezione che sono intrinseche alla tecnologia di ciascun mezzo.

L'organizzazione simbolica dell'uomo, il suo sistema di percezione spaziale e temporale, subiscono l'impatto delle diverse tecnologie comunicative; è a questo livello che i media determinano i loro effetti più significativi e duraturi. L'attenzione ai contenuti trasmessi dai mezzi oscura e svia l'attenzione dal fatto che i media incidono sulla conoscenza del mondo che la gente ha, ma non perché gli effetti si verifichino a livello delle opinioni ma perché si alterano costantemente e senza incontrare resistenza le reazioni sensoriali o le forme di percezione. McLuhan parla quindi del "villaggio globale" in cui si è trasformato il mondo, proprio come risultato delle mutazioni provocate dai mezzi elettronici: la territorialità fisica è scavalcata dalla mondovisione così come la distanza è vanificata dalla copertura televisiva. In questa prospettiva i mezzi di comunicazione di massa sono altrettante espansioni dell'uomo: i media, in quanto tali, diventano i veri messaggi che contano, essi modificano il ricettore. Tutte le tecnologie comunicative (in senso lato) sono infatti analizzabili come estensioni del sistema fisico e nervoso dell'uomo.

Naturalmente l'opera di McLuhan – complessa e piena di "invenzioni definitorie" – non può essere adeguatamente riassunta in questa sede, anche per la sua marginalità rispetto alla *communication research*: per il lettore interessato a questo autore, si rimanda (anche per le indicazioni bibliografiche) a Gamaleri, 1976.

[10] All'opposto di tale atteggiamento, si colloca la tendenza di studi che ha cercato di elaborare un modello generale dei processi di interazione comunicativa: "Nel complesso le somiglianze tra i processi di comunicazione di massa e quelli interpersonali sono di gran lunga più numerose che le differenze: la comunicazione di massa si trova di fronte le stesse difese. Deve

scavalcare gli stessi ostacoli: attenzione, accettazione, interpretazione e disposizione. Essa richiede gli stessi tipi di contatto tra emittente e destinatario, per la comunicazione di intrattenimento e quella istruttiva. Essa deve dipendere dall'attivazione dello stesso tipo di dinamiche psicologiche se vuole persuadere" (Schramm, 1971, 50).

[11] Escarpit individua un altro limite all'applicabilità della teoria comunicativa informazionale, nel concetto di entropia. Esso indica lo stato di equiprobabilità verso cui tendono tutti gli elementi di un sistema, cioè una distribuzione statistica uniforme alla fonte: tale concetto però si applica esclusivamente a fonti senza memoria, incapaci cioè di modificare la propria entropia sulla base e in funzione degli eventi già realizzatisi. Nel caso dei linguaggi naturali "la probabilità dei segni varia a mano a mano che la fonte li emette. La probabilità di ciascun segno in un messaggio è definita non soltanto dalla sua probabilità generale nella lingua cui appartiene, ma anche dalla comparsa di altri segni nel medesimo messaggio [...]. Ciò vuol dire che una fonte che fa uso del linguaggio è una *fonte dotata di memoria* [...]. La formula di Shannon non le si può applicare" (Escarpit, 1976, 39).

[12] L'analisi di contenuto è una tecnica di ricerca per la descrizione obiettiva, sistematica e quantitativa del contenuto manifesto della comunicazione (Berelson, 1952). Il metodo dell'analisi di contenuto consiste soprattutto nella scomposizione del messaggio in elementi più semplici, e nel seguire un insieme di regole, esplicite, di procedura nell'esame dei messaggi. Due momenti fondamentali dell'analisi del contenuto riguardano la scelta e la definizione delle categorie di contenuto da usare, oltre alla specificazione dei termini che appartengono a ciascuna delle categorie individuate. Le categorie di contenuto sono scelte in rapporto alle ipotesi della ricerca, in modo da essere rilevanti e pertinenti non solo rispetto a tali ipotesi ma anche a concetti teorici di riferimento più generali. L'analisi di contenuto è usata, cioè, come strumento di diagnostica per fare delle inferenze, delle interpretazioni sull'orientamento di chi ha prodotto i testi sottoposti a indagine. È classico il caso di analisi svolte prevalentemente su temi politici (specie intorno agli anni trenta e quaranta) per identificare le ideologie trasmesse dai messaggi, attraverso l'individuazione in essi di simboli-chiave.

Nel corso del tempo il dibattito sull'analisi di contenuto è stato sempre molto vivo e produttivo, riguardando sia i suoi fondamenti teorici sia le innovazioni procedurali che l'articolazione del metodo via via presentava. Tra la vastissima bibliografia sull'argomento, a titolo indicativo vedi in italiano: Rositi, 1970; De Lillo, 1971; Losito, 1975; Statera, 1980; Krippendorf, 1980.

[13] Tra la vasta bibliografia italiana in materia, mi limito a citare due esempi significativi che, con tutte le differenze del caso, ripercorrono comunque la strategia di ricerca a suo tempo seguita da Hovland. Si tratta di analisi svolte per conto del Servizio Opinioni della Rai, rispettivamente sull'efficacia di diversi modi di costruire un programma in relazione alla facilità di decodifica, e di una sintesi dei principali risultati nel campo della comprensione (Vedi Rai, 1970; Rai, 1977).

[14] Tra la vastissima letteratura sull'argomento, in lingua italiana si indica Eco, 1979a e per il linguaggio audiovisivo Bettetini, 1984.

[15] Sul problema dei generi nei mass media, vedi tra gli altri Bettetini e altri, 1977; Casetti-Lumbelli-Wolf, 1980.

[16] In realtà ciò non costituisce un tratto distintivo solo degli ultimi sviluppi della *communication research*, ma anche una consapevolezza acquisita da tempo e poco praticata. Bauer offre un esempio assai interessante della tendenza a passare da questioni metodologiche a ipotesi teoriche che hanno segnato una svolta per gli studi mediologici. "Le prime indagini empiriche sugli effetti delle comunicazioni di massa partirono dall'assunto implicito che in una società di mass media, le comunicazioni informali avevano un ruolo secondario. Ma i tentativi di stabilire quali fossero gli effetti delle comunicazioni di massa costrinsero Lazarsfeld e i suoi ricercatori [...] ad accordare un ruolo più rilevante all'influenza personale. Come la loro attenzione fu rivolta a questo problema, immediatamente il lavoro sperimentale di Lewin e di altri psicologi assunse un significato *teorico*" (Bauer, 1964b, 518). Sull'incidenza di Lewin negli studi comunicativi vedi 3.2.1.

Capitolo 2.

[1] La ricerca, eseguita su un campione di 626 soggetti, si compone di un'analisi di contenuto dei notiziari televisivi e dei quotidiani locali, di tre blocchi di interviste prima dell'elezione e di un'intervista telefonica successiva all'elezione, della classificazione dei soggetti secondo il loro grado di fruizione dei media, di una scala della salienza che i soggetti attribuiscono ai principali temi elettorali.

[2] La ricerca è composta dall'indagine su un campione di 1200 persone, intervistate sette volte (in coincidenza con i momenti significativi della campagna elettorale) circa il loro consumo di comunicazioni di massa, le loro conoscenze dei temi, il coinvolgimento nella campagna, le impressioni sui candidati. L'agenda dei media è ottenuta con un'analisi di contenuto – per tutto il 1976 – dei servizi delle tre reti televisive, di quattro quotidiani e due settimanali.

[3] La teoria della dissonanza cognitiva (Festinger, 1957) afferma che la compresenza di conoscenze tra loro contraddittorie e dissonanti produce discordanza cognitiva, ciò che fa sorgere nel soggetto la motivazione a risolvere la dissonanza stessa, in modo da stabilire uno stato di equilibrio. Tra le due componenti contraddittorie, si tende a eliminare o trasformare quella meno centrale, meno rilevante per l'individuo, o meno generale.

[4] Un *panel* di 1302 soggetti intervistati prima e dopo l'elezione generale, e una analisi del contenuto sui programmi politici radio-televisivi costituiscono le fonti dei dati della ricerca. Sono identificate inoltre 9 aree temati-

che che delimitano le agende dei media e del pubblico (Mercato Comune, problemi economici, esportazioni e importazioni, politica fiscale, mercato del lavoro, problema degli alloggi, problemi sociali, educazione e cultura, problemi ambientali).

[5] I dati della ricerca derivano da 111 interviste e da un'analisi del contenuto sulla copertura informativa del tema "economia" nelle tre reti televisive nazionali, in due quotidiani di Minneapolis e nei settimanali *Time* e *Newsweek*, per un periodo di tre settimane.

[6] Un elemento caratteristico della ricerca è che essa è stata impostata in modo da consentire un prolungato lavoro di insieme tra i realizzatori dell'inchiesta televisiva e gli studiosi di agenda-setting. Un'*équipe* interdisciplinare di sociologi, politologi e mass mediologi, ha potuto svolgere un approccio etnografico a tutte le fasi di ideazione e produzione dell'inchiesta, una ricerca di agenda-setting su pubblici differenziati e un'analisi dei cambiamenti nella politica assistenziale attribuibili alle informazioni portate alla luce dall'inchiesta televisiva e rientrabili nell'effetto di agenda. Da questo punto di vista la ricerca – della quale si è potuto consultare solo un resoconto – mette in pratica l'approccio integrato e complesso più volte auspicato.

[7] Una parte importante in questo rovesciamento dei ruoli è giocata probabilmente dai grandi dibattiti televisivi che vedono il confronto faccia a faccia tra i due candidati presidenziali (per esempio Carter/Reagan; Giscard/Mitterrand): nella loro ferrea regolamentazione interna – che arriva talvolta fino a definire il tipo di inquadrature che si possono usare e quelle invece vietate: vedi su questo punto, a proposito del dibattito Giscard/Mitterrand, Delavaud-Géré (1981) – essi rappresentano il trionfo dei criteri di rilevanza e di notiziabilità propri del mezzo televisivo: spettacolarità, agonismo, conflittualità, equilibratura politica, contrapposizione facilmente identificabile dei temi ecc.

[8] Accanto a questo assunto ne opera un altro, cioè che la frequenza delle menzioni serve ad aiutare il destinatario a organizzare il proprio ambiente, a soddisfare il bisogno di orientamento nei confronti di una realtà esterna percepita come sempre più complessa, incontrollabile, ansiogena. Il legame con l'ipotesi degli usi e gratificazioni è consistente e – secondo McCombs (1981) – contribuisce a spiegare la prevalenza nella ricerca di un concetto di agenda (del pubblico) intrapersonale, piuttosto che interpersonale. Da questo punto di vista, nell'analisi degli effetti a lungo termine persiste ancora una dimensione individuale piuttosto che collettiva.

[9] "Il termine 'scena' si riferisce alle esperienze, azioni, oggetti, percezioni del mondo reale e alla memoria che gli individui hanno di essi" (Violi, 1982, 79): in alcune delle attuali tendenze di studio nel campo della linguistica, e in particolare della semantica, si sottolinea che "i significati sono relativi alle scene" (*ibid.*), cioè che la comprensione degli elementi linguistici può attuarsi solo sulla base della comprensione di qualcos'altro; in parti-

colare viene sottolineata la continua e necessaria commistione tra conoscenza della lingua e conoscenza del mondo, tra dizionario ed enciclopedia.

CAPITOLO 3.

[1] L'eredità dell'impostazione funzionalista continua a percorrere la *communication research* e permane parzialmente anche in questo approccio. A proposito del *gatekeeper* (come parte dello studio sul controllo dell'informazione) gli autori precisano che "non si assume che il controllo sociale sia l'unica funzione che i mass media svolgono; l'assunto piuttosto è che tutti i processi comunicativi hanno in essi una funzione di controllo, sia essa manifesta o latente" (Donohue-Tichenor-Olien, 1972, 43).

[2] A titolo comparativo, si può citare uno studio sulle modalità del *gatekeeping* nelle riviste e pubblicazioni scientifiche; esso cerca di individuare il peso nella selezione degli articoli da pubblicare della conoscenza che gli *editors* hanno circa la collocazione e il curriculum accademico-scientifico degli autori. Risulta che uno dei fattori che influenzano la valutazione degli articoli, è il *background* istituzionale-accademico di coloro che operano la selezione: come esito del loro addestramento accademico e professionale, i *gatekeepers* in questo campo tendono a selezionare in modo privilegiato gli articoli di chi condivide la stessa o una simile "biografia accademico-scientifica" (Crane, 1967).

[3] Un'analisi di Rositi sui programmi documentari di attualità della Rai nel periodo aprile-giugno 1980 (Tam Tam, Speciale TG1, TG2, Gulliver, TG3 settimanale) evidenzia che il problema di come articolare nella durata del programma le informazioni essenziali è ancora irrisolto. Inoltre i programmi tendono quasi a occultare il lavoro di conoscenza, non si interrogano sulla rilevanza dei temi selezionati, presentano elenchi di stati-di-cose con scarsissime interrelazioni esplicite di tipo causale. Lasciano quindi grande libertà allo spettatore, di integrare, attraverso l'immagine privata, la rete delle cause e degli effetti; essi tengono comunque fermo il principio che la relazione principale fra gli eventi sociali è la volontà consapevole dei soggetti. L'immagine complessiva è quella di un mondo sociale in cui molte novità accadono per la volontà di molti soggetti, in un contesto privo di vincoli esterni rispetto alla volontà degli stessi soggetti (Rositi, 1982).

[4] Golding-Elliott indicano un tipo di mutamento nella "graduale estensione del numero e nella gamma di soggetti considerati idonei per l'informazione televisiva. Questa estensione ha il suo impatto più efficace, al di fuori dei notiziari, nella produzione di programmi giornalistici di inchiesta ("fly on the wall documentaries") nei quali microfoni e telecamere entrano in "santuari" finora chiusi alla vista del pubblico. [Questo genere] riguarda il diritto di trasmettere indiscrezioni e di trattare argomenti controversi, ancora in una fase di notizie non-certe, oppure di trattare figure ufficiali in modo inquirente più che deferente, oppure di abbandonare divieti autoim-

posti o ufficiali connessi alla natura del mezzo televisivo più che al contenuto delle notizie" (Golding-Elliott, 1979, 216). Secondo gli autori, questo mutamento si lega a una caratteristica fondamentale dell'informazione nei media, cioè il suo essere frammentaria. Il giornalismo che riporta eventi e fatti è il risultato sia del tipo di procedure produttive, sia della necessità istituzionale del servizio pubblico: il giornalismo "speculativo" ha bisogno anch'esso di un fondamento e lo trova nella pratica di mostrare che le proprie conclusioni si basano su elementi presenti anche nella stampa, negli altri media, che le indiscrezioni sono diffuse. "Ciò significa che mentre l'informazione televisiva *fa le notizie* che la maggior parte della gente segue, essa raramente *fa notizia* nel senso di introdurre nuovi dati o interpretazioni" (*ibid.*).

[5] La ricerca di Golding-Elliott è l'analisi comparativa delle routine produttive nell'informazione quotidiana dei tre enti televisivi di Svezia, Eire e Nigeria. In quest'ultimo paese il valore/notizia "importanza dell'evento" assume – secondo gli autori – un particolare rilievo in relazione alla categoria di notizie sui temi dello sviluppo, che "comprende items inclusi apposta per la loro utilità nel promuovere gli scopi sociali legati allo sviluppo [...]. Ciò aveva l'effetto di promuovere notizie dall'interno, che altrimenti erano bocciate dalle notizie estere raccolte più facilmente e tecnicamente di standard superiore" (1979, 118). Questo aspetto è molto importante e indica che nonostante l'omogeneità e compattezza dei valori/notizia, si possono individuare alcuni modelli diversi in rapporto alle differenze di sistema politico, economico, sociale. Per esempio, nei paesi dell'Est, per quanto riguarda la cronaca, si può dire che "good news is news; bad news is not really news at all", al contrario che in Occidente. Nonostante considerevoli diversità tra un paese e l'altro del blocco sovietico, la notiziabilità degli eventi negativi (incidenti, terremoti, disastri naturali ecc.) è fortemente limitata se non nulla. Su questi problemi vedi in particolare il cap. 2 in Lendvai (1981) e la prima parte in Robinson (1981).

[6] Gans si riferisce evidentemente al sistema politico presidenziale degli Stati Uniti, in cui il presidente è, da questo punto di vista, il livello più notiziabile di tutti. A tale proposito Boorstin sostiene che l'"aumento del potere e del prestigio della presidenza non è dovuto soltanto all'allargamento dei poteri della carica e al bisogno di processi decisionali rapidi, ma anche al sorgere di processi di raccolta e di diffusione di notizie centralizzati, e all'aumento dei corrispondenti da Washington. Il presidente ha un accesso sempre più immediato e costante al mondo degli pseudo-eventi" (Boorstin, 1972, 147). Con i dovuti aggiustamenti, queste considerazioni valgono anche per sistemi istituzionali diversi, e rappresentano *una* delle spiegazioni dell'ampio spazio informativo che l'ambito politico-partitico occupa.

[7] Su questo punto si può innestare una considerazione svolta da Patterson (1980) che, studiando la campagna per le elezioni presidenziali del 1976, osserva che "il comportamento dei mezzi di informazione ha influenzato la conoscenza dei candidati da parte degli elettori. Alla vigilia delle primarie del New Hampshire, i contendenti democratici erano piuttosto

sconosciuti al largo pubblico – soltanto il 20 per cento "credeva" di conoscere Carter, Udall, Harris, Bayh, Brown, Church e Jackson. La copertura informativa all'indomani delle primarie si concentrò su Carter che divenne singolarmente il candidato democratico più familiare agli elettori. Durante le primarie gli elettori che pensavano di conoscere Carter salirono a oltre l'80 per cento, un incremento del 60 per cento rispetto al livello precedente alle primarie. Al contrario i livelli di conoscenza di Udall, Brown e Jackson salirono solo del 14 per cento [...]. Queste differenze hanno avuto un riflesso sui risultati delle primarie democratiche [...] Carter fu il maggior beneficiario di questa tendenza. Ottenne infatti molti voti proprio per il suo vantaggio in termini di conoscenza sui suoi rivali" (Patterson, 1980, 276).

[8] Gli autori correlano questo elemento ad altri valori/notizia quali la *frequenza* ("c'è un'asimmetria fondamentale nella vita, tra il positivo che è difficile e richiede tempo, e il negativo, che è più facile e richiede meno tempo [...] Così è più facile che un evento negativo si sviluppi completamente tra due edizioni di un giornale o tra due notiziari; per un evento positivo ciò è più difficile e specifico"), la facilità di interpretazione ("le notizie negative sono più facilmente consensuali e prive di ambiguità nel senso che esiste un accordo sull'interpretazione dell'evento come negativo"), il loro essere più inattese delle notizie positive ("questo presuppone una cultura in cui i cambiamenti in senso positivo, il 'progresso', sono in un certo senso considerati come una cosa normale e banale che si può fare a meno di sottolineare").

[9] Ci si riferisce qui ovviamente alle 24 ore tra un'edizione del notiziario e la stessa edizione del notiziario del giorno dopo. Inoltre, a "mitigare" la "rigidità" di questo criterio di selezione, interviene l'altro valore/notizia della *continuità*, che stabilisce cornici temporali più estese, alle quali però non è più applicabile il criterio della novità, se non sotto forma di "nuovi sviluppi" di una storia già notiziata.

[10] "La professionalità 'politica' consiste nella capacità di conoscere e padroneggiare – in modo e forme anche non espliciti – un insieme di regole prodotte dai rapporti che si stabiliscono in una data società tra sistema politico, campo culturale e mercato. In particolare, l'interazione sociale dei soggetti operanti in questi tre campi dell'azione sociale produce una data definizione della 'notizia' e una data organizzazione del lavoro giornalistico. La professionalità va collocata in tale dimensione. Essa è costituita da un insieme di regole, spesso tacite, raramente vissute come regole da chi pure le pratica, che non sono oggetto di discorso pubblico. Tali regole si producono dentro e intorno alla redazione e vengono trasmesse nella interazione sociale e apprese attraverso un'attenta e graduale socializzazione. Le modalità di produzione e di trasmissione delle regole – l'interazione sociale quotidiana – fanno sì che il loro carattere di regole non sia immediatamente visibile" (Bechelloni, 1982, 32).

[11] "Le fonti sono generalmente organizzate in modo che il 'taglio' della catena degli eventi sia effettuato ai livelli che facilitano e rendono più rapi-

do il lavoro di confezione e di drammatizzazione, o addirittura in modo che ai settori di confezione siano forniti materiali già semilavorati" (Cesareo, 1981, 112).

[12] Tali caratteri non sono peculiari soltanto dell'informazione quotidiana televisiva, ma si ritrovano anche negli altri programmi giornalistici. Lo evidenzia bene la già citata ricerca di Elliott sull'inchiesta televisiva dedicata al tema del pregiudizio, quando osserva nella fase di raccolta del materiale per il programma l'esistenza di una "catena del contatto" che riveste un ruolo essenziale come fonte di impostazione del programma stesso. "Entro questa catena del contatto possono essere distinti tre meccanismi che sono i canali normali attraverso i quali i materiali disponibili vengono conosciuti dall'*équipe* produttiva. Essi sono la stampa, le organizzazioni e associazioni che rappresentano particolari gruppi di interesse, le conoscenze personali" (Elliott, 1972, 45). Temi, punti di vista e suggestioni che giungono da queste vie possono essere ulteriormente elaborati e vagliati; difficilmente, invece, materiali reperibili per altre vie, riescono a giungere all'attenzione dei produttori. Come si vede, anche nell'informazione che in quanto non pressata dall'urgenza della cronaca potrebbe essere più approfondita e ampia, le "strozzature" sono consistenti e influenti. In tal modo, le produzioni informative si ricollegano "all'esistente cultura dei media, assicurando così continuità e omogeneità alla visione del mondo presentata" (Elliott, 1972, 146).

[13] È abbastanza interessante notare come su questo punto le interpretazioni fornite dall'esterno della professione divergano da quelle vissute al suo interno. L'attaccamento alla specializzazione – secondo i giornalisti – fa sì che si tenda a coltivare il proprio orticello, a cadere in un linguaggio specializzato, mancando di stabilire collegamenti tra fatti specifici e il contesto più generale da cui deriva a essi un senso. Si denuncia inoltre il pericolo di diventare cassa di risonanza delle fonti e di perdere "quella curiosità e freschezza di fronte ai problemi e agli avvenimenti, che si ritiene siano assicurate solo da un approccio non specialistico" (Bechelloni, 1982, 168).

[14] A riprova che tale modello cumulativo trasforma i ruoli istituzionali e ufficiali in fonti stabili, lo studio di Sigal sul *Washington Post* e sul *New York Times*, circa la relazione simbiotica tra corrispondenti e personale governativo, mostra come all'origine di 2850 notizie interne ed estere comparse sui due giornali, ci fosse nel 78 per cento dei casi una fonte di tipo governativo, nel 17 per cento la fonte era rappresentata da stranieri e americani al di fuori dell'Amministrazione, nel 3 per cento la fonte erano altri apparati di informazione (Sigal, 1973). La ricerca di Sigal è centrata sull'ipotesi che la distorsione implicita nella copertura delle notizie è legata ai rapporti istituzionalizzati tra giornalisti entro l'apparato, tra giornalisti e loro fonti e infine tra i corrispondenti in concorrenza tra loro.

[15] Per esempio, non avendo di solito il produttore un'accurata conoscenza del tema del programma, si trova nella necessità di ottenerla in breve tempo, in modo sintetico e *attendibile*; ciò rende necessario ricorrere a

qualcuno di cui ci si possa fidare. Inoltre contatti formali possono richiedere più tempo e una conoscenza esatta di quali vie è meglio percorrere per ottenere quelli appropriati; al contrario, un contatto personale con la persona giusta abbrevia i tempi ed elimina complicazioni. Il produttore poi può avere, in tal modo un immediato riscontro se ciò che ottiene dalla fonte è adatto ai suoi scopi. Infine, la capacità di avere e usare questi contatti personali è una importante componente della abilità professionale del ruolo di produttore, e come tale è molto "coltivata" e quindi risulta più vincolante come canale di ricerca del materiale necessario per produrre il programma (Elliott, 1972).

[16] La possibilità di un uso immediato del dispaccio d'agenzia in forma di notizia, è ovviamente ben presente nei criteri che regolano la stesura dei pezzi di agenzia, come si può vedere da questa osservazione: "ogni pezzo è strutturato nel cosiddetto 'cappello' nel quale – come vogliono le regole del giornalismo – sono sintetizzati il compendio delle informazioni e la fonte delle stesse, e prosegue con una logica che privilegia la stringatezza dei contenuti e dei periodi, approfondendone la struttura e fornendo la documentazione delle diverse informazioni, senza però quelle 'sbavature' che impedirebbero, altrimenti, di confezionare un prodotto giornalistico chiaro e soprattutto, pronto per la pubblicazione sulle colonne di un giornale senza la necessità di ritocchi o ulteriori sintesi" (Delli Colli, 1978, 5).

[17] Le agenzie inoltre stanno da tempo allargando il proprio mercato attraverso la diversificazione dei servizi offerti e della relativa utenza. Per esempio, la Reuter che si autodefinisce la maggior agenzia di elaborazione e distribuzione di notizie del mondo, attualmente ha lanciato un servizio di banca dati su cambi, divise, valori e merci. In generale il complesso di problemi relativi al flusso di comunicazione tra i diversi blocchi di paesi e all'ordine internazionale del sistema comunicativo, è oggetto di un'amplissima bibliografia, culminata nel rapporto MacBride, curato per l'Unesco. Disponibili in traduzione italiana, tra gli altri, vedi appunto MacBride, 1980 e Gerbner, 1977.

[18] Una forma particolare di scadenziario è costituita dal Day Book che è l'agenda dei fatti del giorno fornita dalle agenzie di stampa: "il Day Book tenuto dall'Associated Press e dall'United Press International è passato ai media abbonati, tutti i giorni. Esso elenca ciò che è previsto accadere quel giorno, così che la redazione può decidere se coprire lei stessa l'evento oppure se usare le agenzie. Le ditte di Pubbliche Relazioni cercano di far inserire nel Day Book gli eventi che stanno promozionando, in modo da assicurarsi le coperture da parte dei media abbonati alle agenzie" (Tuchman, 1978, 20).

[19] Così evidentemente, l'uso costante di certe fonti rappresenta una forma di selezione, ma è imputabile direttamente a criteri diversi, quali una produttività maggiore, l'attendibilità delle stesse fonti, l'impossibilità di trascurare certi settori ecc. E ancora, la scelta dei luoghi nei quali stabilire i propri corrispondenti incide in modo rilevante su quali notizie si seleziona-

no, ma è anch'essa motivata da criteri non immediatamente riconducibili al problema della selezione quotidiana.

[20] Per due ricerche di *newsmaking* svolte in ambito italiano, vedi Xotta, 1982 sul TG3 e Fenati, 1985 sul TG2.

[21] L'espressione richiama l'impostazione etnometodologica di Garfinkel e del suo approccio sociologico (per un'illustrazione dell'etnometodologia vedi in lingua italiana Wolf, 1979 e Giglioli-Dal Lago, 1983). Gli studi di *newsmaking* che maggiormente risentono dell'influenza etnometodologica sono quelli di Tuchman, 1978, Fishman, 1980, Molotch-Lester, 1974, Lester, 1980.

[22] Rigidità relativa, si intende, nel senso che di fronte a eventi particolarmente rilevanti, l'ordine di impaginazione, la durata, la composizione interna del notiziario possono essere modificati. Ma nella grande maggioranza dei casi, nelle situazioni normali, gli standard di durata e composizione non solo sono rispettati ma le notizie da trasmettere si adeguano a essi. La rigidità del formato tende a sfumare il peso della notiziabilità: costituisce cioè un elemento strategico che l'apparato pone a garanzia delle proprie scelte informative.

[23] "Il giornalismo - si sa - pretende l'impersonale o il plurale che, in questi casi tende ad associare la connivenza del lettore" (V. Sermonti, *Dov'è la vittoria?*, Bompiani, Milano, 1983, 69).

[24] In particolare, il carattere esplicito dei processi negoziali, la sequenza di proposte e controproposte, mosse e contromosse, l'alternativa tra il concludere l'accordo o il restare in disaccordo e l'uso di minacce e impegni. Riguardo al primo punto (in cui l'opposizione è tra negoziazione e "tacit bargaining"), nel caso della notiziabilità, alcuni aspetti del suo accertamento possono in realtà svilupparsi in processi negoziali espliciti, come per esempio nelle riunioni di redazione.

RIFERIMENTI BIBLIOGRAFICI

ADORNO, T.

1941 "On Popular Music", *Studies in Philosophy and Social Sciences*, vol. IX, n. 1, pp. 17-48.

1950 "On a Social Critique of Radio Music", in Berelson B. - Janowitz M. (eds.), *A Reader in Public Opinion and Propaganda*, Free Press, New York, pp. 309-316 (trad. it. "Critica sociale sulla musica radiofonica", in Livolsi M. (a cura di), *Comunicazione e cultura di massa*, Hoepli, Milano, 1969, pp. 415-421).

1951 *Minima Moralia*, Berlin (trad. it. *Minima Moralia*, Einaudi, Torino, 1954).

1954 "Television and the Patterns of Mass Culture", *Quarterly of Film, Radio and Television*, vol. 8, pp. 213-235 (ripubblicato in Rosenberg B. - White D. (eds.), *Mass Culture. The Popular Arts in America*, 1964, Free Press, New York, pp. 474-488; trad. it., "Televisione e modelli di cultura di massa", in Livolsi M. (a cura di), *Comunicazione e cultura di massa*, Hoepli, Milano, 1969, pp. 379-393).

1962 *Einleitung in die Musiksoziologie. Zwölf theoretische Vorlesungen*, Suhrkamp Verlag, Frankfurt (trad. it. *Introduzione alla sociologia della musica*, Einaudi, Torino, 1971).

1967 "Résumé über Kulturindustrie, in Ohne Leitbild. Parva Aesthetica", Suhrkamp, Frankfurt, pp. 60-70 (trad. it. "Riassunto sull'industria culturale", in Petronio G. (a cura di), *Letteratura di massa. Letteratura di consumo*, Laterza, Bari, 1979, pp. 5-15).

1971 "Esperienze scientifiche di uno studioso europeo", *Comunità*, n. 165, pp. 256-287.

AGOSTINI, A.

1984 "La tematizzazione. Selezione e memoria dell'informazione giornalistica", *Problemi dell'informazione*, n. 4.

ALTHEIDE, D; RASMUSSEN, P.
1976 "Becoming News. A Study of Two Newsrooms", *Sociology of Work and Occupations*, vol. 3, n. 2, pp. 223-226.

ALTHEIDE, D.
1976 *Creating Reality. How Tv News Distorts Events*, Sage, Beverly Hills.

ALVARADO, M.; BUNSCOMBE, E.
1978 *Hazell. The Making of a TV Series*, British Film Institute - Latimor, London.

BANTZ C.; MCCORKLE, S.; BAADE, R.
1981 "The News Factory", in Wilhoit G. (ed.), *Mass Communication Review Yearbook*, vol. 2, Sage, Beverly Hills, pp. 366-389.

BARTLETT, F.C.
1932 *Remembering. A Study in Experimental and Social Psychology*, Cambridge University Press, London.

BAUER, R.
1958 "The Communicator and the Audience", *Journal of Conflict Resolution*, vol. 2, n. 1, pp. 67-77 (ripubblicato in Dexter-White (eds.) 1964, pp. 125-139).
1959 "Comments on Berelson 'The State of Communication Research'", *Public Opinion Quarterly*, vol. 23, n. 1, pp. 1-15 (ripubblicato in Dexter-White (eds.) 1964, pp. 516-520).
1964a "The Obstinate Audience: The Influence Process from the Point of View of Social Communication", *American Psychologist*, n. 19, pp. 319-328.
1964b "Comments on the State of Communication Research", in Dexter - White (eds.), pp. 521-546.

BECHELLONI, G.
1979 "Quale giornalista per quale giornalismo", Atti del Convegno "Produzione di notizie e professionalità", Firenze, Centro Interdisciplinare di Scienze della Comunicazione, pp. 14-34 (ripubblicato in *Il mestiere di giornalista*, Liguori, 1982, Napoli).
1982 (a cura di) "Il mestiere di giornalista. Sguardo sociologico sulle pratiche e sulla ideologia della professione giornalistica", Liguori, Napoli.

BECKER, L.; MCCOMBS, M.; MCLEOD, J.
1975 "The Development of Political Cognitions", in Chaffee (ed.), *Political Communication*, Sage, Beverly Hills, pp. 21-64.

BENTON, M.; FRAZIER, P.
1976 The Agenda-Setting Function of the Mass Media at Three Le-

vels of "Information Holding", *Communication Research*, vol. 3, n. 3, pp. 261-274.

BERELSON, B.
1949 "What missing the newspaper means", in Lazarsfeld P.-Stanton F. (eds.), *Radio Research 1948-49*, Harper, New York.
1952 *Content Analysis in Communication Research*, Free Press, Glencoe.

BERGSMA, F.
1980 "News Values in Foreign Affairs on Dutch Television", in Wilhoit G.-De Bock H. (eds.), *Mass Communication Review Yearbook*, Sage, Beverly Hills, pp. 207-222.

BETTETINI, G.; CASETTI, F.; FABBRI, P.; FUÀ, S.; LOMBEZZI, M.; WOLF, M.
1977 *Contributi bibliografici a un progetto di ricerca sui generi televisivi*, Appunti del Servizio Opinioni, Rai, n. 299.

BETTETINI, G.
1984 *La conversazione audiovisiva. Problemi dell'enunciazione filmica e televisiva*, Bompiani, Milano.

BLUMER, H.
1936 "The Moulding of Mass Behavior through the Motion Picture", *Publications of the American Sociological Society*, n. 29, pp. 115-127.
1946 "Collective Behavior", in Lee A.M. (ed.), *New Outline of the Principles of Sociology*, Barnes and Noble, New York, pp. 167-222.
1948 "Public Opinion Polling", *American Sociological Review*, n. 12.

BLUMLER, J.; KATZ, E.
1974 (eds.) *The Uses of Mass Communications. Current Perspectives on Gratifications Research*, Sage, Beverly Hills.

BÖCKELMANN, F.
1975 *Theorie der Massenkommunikation. Das System hergestellter Öffentlichkeit, Wirkunsforschung und gesellschaftliche Kommunikationserhältnisse*, Suhrkamp, Frankfurt (trad. it. *Teoria della comunicazione di massa*, Eri, Torino, 1980).

BOORSTIN, D.J.
1972 "From News Gathering to News Making: a Flood of Pseudo Events", in Schramm W.-Roberts D. (eds.), pp. 116-150.

BOURDIEU, P.; PASSERON, J.
1963 "Sociologues des mythologies et mythologies des sociologues", *Les Temps Modernes*, 211 (trad. it. in *Mitosociologia*, Guaraldi, Firenze, 1971).

BOYD-BARRETT, O.; PALMER, M.
1981 *Le Trafic des Nouvelles. Les Agences mondiales d'Information*, Moreau, Paris.

BREED, W.
1955 "Social Control in the News Room: a Functional Analysis", *Social Forces*, n. 33, pp. 326-335.

BROUWER, M.
1962 "Mass Communication and the Social Sciences: Some Neglected Areas", *International Social Science Journal*, vol. 14, n. 2, pp. 303-319 (ripubblicato in Dexter-White (eds.) 1964, pp. 547-567).

BROWN, R.L.
1970 "Approaches to the Historical Development of Mass Media Studies", in Tunstall J. (ed.), *Media Sociology*, Constable, London, pp. 41-57.

BRUCKER, H.
1973 *Communication is Power: Unchanging Values in a Changing Journalism*, Oxford University Press, New York.

CALABRESE, O.; VOLLI, U.
1980 *Come si vede il telegiornale*, Laterza, Bari.

CANTOR, M.
1971 *The Hollywood TV Producer*, Basic Books, New York.

CAREY, J.
1978 "The Ambiguity of Policy Research", *Journal of Communication*, 28, pp. 114-119.

CASETTI, F.; LUMBELLI, L.; WOLF, M.
1980 "Indagine su alcune regole di genere televisivo", *Ricerche sulla comunicazione*, n. 2, pp. 147-189; n. 3, pp. 11-122.

CESAREO, G.
1981 *Fa notizia. Fonti, processi, tecnologie e soggetti nella macchina dell'informazione*, Editori Riuniti, Roma.

CHAUDHARY, A.
1974 "Comparative News Judgement of Indian and American Journalists", *Gazette*, vol. XX, n. 4.

COHEN, B.C.
1963 *The Press and Foreign Policy*, Princeton University Press, Princeton.

COMSTOCK, G.; CHAFFEE, S.; KATZMAN, N.; MCCOMBS, M.; ROBERTS, R.
1978 *Television and Human Behavior*, Columbia University Press, New York.

COOK, F.; TYLER, T.; GOETZ, E.; GORDON, M.; PROTESS, D.; LEFF, D.; MOLOTCH, H.
1983 "Media and Agenda-Setting: Effects on the Public, Interest Group Leaders, Policy Makers and Policy", *Public Opinion Quarterly*, vol. 47, pp. 16-35.

COOPER, E.; JAHODA, M.
1947 "The Evasion of Propaganda: How Prejudiced People Respond to Anti-Prejudice Propaganda", *Journal of Psychology*, vol. 23, n. 1, pp. 15-25.

CRANE, D.
1967 "The Gatekeepers of Science: Some Factors Affecting the Selection of Articles for Scientific Journals", *American Sociologist*, vol. II, November, pp. 195-201.

DE FLEUR, M.
1970 *Theories of Mass Communication*, McKay, New York, 2nd ed.

DE GEORGE, W.
1981 "Conceptualization and Measurement of Audience Agenda", in Wilhoit G. (ed.), *Mass Communication Review Yearbook*, vol. 2, Sage, Beverly Hills, pp. 219-224.

DELAVAUD, G.; GÉRÉ, F.
1981 "A propos du Grand Débat: un art du direct - La campagne Présidentielle de 1981 à la télévision: parties d'une campagne", *Cahiers du Cinema*, n. 328, pp. 37-53.

DE LEONARDIS, C.
1976 *Economia e Stato Sociale. Per la critica della teoria strutturale-funzionalista*, La Nuova Italia, Firenze.

DE LILLO, A.
1971 (a cura di) *L'analisi del contenuto*, Il Mulino, Bologna.

DELLI COLLI, L.
1978 *ADN Kronos: strutture e modi di produzione*, paper presentato al Convegno del Centro Interdisciplinare di Scienze della Comunicazione, Iseo.

DEXTER, L.A.; WHITE, D.M.
1964 (eds.) *People, Society and Mass Communications*, Free Press, New York.

DONOHUE, G.; TICHENOR, P.; OLIEN, C.
1972 "Gatekeeping. Mass Media Systems and Information Control", in Kline G.-Tichenor P. (eds.), *Current Perspectives in Mass Communication Research*, Sage, Beverly Hills, pp. 41-69.

ECO, U.; FABBRI, P.; GIGLIOLI, P.P.; LUMACHI, F.; SEPPILLI, T.; TINACCI MANNELLI, G.
1965 *Prima proposta per un modello di ricerca interdisciplinare sul rapporto televisione/pubblico*, Perugia, Istituto di Etnologia e Antropologia Culturale, mimeo.

ECO, U.
1972 (a cura di) *Estetica e teoria dell'informazione*, Bompiani, Milano.
1975 *Trattato di semiotica generale*, Bompiani, Milano.
1979a *Lector in fabula. La cooperazione interpretativa nei testi narrativi*, Bompiani, Milano.
1979b "Obbiettività dell'informazione: il dibattito teorico e le trasformazioni della società italiana", in Eco U. - Livolsi M. - Panozzo G. (a cura di), *Informazione*, Il Saggiatore, Milano, pp. 15-33.
1984 *Semiotica e filosofia del linguaggio*, Einaudi, Torino.

ECO, U.; FABBRI, P.
1978 "Progetto di ricerca sull'utilizzazione dell'informazione ambientale", *Problemi dell'informazione*, n. 4, pp. 555-597.

ELLIOTT, P.
1972 *The Making of a Television Series. A Case Study in the Production of Culture*, Constable, London.
1974 "Uses and Gratification Research: A Critique and a Sociological Alternative", in Blumler J. - Katz E. (eds.), pp. 249-265.
1979 "Truth, Facts and Values: Observations on British Journalism", in Atti del Convegno "Produzione di notizie e professionalità", Centro Interdisciplinare di Scienze della Comunicazione, Firenze, 26-27 maggio, pp. 61-76.

EPSTEIN, E.
1973 *News from Nowhere*, Random House, New York.
1981 "The Selection of Reality", in Abel E. (ed.), *What's News: the Media in American Society*, Institute for Contemporary Studies, San Francisco, pp. 119-132.

ESCARPIT, R.
1976 *Théorie générale de l'information et de la communication*, Hachette, Paris (trad. it. *Teoria dell'informazione*, Editori Riuniti, Roma, 1979).

Eyal, C.; Winter, J.; De George, W.
1981 "The Concept of Time Frame in Agenda Setting", in Wilhoit G. (ed.), *Mass Communication Review Yearbook*, vol. 2, Sage, Beverly Hills, pp. 212-217.

Eyal, C.
1981 "The Roles of Newspapers and Television in Agenda Setting", in Wilhoit G. (ed.), *Mass Communication Review Yearbook*, vol. 2, Sage, Beverly Hills, pp. 225-234.

Fabbri, P.
1973 "Le comunicazioni di massa in Italia: sguardo semiotico e malocchio della sociologia", *Versus*, n. 5, pp. 57-109.

Fenati, B.
1985 *Cinque TG2 al giorno. Routines produttive e modelli professionali nell'informazione televisiva*, Istituto di Discipline della Comunicazione, Facoltà di Lettere e Filosofia, Università di Bologna, tesi di laurea.

Festinger, L.
1957 *A Theory of Cognitive Dissonance*, Row Peterson, Evanston (Illinois).

Findalh, O.; Höijer, B.
1975 "Effect of additional verbal information on retention of a radio news program", *Journalism Quarterly*, n. 52, pp. 493-498.
1981 "Media Content and Human Comprehension", in Rosengren K. (ed.), *Advances in Content Analysis*, Sage, Beverly Hills, pp. 111-132.

Fishman, M.
1980 *Manufacturing the News*, University of Texas Press, Austin.

Foley, J.M.
1979 "Mass Communication Theory and Research: an Overview", in Nimmo D. (ed.), *Communication Yearbook 3*, Transaction Books, New Brunswick, pp. 263-270.

Freidson, E.
1953 "Communications Research and the Concept of the Mass", *American Sociological Review*, vol. 18, n. 3, pp. 313-317 (ripubblicato in Schramm-Roberts (eds.) 1972, pp. 197-208.

Galtung, J.; Ruge, M.
1965 "The Structure of Foreign News", *Journal of Peace Research*, vol. 1, pp. 64-90 (trad. it. "La struttura delle notizie dall'estero", in Baldi P. (a cura di), *Il giornalismo come professione*, Il Saggiatore, Milano, 1980, pp. 113-133.

GAMALERI, G.
1976 *La galassia McLuhan*, Armando, Roma.

GANS, H.
1957 "The Creator-Audience Relationship in the Mass Media: an Analysis of Movie Making", in Rosenberg B.-White D. (eds.), *Mass Culture. The Popular Arts in America*, Free Press, Glencoe, pp. 315-324.
1970 *Broadcasters and Audience Values in the Mass Media: the Image of Man in American Television News*, Transactions of the Sixth World Congress of Sociology, Evian, 4-11 Sept. 1966, International Sociological Association.
1979 *Deciding What's News. A Study of CBS Evening News, NBC Nightly News, Newsweek and Time*, Pantheon Books, New York.

GARBARINO, A.
1982 "La 'normalizzazione' dei giornalisti. Ipotesi sugli esiti della socializzazione professionale negli apparati dell'informazione", *Sociologia dell'organizzazione*, 1, pp. 7-53.

GERBNER, G.
1977 (ed.) *Mass Media Policies in Changing Cultures*, Wiley, London (trad. it. *Le politiche dei mass media*, De Donato, Bari, 1980).

GIDDENS, A.
1983 "La società europea negli anni ottanta: divisioni di classe, conflitto di classe e diritti di cittadinanza", in Pasquino G. (a cura di), *Le società complesse*, Il Mulino, Bologna, pp. 153-199.

GIEBER, A.
1956 "Across the Desk: A Study of 16 Telegraph Editors", *Journalism Quarterly*, n. 33, pp. 423-432.

GIGLIOLI, P.P.; DAL LAGO, A. (a cura di)
1983 *Etnometodologia*, Il Mulino, Bologna.

GITLIN, T.
1978 "Media Sociology. The Dominant Paradigma", *Theory and Society*, n. 6, pp. 205-253 (ripubblicato in Wilhoit G. (ed.), *Mass Communication Review Yearbook*, vol. 2, 1981, Sage, Beverly Hills, pp. 73-121).

GOLDING, P.; MURDOCK, G.
1978 "Theories of Communication and Theories of Society", *Communication Research*, vol. 5, n. 3, pp. 339-356 (ripubblicato in Wilhoit G. (ed.), *Mass Communication Review Yearbook*, vol. 1, 1980, Sage, Beverly Hills, pp. 59-75.

GOLDING, P.; ELLIOTT, P.
1979 *Making the News*, Longman, London.

GROSSI, G.
1983 "Livelli di mediazione simbolica nell'informazione di massa", in Livolsi M. (a cura di), *Sociologia dei processi culturali*, Angeli, Milano, pp. 223-236.

HALL, S.
1980 "Cultural Studies: two paradigms", *Media, Culture and Society*, n. 2, pp. 57-72.

HALLORAN, J.
1969 "The Communicator in Mass Communication Research", *The Sociological Review Monograph*, n. 13, pp. 5-21.
1982 "Introduction and Background, in Communication in the Community: An International Study on the Role of the Mass Media in Seven Communities", *Reports and Papers on Mass Communications*, Unesco, Paris.

HALLORAN, J.; ELLIOTT, P.; MURDOCK, G.
1970 *Demonstrations and Communication: A Case Study*, Penguin, London.

HIRSCH, P.M.
1977 "Occupational, Organizational and Institutional Models in Mass Media Research: Toward an Integrated Framework", in Hirsch P.M.-Miller P.-Kline F. (eds.), *Strategies for Communicational Research*, Sage, Beverly Hills, *Annual Reviews of Communication Research*, vol. 6, pp. 13-42.

HORKHEIMER, M.
1937 "Traditionelle und Kritische Theorie", *Zeitschrift für Sozialforschung*, vol. VI, pp. 245-295.

HORKHEIMER, M.; ADORNO, T.
1947 *Dialektik der Aufklärung, Philosophische Fragmente*, Querido Verlag, Amsterdam (trad. it. *Dialettica dell'Illuminismo*, 1966, Einaudi, Torino).
1956 (a cura di) *Soziologische Excurse*, vol. IV dei Frankfurter Beiträge zur Soziologie, Institut für Sozialforschung, Frankfurt (trad. it. *Lezioni di Sociologia*, Einaudi, Torino, 1966).

HOVLAND, C.; LUMSDAINE, A.; SHEFFIELD, F.
1949a "The Effect of Presenting 'One Side' versus 'Both Sides' in Changing Opinions on a Controversial Subject", in *Experiments on Mass Communication*, Princeton University Press, Princeton (ristampato in Schramm-Roberts (eds.) 1972, pp. 467-484).

1949b *Experiments on Mass Communications*, Princeton University Press, Princeton.

HOVLAND, C.; WEISS, W.
1951 "The Influence of Source Credibility on Communication Effectiveness", *Public Opinion Quarterly*, vol. 15, n. 4, pp. 635-650.

HOVLAND, C.; HARVEY, O.; SHERIF, M.
1957 "Assimilation and Contrast Effects in Reaction to Communication and Attitude Change", *Journal of Abnormal and Social Psychology*, vol. LV, n. 2, pp. 244-252.

HOVLAND, C.
1959 "Reconciling Conflicting Results Derived from Experimental and Survey Studies of Attitude Change", *The American Psychologist*, 14, pp. 8-17 (ripubblicato in Schramm-Roberts (eds.) 1972, pp. 495-515).

HYMAN, H.; SHEATSLEY, P.
1947 "Some Reasons Why Information Campaigns Fail", *Public Opinion Quarterly*, vol. 11, pp. 412-423 (ripubblicato in Schramm-Roberts (eds.) 1972, pp. 448-466).

IKLÉ, F.
1968 "Negotiation", in Sills D. (ed.), *International Encyclopedia of the Social Sciences*, vol. 11, McMillan, New York, pp. 117-120.

JACQUES, F.
1982 "Le scheéma jakobsonien de la communication est-il devenu un obstacle épistémologique?", in Mouloud N.-Vienne J. (eds.), *Langages, Connaissance et Pratique, Travaux et Recherches*, Université de Lille 3, pp. 157-184.

JAKOBSON, R.
1961 "Linguistics and Theory of Communication, in Proceedings of Symposia in Applied Mathematics", vol. XII, *Structure of Language and its Mathematical Aspects*, American Mathematics Society, Rhode Island (trad. it. in *Saggi di linguistica generale*, Feltrinelli, Milano, 1966).
1963 *Essais de linguistique générale*, Minuit, Paris (trad. it. *Saggi di linguistica generale*, Feltrinelli, Milano, 1966).

KATZ, E. LAZARSFELD, P.
1955 *Personal Influence: the Part Played by People in the Flow of Mass Communications*, Free Press, New York (trad. it. *L'influenza personale nelle comunicazioni di massa*, Eri, Torino, 1968).

KATZ, E.
1957 "The Two-Step Flow of Communication: An Up-to-Date Report on an Hypothesis", *Public Opinion Quarterly*, vol. 21, n. 1, pp. 61-78.
1959 "Mass Communication Research and the Study of Popular Culture", *Studies in Public Communication*, vol. 2, pp. 1-6.
1969 "Communication Research and the Image of Society: Convergence of Two Traditions", *American Journal of Sociology*, vol. 65, n. 5 (ripubblicato in Dexter-White (eds.) 1964, pp. 110-121).

KATZ, E.; GUREVITCH, M.; HAAS, H.
1973 "On the Use of Mass Media for Important Things", *American Sociological Review*, 38, pp. 164-181.

KATZ, E.; BLUMLER, J.; GUREVITCH, M.
1974 "Uses of Mass Communication by the Individual", in Blumler J.-Katz E. (eds.) 1974, pp. 19-32.

KATZ, E.; PELED, T.
1974 "Media Functions in Wartime: the Israeli Home Front in October 1973", in Blumler J.-Katz E. (eds.) 1974, pp. 49-69.

KENDALL, P.L.; WOLF, K.M.
1949 "Deviant Case Analysis in the Mr. Biggott Study: the Exception Refines the Rule", in Lazarsfeld P.-Stanton F. (eds.), *Communication Research 1948-49*, Harper, New York, 2nd ed. 1979, Arno Press, New York, pp. 158-179.

KLAPPER, J.T.
1960 *The Effects of Mass Communications*, Free Press, New York (trad. it. *Gli effetti delle comunicazioni di massa*, Etas Kompass, Milano, 1964).
1963 *The Science of Human Communication*, Basic Books, New York (trad. it. in Livolsi M. (a cura di), *Comunicazioni e cultura di massa*, Hoepli, Milano, 1969, pp. 245-251.

KRIPPENDORF, K.
1980 *Content Analysis. An Introduction to its Methodology*, Sage, Beverly Hills, (trad. it. *Analisi del contenuto; Introduzione metodologica*, Eri, Torino, 1983).

LANG, K.
1979 "The Critical Functions of Empirical Communication Research. Observations on German-American Influences", *Media, Culture and Society*, 1, pp. 83-96 (trad. it. "Le funzioni critiche della communication research empirica", *Problemi dell'informazione*, 1980, 1, pp. 81-105).

LANG, K.; LANG, G.E.
1953 "The Unique Perspective of Television and its Effect: a Pilot Study", *American Sociological Review*, 18, 1, pp. 3-12.
1955 "The Inferential Structure of Political Communications: a Study in Unwitting Bias", *Public Opinion Quarterly*, Summer, pp. 168-183.
1962 "The Mass Media and Voting", in Burdick-Brodbeck (eds.), *American Voting Behavior*, Free Press, New York (ripubblicato in Schramm-Roberts (eds.) 1972, pp. 678-700.

LANG, G.E.; LANG, K.
1981 "Watergate and Explorations of Agenda Setting Building Process", in Wilhoit G. (ed.), *Mass Communication Review Yearbook*, vol. 2, Sage, Beverly Hills, pp. 447-465.

LARSEN, S.
1980 "Memory for Radio News; Discourse structure and knowledge updating", *Psychological Reports Aarhus*, n. 51.
1983 "Text Processing and knowledge Updating in Memory for Radio News", *Discourse Processes*, 6, pp. 21-38.

LASSWELL, H.D.
1936 *Politics: Who Gets What, When, How*, McGraw-Hill, New York.
1948 "The Structure and Function of Communication in Society", in Bryson L. (ed.), *The Communication of Ideas*, Harper, New York (ripubblicato in Schramm-Roberts (eds.) 1972, pp. 84-99).

LAZARSFELD, P.
1940 *Radio and the Printed Page. An Introduction to the Study of Radio and Its Role in the Communication of Ideas*, Duell, Sloane and Pearce, New York.
1941 "Remarks on Administrative and Critical Communications Research", *Studies in Philosophy and Social Science*, vol. IX, n. 1, pp. 2-16.

LAZARSFELD, P.; BERELSON, B.; GAUDET, H.
1944 *The People's Choice. How the Voter Makes Up his Mind in a Presidential Campaign*, Columbia University Press, New York (2nd ed. 1948).

LAZARSFELD, P.; MERTON, R.
1948 "Mass Communication, Popular Taste and Organized Social Action", in Bryson L. (ed.), *The Communication of Ideas*, Harper, New York, pp. 95-118 (trad. it. "Mezzi di comunicazione di massa, gusti popolari e azione sociale organizzata", in Livolsi M. (a cura di), *Comunicazioni e cultura di massa*, Hoepli, Milano, 1969, pp. 77-93).

LENDVAI, P.
1981 *The Bureaucracy of Truth. How Communist Governments Manage the News*, Burnett Books, London.

LEPRI, S.
1982 *Le macchine dell'informazione. Ieri, oggi, domani delle agenzie di stampa*, Etas, Milano.

LESTER, M.
1980 "Generating Newsworthiness: the Interpretive Construction of Public Events", *American Sociological Review*, vol. 45, December, pp. 984-994.

LEWIN, K.
1947 "Frontiers in Group Dynamics. II. Channels of Group Life: Social Planning and Action Research", *Human Relations*, vol. 1, n. 2, pp. 143-153.

LIPPMANN, W.
1922 *Public Opinion*, Free Press, New York.

LORGE, I.
1936 "Prestige, Suggestion, Attitudes", *Journal of Social Psychology*, vol. 8, n. 2, pp. 386-402.

LOSITO, G.
1975 "Metodi e tecniche di analisi del contenuto", in Calzavara E.-Celli E. (a cura di), *Audiovisivo: attualità e mitologia*, SEI, Torino.

LOTMAN, J.; USPENSKIJ, B.
1973 *Tipologia della cultura* (trad. it.), Bompiani, Milano (1975).

LOWRY, D.
1979 "An Evaluation of Empirical Studies Reported in 7 Journals in the '70s", *Journalism Quarterly*, vol. 56, n. 2, pp. 262-268.

LUND, F.H.
1925 "The Psychology of Belief. IV. The Law of Primacy in Persuasion", *Journal of Abnormal and Social Psychology*, vol. 20, pp. 183-191.
1933 *Psychology. An Empirical Study of Behavior*, Ronald Press, New York.

MAC BRIDE, S.
1980 *Communication et société aujourd'hui et demain. Rapport de la Commission internationale des problèmes de la communication*, Unesco, Paris (trad. it. *Comunicazione e società*, Eri, Torino, 1982).

MAC KUEN, M.; COOMBS, S.
1981 *More than News. Media Power in Public Affairs*, Sage, Beverly Hills.

MAGISTRETTI, S.
1981 *Relazioni tra routines produttive, spazio da riempire nel giornale e tempi di lavorazione*, mimeo, pp. 1-7.

MANNUCCI, C.
1967 *La società di massa. Analisi di moderne teorie socio-politiche*, Edizioni di Comunità, Milano.

MARCUSE, H.
1936 "Zum Begriff des Wesens", *Zeitschrift für Sozialforschung*, vol. V, pp. 1-39.

MARLETTI, C.
1982 "L'informazione tematizzata. Nuove tecnologie della comunicazione e trasformazione dei modelli giornalistici", in Barbano F. (a cura di), *Nuove tecnologie: sociologia e informazione quotidiana*, Angeli, Milano, pp. 163-225.
1983 "Falsi giornalistici e costruzione della realtà", *Problemi dell'informazione*, 2, pp. 203-240.

MCCLURE, R.; PATTERSON, T.
1976 "Print vs. Network News", *Journal of Communications*, vol. 26, n. 2, pp. 23-28.

MCCOMBS, M.; SHAW, D.
1972 "The Agenda-Setting Function of Mass Media", *Public Opinion Quarterly*, vol. 36, pp. 176-187.

MCCOMBS, M.
1976 "Elaborating the Agenda-Setting Influence of Mass Communication", *Bulletin of the Institute for Communication Research*, Keio University.
1977 "Newspapers vs. Television: Mass Communication Effects Across Time", in Shaw D.-McCombs M. (eds.), *The Emergence of American Political Issues: the Agenda Setting Function of the Press*, Mest Publishing Company, St. Paul, pp. 89-105.
1981 "Setting the Agenda for Agenda-Setting Research. An Assesment of the Priority Ideas and Problems", in Wilhoit G. (ed.), *Mass Communication Review Yearbook*, vol. 2, Sage, Beverly Hills, pp. 209-211.

MCLEOD, J.; BECKER, L.; BYRNES, M.
1974 "Another Look at the Agenda-Setting Function of the Press", *Communication Research*, vol. 1; n. 2, pp. 131-166.

McQuail, D.; Gurevitch, M.
1974 "Explaining Audience Behavior: Three Approaches Considered", in Blumler J.-Katz E. (eds.) 1974, pp. 287-301.

McQuail, D.
1975 *Communication*, Longman, London.
1977 "The Influence and Effects of Mass Media", in Curran J.-Gurevitch M.-Woollacott J. (eds.), *Mass Communication and Society*, Arnold, London, pp. 70-94.
1980 "The Historicity of Mass Media Science", in Wilhoit G. (ed.), *Mass Communication Review Yearbook*, vol. 1, Sage, Beverly Hills, pp. 109-123.
1981 "Prospettive nella ricerca sui mass media", in Livolsi M. (a cura di), *Le comunicazioni di massa. Problemi e prospettive*, Angeli, Milano, pp. 47-68.
1983 *Mass Communication Theory. An Introduction*, Sage, Beverly Hills.

Merten, K.
1982 "Wirkungen der Massenkommunikation. Ein Theoretisch-methodischer Problemaufriß", *Publizistik*, 1-2, pp. 26-47.

Merton, R.
1949a "Patterns of Influence. A Study of Interpersonal Influence and of Communications Behavior in a Local Community", in Lazarsfeld P.-Stanton F. (eds.), *Communications Research 1948-1949*, Arno Press, New York, pp. 180-219.
1949b *Social Theory and Social Structure*, Free Press, New York, I ed. (trad. it. *Teoria e struttura sociale*, vol. III: Sociologia della conoscenza, Il Mulino, Bologna, 1970, II ed.).

Moles, A.
1967 *Sociodynamique de la culture*, Mouton, Paris, (trad. it. *Sociodinamica della cultura*, Guaraldi, Firenze, 1971).

Molotch, H.; Lester, M.
1974 "News as Purposive Behavior: On the Strategic Use of Routine Events, Accidents and Scandals", *American Sociological Review*, vol. 39, pp. 101-112.

Morin, E.
1960 *Journées d'études sur la "culture de masse"*, 6-7 febbraio, ciclostilato.
1962 *L'esprit du temps*, Grasset, Paris (trad. it. *L'industria culturale. Saggio sulla cultura di massa*, Il Mulino, Bologna, 1963).

Noelle Neumann, E.
1973 "Return to the Concept of Powerful Mass Media", *Studies of Broadcasting*, vol. 9, pp. 67-112.

1983 "The Effect of Media on Media Effects Research", *Journal of Communication*, vol. 33, n. 3, pp. 157-165.

ORTEGA Y GASSET, J.
1930 *La rebellion de las masas*, Madrid (trad. it. *La ribellione delle masse*, Il Mulino, Bologna, 1962).

PALETZ, D.; ELSON, M.
1976 "Television Coverage of Presidential Conventions: Now You See It, Now You Don't", *Political Science Quarterly*, vol. 91 n. 1, pp. 109-131.

PAPAGEORGIS, D.
1963 "Bartlett Effect and Persistence of Induced Opinion Change", *Journal of Abnormal and Social Psychology*, vol. LXVII, n. 1, pp. 61-67.

PARSONS, T.
1967 *Sociological Theory and Modern Societies*, Free Press, New York (trad. it. *Teoria sociologica e società moderna*, Etas Kompass, Milano, 1971).

PATTERSON, T.; MCCLURE, R.
1976 *The Unseeing Eye. The Myth of Television Power in National Politics*, Putnam, New York.

PATTERSON, T.
1980 "The Role of Mass Media in Presidential Campaigns: the Lesson of 1976", *Items*, n. 2, pp. 25-30 (trad. it. "Il ruolo dei mass media nelle campagne presidenziali: la lezione del 1976", *Problemi dell'informazione*, n. 2, 1981, pp. 269-281).

PORRO, R.; LIVOLSI, M.
1981 "Le agenzie di socializzazione: i mass media", in Livolsi M. (a cura di), *La sociologia. Problemi e metodi*, Teti, Milano, pp. 179-201.

RAI
1970 *Ricerca sperimentale sull'efficacia di quattro trasmissioni culturali televisive*, Appunti del Servizio Opinioni, 91, Eri, Torino.

RAI
1977 *Terza rassegna di indagini sulla comprensione*, Quaderni del Servizio Opinioni, 26, Eri, Torino.

ROBERTS, D.
1972 "The Nature of Communication Effects", in Schramm W.-Roberts D. (eds.), pp. 349-387.

Robinson, G.
1981 *News Agencies and World News*, University Press, Fribourg.

Rosengren, K.
1974 "Uses and Gratifications: A Paradigm Outlined", in Blumler J.-Katz E. (eds.) 1974, pp. 269-286.

Rositi, F.
1970 *L'analisi di contenuto come interpretazione*, Quaderni del Servizio Opinioni, n. 19, Rai, Roma.
1975 *L'informazione televisiva: frammentazione e ricomposizione dell'immagine della società: una ricerca sui tg di 4 televisioni europee*, Atti del Convegno del Premio Italia "L'attualità in tv", Eri, Torino.
1982 *I modi dell'argomentazione e l'opinione pubblica*, Eri, Torino.

Rusconi, G.E.
1968 *La teoria critica della società*, Il Mulino, Bologna.

Sankoff, G.
1980 *The Social Life of Language*, University of Pennsylvania Press, Philadelphia.

Sari, T.
1980 "Some Problems of the Paradigm in Communication Theory", *Philosophy of the Social Sciences*, vol. 10, pp. 427-444.

Schlesinger, P.
1972 *The Sociology of Knowledge*, paper presentato al 1972 Meeting of the British Sociological Association.
1978a *Putting "reality" together. BBC news*, Constable, London.
1978b *Between Sociology and Journalism. Some Reflections on a Newsroom Ethnography*, paper per la Sociological Review Monograph on Journalism and the Press.

Schönemann, F.
1924 *Die Kunst der Massenbeeinflussung in den Vereinigten Staaten von Amerika*, Deutsche Verlagsanstalt, Stuttgart.

Schramm, W.
1971 "The Nature of Communication between Humans", in Schramm W.-Roberts D. (eds.), 1972, pp. 3-53.

Schramm, W.; Roberts, D.
1972 *The Process and Effects of Mass Communication*, revised ed., University of Illinois Press, Chicago.

Schudson, M.
1978 *Discovering the News*, Basic Books, New York.

SCHULZ, W.
1982 "Ausblick am Ende des Holzweges. Eine Übersicht über die Ansätze der neuen Wirkungsforschung", *Publizistik*, n. 1-2, pp. 49-73.

SEARS, D.; FREEDMAN, J.
1967 "Selective Exposure to Information: a Critical Review", *Public Opinion Quarterly*, vol. 31, pp. 194-213.

SHANNON, C.
1948 "A Mathematical Theory of Communication", *Bell System Technical Journal*, XXVII, n. 3, pp. 379-423; n. 4, pp. 623-656.

SHANNON, C.; WEAVER, W.
1949 *The Mathematical Theory of Communication*, University of Illinois Press, Urbana (trad. it. *La teoria matematica delle comunicazioni*, Etas Kompass, Milano, 1971).

SHAW, E.
1979 "Agenda-Setting and Mass Communication Theory", *Gazette (International Journal for Mass Communication Studies*), vol. XXV, n. 2, pp. 96-105.

SHILS, E.; JANOWITZ, M.
1948 "Cohesion and Disintegration in the Wehrmacht", *Public Opinion Quarterly*, pp. 300-315.

SIGAL, L.
1973 *Reporters and Officials: the Organization and Politics of Newsmaking*, Heath, Lexington.

SIMMEL, G.
1917 *Grundfragen der Soziologie (Individuum und Gesellschaft)*, de Gruyter, Berlin (trad. it. *Forme e giochi di società*, Feltrinelli, Milano, 1983).

SIUNE, K.; BORRE, O.
1975 Setting the Agenda for a Danish Election, *Journal of Communication*, vol. 25, Winter, pp. 65-73.

SMITH, B.; LASSWELL, H.D.; CASEY, R.
1946 *Propaganda, Communication and Public Opinion. A Comprehensive Reference Guide*, Princeton University Press, Princeton.

SMITH, B.
1946 "The Political Communication Specialist of Our Times", in Smith-Lasswell-Casey 1946, pp. 31-73.

STATERA, G.
1980 *Società e comunicazioni di massa*, Palumbo, Palermo.

STEMPEL, G.
1964 "How Newspapers Use the Associated Press Afternoon A Wire", *Journalism Quarterly*, n. 41, pp. 380-384.

STERLING, C.; HAIGHT, T.
1978 *The Mass Media: Aspen Institute Guide to Communication Industry Trends*, Praeger, New York.

STONE, G.; MCCOMBS, M.
1981 "Tracing the Time-lag in Agenda-Setting", *Journalism Quarterly*, 1.

TUCHMAN, G.
1973 "Making news by doing work: routinizing the unexpected", *American Journal of Sociology*, 79, pp. 110-131 (trad. it. "Le notizie come risultato di un lavoro: applicazione della routine all'imprevisto", in Baldi P. (a cura di), *Il giornalismo come professione*, Il Saggiatore, Milano, 1980, pp. 159-183).
1977 "The Exception Proves the Rule: the study of routine news practice", in Hirsch P.-Miller P.-Kline F. (eds.), *Strategies for Communication Research, Sage Annual Reviews of Communication Research*, vol. 6, Sage, Beverly Hills, pp. 43-62.
1978 *Making News. A Study in the Construction of Reality*, Free Press, New York.

VAN DIJK, T.
1983 "Discourse Analysis: Its Development and Application to the Structure of News", *Communication*, Spring.

VAN DIJK, T.; KINTSCH, W.
1983 *Strategies of Discourse Comprehension*, Academic Press, New York.

VERON, E.
1978 "Sémiosis de l'idéologie et du pouvoir", *Communications*, 28, pp. 7-20.

VIOLI, P.
1982 "Nuove tendenze della ricerca linguistica americana", *Versus*, n. 33, pp. 61-110.

WAPLES, D; BERELSON, B.; BRADSHAW, F.
1940 *What reading does to people. A summary of evidence on the social effects of reading and a statement of problems for research*, University of Chicago Press, Chicago.

WARNER, M.
1971 "Organizational Context and Control of Policy in the Television Newsroom: a Participant Observation Study", *British Journal of Sociology*, 3, pp. 283-294.

WHITE, D.M.
1950 "The 'Gatekeeper': A Case Study in the Selection of News", *Journalism Quarterly*, vol. 27, n. 4, pp. 383-390.

WINKIN, Y.
1981 *La nouvelle communication*, Seuil, Paris.

WOLF, M.
1976 *Gli apparati delle comunicazioni di massa*, Guaraldi, Firenze.
1979 *Sociologie della vita quotidiana*, Espresso Strumenti, Milano.

WRIGHT, C.R.
1960 "Functional Analysis and Mass Communication", *Public Opinion Quarterly*, 24, pp. 605-620 (ripubblicato in Dexter-White (eds.) 1964, pp. 91-109).
1974 "Functional Analysis and Mass Communication Revisited", in Blumler J.-Katz E. (eds.) 1974, pp. 197-212.
1975 *Mass Communications: A Sociological Approach*, 2nd ed., Random House, New York.

WRIGHT MILLS, C.
1963 "Power, Politics and People", Oxford University Press, New York (trad it. *Saggi di sociologia della conoscenza*, Bompiani, Milano, 1971).

XOTTA, C.
1982 *Modelli professionali e routines produttive nell'informazione televisiva locale: il TG3 dell'Emilia Romagna*, Istituto di Discipline della Comunicazione, Facoltà di Lettere e Filosofia, Università di Bologna, tesi di laurea.

ZUCKER, H.
1978 "The Variable Nature of Mass Media Influence", in Ruben B. (ed.), *Communication Yearbook, 2*, New Brunswick, pp. 225-240.

Finito di stampare
nel mese di maggio 2006 presso
il Nuovo Istituto Italiano d'Arti Grafiche - Bergamo
Printed in Italy

ISBN 88-452-4841-0